福建师范大学省重点学科建设项目

思想政治教育研究专辑

专辑主编 苏振芳

马克思主义理论与现实研究文库

MARXISM

主编◎李建平

杨林香／著

青年参与意识研究

（1949—2014）

Research on Youth's Consciousness of Participation from 1949 to 2014

社会科学文献出版社

SSAP

SOCIAL SCIENCES ACADEMIC PRESS (CHINA)

马克思主义理论与现实研究文库
总序

　　神州大地风雷激荡，海峡西岸春潮澎湃。福建师范大学省重点高校建设项目《马克思主义理论与现实研究文库》与大家见面了。

　　本文库以坚持、发展和弘扬马克思主义为宗旨。这既是神圣的使命，又是历史的责任。马克思主义问世已经一个半世纪了，尽管她遭遇到各种各样的围攻、谩骂、禁锢、歪曲……但仍顽强地成长、广泛地传播、蓬勃地发展；尽管也有成百上千种理论、学说来与之较量，企图取而代之，但都无法得逞。"苏东剧变"虽然使世界社会主义遭受严重挫折，但无损马克思主义真理的光辉。马克思主义者在认真总结"苏东剧变"的教训后，将使马克思主义理论变得更纯洁、更成熟，朝着更健康的方向发展。

　　当20世纪即将结束的时候，英国广播公司在全球范围内举行过一次"千年风云人物"网上评选。结果，马克思被评为千年思想家，得票高居榜首。中国共产党人80多年来，坚持以马克思主义为指导，取得了革命和建设一个又一个的胜利，开创了中国特色社会主义道路，把一个贫困落后的中国，变成一个初步繁荣昌盛、欣欣向荣的中国。在进入21世纪后，中国共产党人再次庄严宣告，马克思主义是我们立党立国的根本指导思想，是全党全国人民团结奋斗的共同思想基础，并且以极大的决心和气魄，在全国实施马克思主义理论研究和建设的宏大工程，在马克思主义发展史上留下光辉的篇章。

　　马克思主义之所以具有如此强大的生命力和竞争力，在于她具有以下五个突出的品格。

　　一是科学性。一种理论、观点能称为科学，它必须满足两个条件：一是合理地解释历史的发展，特别是其中的一些难题、怪象；二是有效地预见未来，并为尔后的实践所证实。列宁在评价马克思一生中的两大发现之一唯物史观时这样写道："马克思的历史唯物主义是科学思想中的最大成果。过去在历史观和政治观方面占支配地位的那种混乱和随意性，被一种极其完整严密的科学理论所代替。这种科学理论说明，由于生产力的发展，从一种社会生活结构中发展出另一种更高级的结构，如何从农奴制度中生长出资本主义。"① 中国改革开放20多年的实践已向世人有力地证明中国所选择的建设中国特色社会主义道路及其指导思想马克思主义是完全正确的，而西方一些别有用心的人士所鼓吹的"中国崩溃论"等论调则是完全错误的。

马克思主义是科学，这就要求我们以科学的态度对待马克思主义。针对林彪、"四人帮"肆意割裂、歪曲毛泽东思想，邓小平提出要完整、准确地理解毛泽东思想，这是十分正确的。同样，我们对马克思主义的主要创始人马克思的学说也要完整、准确地理解。在这方面，由于种种原因，我们还做得不够理想。例如，对马克思主义哲学，我们主要通过恩格斯、列宁，甚至斯大林的著作来了解，而对马克思在《资本论》中所应用的十分丰富的辩证法思想，则研究得不多。《资本论》虽然主要是研究资本主义的这一特殊的市场经济，但同任何特殊事物中都包含着一般一样，透过资本主义市场经济这一"特殊"，马克思也揭示了市场经济的"一般"，这个"一般"对社会主义市场经济也是同样适用的。因此，我认为要从现时代的观点重新解读《资本论》，发掘那些有益于建设社会主义市场经济的东西。学术界有人提出要"回到马克思"、"走近马克思"、"与马克思同行"，但最重要的是要完整、准确地理解马克思。恩格斯在《资本论》第二卷序言中写道："只要列举一下马克思为第二卷留下的亲笔材料，就可以证明，马克思在公布他的经济学方面的伟大发现以前，是以多么无比认真的态度，以多么严格的自我批评精神，力求使这些发现达到最完善的程度。"② 因此，我们对待马克思的著作，对待马克思的一系列"伟大发现"，也要采取"无比认真的态度"和"严格的自我批评精神"。只有以科学的精神和科学的态度才能产生科学的结论。

二是人民性。列宁指出："马克思学说中的主要的一点，就是阐明了无产阶级作为社会主义社会创造者的世界历史作用。"③ 马克思主义从来没有

① 《列宁选集》第2卷，人民出版社，1995，第311页。
② 《马克思恩格斯全集》第24卷，人民出版社，1972，第4页。
③ 《列宁选集》第2卷，人民出版社，1995，第305页。

隐讳，她是为无产阶级服务的，是无产阶级认识世界和改造世界的思想武器。但是，无产阶级又是人民群众的一部分——当然是核心部分。无产阶级的利益和广大人民群众的利益是相一致的，而且，无产阶级只有解放全人类，才能最后解放自己。可以说，马克思主义不仅是反映无产阶级利益的学说，同时也是反映最广大人民群众利益的学说。阶级性和人民性本质上是相一致的，只不过在不同的时期强调的侧重点有所不同罢了。在革命战争年代，强调马克思主义的阶级性，是完全必要的，也是十分正确的；在社会主义建设时期，随着社会主要矛盾的转换，在坚持马克思主义阶级性的同时，应该强调她的人民性，强调马克思主义反映最广大人民群众的根本利益要求。"三个代表"重要思想以及科学发展观、"执政为民"、"以人为本"、构建和谐社会、开展荣辱观教育等理论，一经问世就广为流行，受到了人民群众的热烈拥护，就是因为它们具有鲜明的人民性。过去很长一段时间中，由于受"左"的思潮的影响，我们把人权看成是资产阶级的观点，采取回避、批判的态度，结果在国际政治斗争中经常处于被动境地。这一情况在20世纪90年代发生了根本变化。1991年11月1日中国正式公布了《中国的人权状况》（又称《中国人权白皮书》），高度评价人权是一个"伟大的名词"、"崇高的目标"，是"长期以来人类追求的理想"。以此为开端，中国掀起了研究人权、关心人权、维护人权的热潮，人权理论成了马克思主义理论体系的一个重要组成部分。从人权理论在我国所发生的变化，说明人民性的确应该成为马克思主义的一个重要特征。

三是实践性。"强调理论对于实践的依赖关系，理论的基础是实践，又转过来为实践服务。判定认识或理论之是否真理，不是依主观上觉得如何而定，而是依客观上社会实践的结果而定。真理的标准只能是社会的实践。"①毛泽东同志在将近70年前讲的这段话，至今仍十分正确。马克思主义是放之四海而皆准的普遍真理，因为她揭示了人类社会发展的客观规律，为人类进步、社会发展，为全人类的最后解放指明了正确方向；但在实际运用马克思主义的理论时，又要同各国的具体实践相结合，不能生搬硬套，不能搞教条主义。实践在发展，马克思主义本身也要随着实践的发展而发展。马克思主义虽然诞生于19世纪，但她没有停留在19世纪。作为一个开放的理论体系，150多年来，她始终与时代同行，与实践同步。党的十六大把"与时俱

---

① 《毛泽东选集》第1卷，人民出版社，1991，第284页。

进"作为中国共产党新时期思想路线的重要内容，把能否始终做到实践基础上的理论创新当做我们必须长期坚持的治党治国之道，正是对马克思主义实践性的高度重视和深刻体现。

社会实践是检验科学与非科学、真理与谬误的巨大试金石。当苏联解体、东欧剧变时，西方一些人兴高采烈，并且迫不及待地兜售所谓的"华盛顿共识"，把它当成是解决各国社会经济危机、走向繁荣富强的灵丹妙药。但实践表明，推行"华盛顿共识"的国家非但没有摆脱危机，反而陷入了更深重的灾难，"华盛顿共识"不得不宣告失败。与之形成鲜明对照的是，中国坚持和发展马克思主义，走中国特色社会主义道路，取得了令世人瞩目的伟大成绩。中国的成功实践已在国际上逐步形成了"北京共识"，这既是中国 20 多年来改革开放实践的胜利，也是中国化的马克思主义的胜利。

四是战斗性。马克思在《资本论》第一卷的序言中写道："在政治经济学领域内，自由的科学研究遇到的敌人，不只是它在一切其他领域内遇到的敌人。政治经济学所研究的材料的特殊性，把人们心中最激烈、最卑鄙、最恶劣的感情，把代表私人利益的复仇女神召唤到战场上来反对自由的科学研究。"[1] 由于马克思主义公然申明是为无产阶级和广大人民群众谋利益的，所以从她一问世，就受到了敌人的百般攻击，在其生命的途程中每走一步都得经过战斗。马克思一生中的主要著作大多是和资产阶级思想家进行论战的记录，就连《资本论》的副标题也是资产阶级"政治经济学批判"。"正因为这样，所以马克思是当代最遭嫉恨和最受诬蔑的人。"[2] 可是，当马克思逝世的时候，在整个欧洲和美洲，从西伯利亚矿井到加利福尼亚，千百万战友无不对他表示尊敬、爱戴和悼念。恩格斯十分公正地说："他可能有过许多敌人，但未必有一个私敌。"[3]

在我国，马克思主义已经处于意识形态的指导地位，在马克思主义的指引下，全党全国人民正在为实现第三步战略目标、推进现代化建设而努力。但是，也要清醒地看到，在新的历史条件下，巩固马克思主义在意识形态领域的指导地位面临的形势是严峻的。从国际看，西方敌对势力把中国作为意识形态的主要对手，对我国实施西化、分化的图谋不会改变。从国内看，随

---

① 《马克思恩格斯全集》第 23 卷，人民出版社，1972，第 12 页。
② 《马克思恩格斯选集》第 3 卷，人民出版社，1995，第 777 页。
③ 《马克思恩格斯选集》第 3 卷，人民出版社，1995，第 778 页。

着社会主义市场经济的发展和对外开放的扩大，社会经济成分、组织形式、就业方式、利益关系和分配方式日益多样化，人们思想活动的独立性、选择性、多变性和差异性进一步增强。在这种情况下，出现非马克思主义甚至反马克思主义的思想倾向，也就不可避免了。面对这种挑战，我们不能回避，不能沉默，不能妥协，更不能随声附和、同流合污。苏联、东欧的前车之鉴，我们记忆犹新。我们应该表明态度，应该奋起反击，进行有理有据有说服力的批判，以捍卫马克思主义的科学尊严。例如，有人肆意贬低、歪曲、否定马克思的劳动价值论，企图动摇马克思主义政治经济学大厦的基石，难道我们能听之任之吗？有人千方百计地要把"华盛顿共识"推销到中国来，妄图使中国重蹈拉美、俄罗斯、东欧和东南亚一些国家的覆辙，我们能袖手旁观吗？当然不能！这不仅是党性立场所致，也是科学良知使然！在这一点上，我们应该向德国工人运动的老战士、杰出的马克思主义理论家弗朗茨·梅林学习，他在一个世纪前写的批判各种反马克思主义思潮的论文（已收入《保卫马克思主义》一书中，苏联1927年版，中文版为人民出版社1982年版），今天读来仍然感到新鲜和亲切。

五是国际性。1848年，当马克思、恩格斯出版《共产党宣言》，发出"全世界无产者，联合起来"的号召时，就注定了马克思主义是一种超越地域、肤色、文化局限的国际性的思想理论体系。当今，方兴未艾的经济全球化浪潮正深刻地影响着世界各国的经济社会进程，尽管这种影响有其积极的一面，但也会给许多发展中国家造成消极的甚至是严重的后果。这已为许多事实所证明。如何在经济全球化进程中趋利避害，扬善去恶，除了以马克思主义作指导外，别无其他更好的主义。因此，马克思主义的国际化，现在比以往任何时候都显得重要和迫切。西方垄断资本出于维护其根本利益的考虑，竭力反对马克思主义的国际化，也就不足为奇了。

中国共产党人把马克思主义普遍真理与中国具体实践相结合，产生了中国化的马克思主义，指引中国的革命与建设不断取得新的胜利。随着中国改革开放的不断深入、综合国力不断强大、人民生活不断改善、国际地位不断提高，世界各国对中国的兴趣日益浓厚。因此，"北京共识"、"中国模式"逐渐成为国际论坛的重要议题。看来，中国化的马克思主义正在走向世界，这不仅是马克思主义在中国85年发展的必然，也是当今世界经济社会形势发展的必然。作为中国的马克思主义者，应该感到自豪，因为对马克思主义的发展作出了自己的贡献；应该要有广阔的国际视野，不仅要关注世界的风云变幻，也要了解和研究国外马克思主义研究的动态。要积极推进国际的学术交流与合作，让中国化的马克思主义为世界各国朋友所了解，并与他们一道，共同推进马克思主义的发展。

以上所述马克思主义的五大品格，也是本文库所遵循的指导思想。福建师范大学历来重视马克思主义理论的教学与研究，20多年来在本科生、研究生中坚持开设《资本论》和其他马克思主义原著课程，出版、发表了许多用马克思主义立场、观点和方法分析问题、解决问题的论著。学校把马克思主义理论研究和学科建设紧密结合起来，迄今已获得理论经济学、历史学、中国语言文学等一级学科博士点、博士后科研流动站和马克思主义原理、马克思主义中国化、思想政治教育等二级学科博士点，培养了一大批有志于马克思主义理论教学和研究的学术骨干。2006年初，学校整合相关院系师资，成立了马克思主义研究院。本文库是学校学习、研究、宣传马克思主义理论的重要阵地，也是开展对外学术交流的重要平台。

本文库初步安排10辑。大体是：马克思主义哲学研究；《资本论》与马克思主义经济理论研究；中国社会主义市场经济研究；马克思主义中国化研究；思想政治教育研究；马克思主义发展史研究；社会主义经济发展史研究；国外马克思主义研究；西方经济学与当代资本主义研究；建设海峡西岸经济区研究等。每辑出若干本著作，计划用10年左右的时间，出版100本著作。本文库的出版得到福建省重点高校建设项目的特别资助和社会科学文献出版社的大力支持，在此表示衷心感谢！

胡锦涛同志十分重视实施马克思主义理论研究和建设工程，勉励参与这一工程的学者要进一步增强责任感和使命感，满腔热忱地投身这一工程，始终坚持解放思想、实事求是、与时俱进，大力弘扬理论联系实际的马克思主义学风，深入研究马克思主义基本原理，深入研究邓小平理论和"三个代表"重要思想，深入研究重大的理论和实际问题，为马克思主义在中国的发展，为全面建设小康社会、开创中国特色社会主义新局面作出新的更大的贡献。这段语重心长的话，也是本文库所追求的终极目标。

是为序。

李建平

2006年3月31日

目　　录

绪　论

参与是积极主动的介入与参加，其动机可以是利益、价值或心理。根据参与的领域不同，分为政治参与、经济参与、文化参与和社会参与。政治参与是现代社会的重要特征。公民的政治参与，需要有制度保障作为基础，同时以公民具有参与意识为前提。本书选择青年政治参与中的民主参与作为论述重点，本书所使用的参与意识是在"民主"这一特定主题下，是指公民对主动介入民主理论建构、民主制度建设和民主实践活动的认识与态度。在下文中，如未特别说明，参与意识特指在民主领域的参与意识。本书还涉及另一个重要的概念，即民主意识。民主意识是个人对民主本身及个人在民主制度中所处地位和作用的认识与态度。民主意识主要包括两方面的内容：一是对民主制度及民主运行机制的认识，即对权力的认识；二是对自身所拥有的政治权利、经济权利、社会权利的认识，即对权利的认识。简言之，民主意识是权力意识和权利意识的有机统一。权力集中表现为国家政权，权力意识表现为对权力来源、权力运行过程、权力监督的认识。"权利是指特定的社会成员依照正义的原则和法律的规定享有的利益和自由"[①]。权利意识表现为对权利边界、权利价值、行使和捍卫权利方式的认识。我们认为民主意识更多从静态层面描述公民对制度和权利的认识，而参与意识更多从动态层面描述公民对民主实践的意愿与反思，二者相互交织交融，从一定意义上，参与意识包含民主意识。本书论述青年参与意识发展，是在特定的"民主"这一领域内，因而论述的侧重点包括青年参与意识和青年民主意识，在多数时候，两个概念在同一层面上交叉使用。

参与意识发展不仅是静态的内容扩充和数量增长，而且是从接受观念、

---

① 高鸿钧：《中国公民权利意识的演进》，载夏勇主编《走向权利的时代：中国公民权利发展研究》，社会科学文献出版社，2007，第33页。

提供信息、达成共识、发挥效用到自我管理的动态过程。罗杰·哈特提出青少年参与模式分为"非真正参与"和"真正的参与"。二者的鉴别标准是青少年在参与过程中主体性的在场或缺失。"有意义的参与"是符合青年意愿并促进其发展的参与。① 借鉴这一思想，本书所论述的青年参与意识发展，是青年不断获得主体性和增强权利意识的过程，是青年的行动影响民主决策和权利维护的过程，是青年民主能力建设的过程，是不断展现青年群体力量的过程。青年参与意识的发展，实质是青年与国家社会关系的重构过程，是经济社会发展与青年自身意识发展的综合性过程。青年参与推动民主建设和自身发展，民主不仅体现为政治制度，在本质上，民主也是一种政治生活。虽然法律赋予青年平等的民主权利，但是并不意味着这些权利天然就能实现，青年天然就能过政治生活。民主在青年中扎根下来，并成为青年的政治生活需要一个漫长的过程。从新中国成立60多年来的发展历程看，青年民主参与的态度、方式及影响力在不同的时期呈现不同的特征。

将青年参与意识发展放置在新中国成立以来的历史情境中，60多年的时间跨度不算太长，但其中巨大的环境变化、迥异的青年主体、剧烈的思想冲击、先进的技术手段等，都对青年参与意识发展产生深刻的影响。从"青年""参与""民主""发展"任何一个角度出发的分析都能衍生出广泛的讨论空间，本书的重点不是静态描述参与意识的内涵，而是从动态发展的角度分析青年参与意识发展的历史进程。选择"青年"这一群体，一是避免论题的扩散，二是青年的地位使然。青年的参与意识之所以值得关注，不仅由于青年独特的社会地位，而且还由于青年参与意识发展记录了中国社会变迁的历程，并将引领社会主义民主发展的未来。

一 问题的提出

本书以新中国成立以来青年参与意识发展历程为线索，论述青年参与意识发展与社会主义民主建设的关系。就范围而言，本选题涵盖了新中国成立60多年来的民主发展和社会变迁。虽然本书的时间跨度较长，所涉及的面也较广，但是中心论点是紧扣青年参与意识发展的历程与经验的中心问题而建构起来的。之所以选择这一切入点来管窥中国的民主发展，主要基于以下几个方面的观察和思考。

---

① 董小苹：《1992～2012：中国青少年的社会参与》，《青年研究》2013年第6期。

（一）青年成长始终是执政党关注的重点，青年对民主的认识和态度研究显得必要而且迫切

青年处于社会化的关键时期，是民主发展继承与创新的连接点。面对既定的民主制度，青年不是简单接受，而是在不断扬弃过程中推动民主发展。青年关注民主发展，他们思想敏锐、求新求异，但缺乏社会经验。他们的激情可能成为社会变革的先锋和革命的动力，也可能挑战社会秩序的边界，制造混乱和无序。在改革开放环境中成长的青年，他们面临传统与现代的继承与嬗变，本土与西方的碰撞与融合。青年对民主政治的期待往往带上理想化的色彩，他们甚至把完美的政治制度和社会理想附加在民主的追求上。青年的迷惘与求索、抗争与妥协相互交织缠绕，从而使青年的思想和行为充满不确定性。青年参与意识发展与青年自身的特性有密切的关系，但更取决于青年与特定时代的政治、经济和文化的互动过程，取决于青年的民主实践。青年如何正确看待民主？青年是否认同社会主义民主制度？青年将以什么样的方式追求和捍卫民主权利？从培养无产阶级事业接班人的角度，从维护社会主义制度稳定发展的角度，青年对民主的认识和态度研究具有很强的现实意义。

（二）青年对民主的认识存在许多模糊和混乱的区域，使得系统梳理青年参与意识的发展历程成为必要

民主"并不是界限明确、具有内在一致性的研究领域"，不同意识形态关于民主的认识存在鲜明的区别。民主在中国的地位如张灏所描述的，具有"高调"的性质，承载着崇高的社会理想。[①] 民主问题不是一般的理论问题，而是涉及党的理论基础和国家的政治制度、前进方向的根本性问题。中国确立社会主义民主制度已经有 60 多年的历史，不存在制度重构问题，而是要在实践中不断发展和自我完善。中国民主建设取得了重大的成就，也面临严峻的挑战。在封建余毒未熄和西方民主价值咄咄逼人的双重挤压下，民主成为中国政治敏感而又多歧义的领域。青年的参与意识存在一些模糊和混乱的区域，例如青年如何正确比较中西方民主制度？青年如何评价新中国成立 60 多年来中国的民主成就？中国民主发展要往何处去？青年应该在国家民主建设中扮演什么角色？这些疑问是中国民主政治建设无法回避的课题。要回答这些疑问，必须系统梳理新中国成立以来青年参与意识发展的历程，研究其影响因素，探索其发展规律，把握其未来走向。

[①] 张灏：《幽暗意识与民主传统》，新星出版社，2006，第 228 页。

（三）青年参与意识发展是不同势力争夺的重点，总结历史经验、挖掘青年教育规律有利于中国民主发展

青年是国家的未来和民族的希望，赢得青年就赢得未来。他们求新求异但不成熟，是各种政治势力争夺的重点对象。尤其是中国经济实力迅速上升之后，"中国威胁论""中国崩溃论"等各种"捧杀""棒杀"中国的言论纷纷出笼，而民主无疑是各种势力争夺中国未来的一个突破口，围绕青年参与意识所表露的思想倾向、政治态度、价值导向是各方角逐的焦点。在席卷世界的民主化浪潮中，西方国家借助经济、军事实力推行自己的民主价值观，在国际上掀起打压异己的狂潮，一些社会主义国家土崩瓦解。近年来，各种"颜色革命"在许多国家轮番上演，使民主成为一个蛊惑人心又包含政治企图的武器。西方民主思潮对中国青年也产生了明显的影响，一度使部分青年对社会主义民主信念产生了动摇。今天，虽然青年对西方民主的迷信有所缓解，但是市场经济带来的利益分化和价值多元化使新时期社会矛盾凸显，围绕民主发展不同意识形态的争夺不断加剧。如何提供有效的利益表达渠道和利益整合机制来化解社会矛盾？青年对中国未来的民主建设有什么样的期待？在诸多的民主思潮中，青年是否有足够的自信选择和实践中国特色的民主？青年是否有足够的智慧建构中国自己的民主话语体系并争取更多的青年认同和参与？这些问题关系到中国社会主义事业的兴衰成败。以青年参与意识研究为切入点，研究青年特有的理想和勇气，克服青年的狂热和浮躁，增强青年教育的针对性和有效性，是中国民主健康发展的保证。

综上所述，基于青年参与意识发展对国家民主建设的重要性日益凸显，青年参与意识发展进入我们的研究视野。我们需要在中国民主政治发展的历程中把握青年参与意识发展的脉络，探究其走向，以形成青年和国家关系的良性互动。研究的最终目的，不是学术本身，而是解决中国发展过程中面对的各种现实问题，特别是看清中国实力提升的同时潜藏的隐患和危机，在青年参与意识发展过程中始终保持忧患意识。因而，本书选择这一论题作为研究内容。

二 主要概念界定

本书的研究对象是青年的参与意识，尤其是不同时期青年参与意识上的异同。青年本身是流动性的概念，是在一定的历史时期处于一定年龄阶段的群体。每一代人经历青年期后都会步入中年和老年，其思想和行为也随着发生变化。青年同时是融合在不同社会身份中的群体，现实中的青年总是具体表现为学生、工人、农民、军人等不同身份。如何从这些群体的意识中分离出具有青年特色的思想意识是个难点。因此，青年参与意识不是一个固定的概念，严格意义上是指不同历史时期不同青年群体的参与意识，是在特定历史时期处于青年年龄阶段的人其参与意识呈现出的共性。由于现实的困难，本书对青年代表性群体的选择有所侧重，主要选择青年大学生和知识分子群体，因为他们对民主发展最为敏锐，也拥有一定程度的话语权，能够表达自己的思想并影响其他群体。

（一）青年

青年是现代社会的产物，在前现代社会不存在社会类别的"青年"。按照 Michael Mitterauer 的观点，即使是作为生理现象的青年期，也是由社会的经济发展状况决定的，伴随着工业化、城市化、现代教育体系、政治运动的发展才有了现代意义的"青年"。① 各国青年现象出现的时间存在一些差别，主要是由于社会的政治、经济、文化发展状况不同。青年不仅仅是一个特定年龄阶段人群的聚合，而且是某种在思想上、行为上与成人、儿童有鲜明区别的群体。理解青年不仅要了解青年生理、心理的变化，还需要了解青年与他人关系的变化，了解社会是如何看待和对待青年的。斯滕伯格认为："对当代社会中青少年的完整理解取决于对青春期中生物的、社会的、社会学的、文化的和历史的等多方面的熟悉程度。"②

对于青年本质的认识，比较一致的观点是认为青年既具有人的生物性、社会性、实践性等一般属性，又具有青年的特殊属性，表现为急剧变化的自然属性、日趋成熟的社会性、逐步完善的实践性等。代表性的著作如黄志坚主编的《青年学》、国家教委思政司组编的《青年学概论》、金国华的《简明青年学》、罗映光的《青年学》等。也有学者认为不存在所谓的"青年的本质"，如陆玉林提出："青年所固有的、决定其性质、面貌和发展的根本属性，事实上并不存在。对青年进行本质主义的理解和解释是背离了客观现实的，也是没有解释力的。"③ 对青年社会角色和作用的认识，有积极和消

---

① Michael Mitterauer, *A History of Youth*, Graeme Dunphy（trans）. Oxford U. K.：Blackwell Publishers, 1992, pp. 1 - 34.
② 〔美〕劳伦斯·斯滕伯格：《青春期：青少年的心理发展和健康成长》，戴俊卿译，上海社会科学院出版社，2007，引言第 5 页。
③ 陆玉林：《当代中国青年文化研究》，人民出版社，2009，导言第 3 页。

极两种评价。积极的评价把青年看作社会变革的先锋队、政治价值延续的接班人、社会秩序的学习者；消极的评价把青年看作社会问题的制造者、社会价值的叛逆者。本书认为"青年"的出现是社会政治、经济、文化发展的产物，青年的本质表现为过渡性、不成熟性和面向未来的能动性。对青年的评价要辩证统一，一个时代的叛逆也是另一个时代变革的先锋。青年的作用是社会建构的，是社会对青年的期待和青年如何回应的互动，青年的自主选择也参与了这一建构过程。

区分是否属于"青年"的标准主要是年龄，但各国对于青年年龄的上限和下限设定存在争议。联合国大会把青年年龄界限设定为14～24岁，世界卫生组织的设定为14～44岁，英联邦的联邦青年规划（Commonwealth Youth Programme，CYP）把青年年龄限制在15～29岁，非洲青年宪章（The African Youth Charter，AYC）把青年年龄限制在14～35岁，香港青年事务委员会、澳门人口暨普查司、台湾青年辅导委员会的规定是10～24岁，中国共青团的规定是14～28岁。20世纪80年代末之后，中国加强面向青少年的社会主义教育，当时对青年认定的上限是35岁。黄志坚提出青年的年龄界限从整体性上界定为14周岁至30周岁。[①] S. N. 艾森斯塔特的《从代到代——年龄群体与社会结构》认为，年龄阶段包含着对人在生活的某个特定阶段的义务和能力的广泛定义。马赫列尔提出，通过与年龄阶段相应的状态系统，青年获得了"他们的生活、期望和机会的轮廓，并把自己和他人置于适当的地位"[②]。拉葛雷认为随着个体教育年限的延长和自主权获得的延迟，年龄作为成人期到来的标准化参考指标变得越来越不重要了。[③]个体何时开始步入成年期并没有一个固定的自然年龄，随着社会的发展，严格限定某一年龄阶段的人群属于青年存在困难。本书采用中国共青团的年龄设定，把处于14～28岁年龄阶段的人称为青年。但是这一设定只具有参考意义，在很多资料和文献中对青年的认定并没有采取严格的年龄标准，而是在习俗和经验层面上使用青年概念，本书在论述中也会采信这些资料和文献，

---

① 黄志坚：《世纪之交论青年》，中国青年出版社，1997。
② 〔罗〕F. 马赫列尔：《青年问题和青年学》，陆象淦译，社会科学文献出版社，1986，第75页。
③ 〔法〕让－查尔斯·拉葛雷：《青年与后现代性：一个政治问题》，载〔法〕让－查尔斯·拉葛雷主编《青年与全球化：现代性及其挑战》，陈玉生、冯跃译，社会科学文献出版社，2007，第20页。

在更宽泛意义上使用青年概念。

（二）民主意识

民主意识是实体民主在社会成员思想观念中的反映，是人们对民主本身及个人在民主制度中所处地位和作用的认识与态度，是对权力和权利认识的有机统一。民主意识内在包含了认知、情感、评价的成分，表现为对民主理念、民主制度、民主实践等各个层面的知、情、意、行多方面的综合。民主不是简单的制度建构及运行，而是人与制度在不断互动中构成的政治生活。创新的制度要进入现实的民主实践，需要一个过渡性的主体转换，即民主意识。民主意识是连接从制度到实践的中介，是对现有民主制度的理论反映，也是对民主实践的经验总结和发展引导。

关于民主意识的研究是多元和开放的，法学、政治学、社会学、思想政治教育学等不同学科、不同理论视角都有涉足，目前尚未形成固定的理论模式和研究方法。关于民主意识的概念界定、功能分析、发展引导等，都存在不同的理解方式和解释路径。

民主意识是一个高度凝练的概述，不同时期的不同群体，同一时期的不同群体，或者不同时期的同一群体，其民主意识都可能呈现巨大的差别。当前，中国处于急剧变化的现代化进程中，在这一时代有如《共产党宣言》中的描述，"一切固定的僵化的关系以及与之相适应的素被尊崇的观念和见解都被消除了，一切新形成的关系等不到固定下来就陈旧了。一切等级的和固定的东西都烟消云散了，一切神圣的东西都被亵渎了。人们终于不得不用冷静的眼光来看他们的生活地位、他们的相互关系。"① 青年民主意识也处于快速的变化时期，它与中国民主的发展进程相契合，又不完全同步，具有高度的复杂性、多维性和不确定性。对每一代青年民主意识特征的表述并不一定真实、精准地界定了一代人的思想共性，而更接近一种理论的抽象。本书的论述从青年民主意识的表现形式、形成机制、价值导向出发，结合《人民日报》《中国青年报》对青年民主实践的报道等基础性支撑材料，使论述丰满真实，避免无的放矢和囿于个体经验的玄想。

（三）参与及参与意识

参与是积极主动的介入与参加，在不同的领域，参与的内涵不同。周大鸣等总结了关于参与内涵的论述：（1）参与是人们对国家发展的一些公众

---

① 《马克思恩格斯选集》第一卷，人民出版社，2012，第403～404页。

项目的自愿的贡献，但他们不参加项目的总体设计或者不应该批评项目本身的内容（拉美经济委员会，1993）。（2）对于农村发展来说，参与包括人们在决策过程中，在项目实施中，在发展项目的利益分享中，以及在对这些发展项目的评估中的介入（Cohen，Uphoff，1997）。（3）参与涉及人们在给定的社会背景下，为了增加对资源及管理部门的控制而进行的有计划、有组织的努力，这些人在过去是被排除在对资源及管理部门的控制之外的（Pearse，Stiefel，1997）。（4）社区参与是受益人影响发展项目的实施及方向的一种积极主动的过程。这种影响主要是为了改善和加强他们自己的生活条件，如收入、自立能力以及他们在其他方面追求的价值（Paul，1987）。从决策的角度，"'参与'的实质是个决策的民主化过程，即从资金、权力等资源拥有者（传统的决策者）那里分权，或赋权给其他相关群体，以便在多方倾听中求得决策的公正与科学。"[1] 在关于参与的内涵与特点界定中，比较普遍的观点是将参与看作互动的过程，参与者本身及参与者与管理者之间形成协作或对抗的关系，作为平等的个体，以积极主动的心态介入，强调参与的自主性、平等性和有效性。

在特定的政治领域，参与被认为是一个赋权的过程，是主体自我发展的过程。如童吉渝从基层民主参与的视角，提出："参与就是赋权给社区边缘、弱势群体的过程，是唤回他们对自身知识、能力的自信和重建自尊的过程，也是建立村民主人翁意识的过程。"[2] 政治参与强调其行为的自愿性和方式的合法性，如《中国大百科全书》将政治参与定义为"公民自愿通过各种合法方式参与政治生活的行为"。王浦劬提出："政治参与是普通公民通过各种合法方式参加政治生活，并影响政治体系的构成、运行方式、运行规则和政策过程的行为。"[3] 黄光成提出："政治参与是社会普通公民通过各种合法方式参加政治生活，并影响政治体系的构成、运行方式、运行规则和政策过程的行为。它是政治关系中政治权利得以实现的重要方式，反映着公民在社会政治生活中的地位、作用和选择范围，体现着政治关系的本质。"[4]

---

① 周大鸣、秦红增：《参与式社会评估：在倾听中求得决策》，中山大学出版社，2005，第43页。

② 童吉渝：《论参与性与基层民主政治的发展》，载云南参与性发展协会著《参与性：拓展与深化》，中国社会科学出版社，2006，第145页。

③ 王浦劬主编《政治学基础》，北京大学出版社，1995，第207页。

④ 黄光成：《从流域水资源管理看参与性理念》，载云南参与性发展协会著《参与性：拓展与深化》，中国社会科学出版社，2006，第172~173页。

政治参与程度的高低反映国家的民主发展程度。个人通过决策过程中的参与提升自由及他对自由的感受，"因为参与赋予了他一定程度上对自己的生活和他周围的环境进行控制的能力。"① 参与提升个体的价值，增强个体的能动性和主体性。

参与意识被视为责任感和权能意识。加布里埃尔·A. 阿尔蒙德将其称为政治文化："它包括在政治输入活动中参与者的责任感以及参与者的权能意识。"② 本书在"民主"这一特定主题下讨论参与意识，认为所谓参与意识是指公民对主动介入民主理论建构、民主制度建设和民主实践活动的认识与态度。参与意识包括参与认知、参与意愿、参与效能评价等。参与认知主要是对参与客体及参与功能的认知，即关于民主制度建设、民主运行机制、民主参与程序与途径及民主参与所起作用等的认知；参与意愿即是否肯定或赞同参与行动；参与效能评价，即对民主参与行为是否得到回应，结果是否满意的评价。参与意识在实践中首先表现为主体的自我意识，即谁参与；其次为参与的途径选择，即如何参与；最后表现为对参与的评价，即参与是否有效。影响参与意识的既有利益因素，也有"非利益"因素，个人利益或共同利益是最重要的影响因素，"非利益"因素包括是否被尊重，是否体会到信心，是否得到支持或回应，参与是否产生了预期的效果等。正如胡伟提出的："公民参与政治不只是为了物质利益的满足、生活水平的提高，参与政治也成为获得他人的认同、实现某种道德理想、维护特定生活方式、改良生活品质的机会。"③

三　文献综述

目前尚无直接、系统论述青年参与意识的权威性论著，必须做非常细致的沙里淘金的工作以获取有益的资料。在前期准备工作中，笔者阅读了大量的经典著作，包括《马克思恩格斯全集》《马克思恩格斯选集》《列宁全集》《列宁选集》《毛泽东选集》《毛泽东文集》《邓小平文选》《江泽民文

---

① 〔美〕卡罗尔·佩特曼：《参与和民主理论》，陈尧译，上海世纪出版集团，2012，胡伟："推荐序言"，第 V 页。
② 〔美〕加布里埃尔·A. 阿尔蒙德、西德尼·维巴：《公民文化》，徐湘林等译，华夏出版社，1989，第 99 页。
③ 胡伟：《对当代西方民主理论发展趋向的思考》，《武汉大学学报》（哲学社会科学版）2009 年第 5 期。

选》等，并围绕青年参与意识这一主题广泛搜集资料，主要包括中文论著、译著、外文论著等。本书对资料的阅读和研究经历了从易到难、从边缘到中心、从分散到集中的过程。

中文论著数量庞大，国内对参与意识的研究兴起于 20 世纪 80 年代，在 21 世纪初呈现蓬勃态势。研究成果比较集中的时期有两个：其一是 20 世纪 80 年代中后期，伴随经济体制改革和政治体制改革，人民对民主的渴望倍增，对学潮的反思激发了第一波的研究热潮。这一时期许多学者在报纸杂志上发表文章论述参与意识的内涵、重要性及民主观教育等。其二是 20 世纪 90 年代中后期以来，随着基层民主和党内民主发展的研究热潮，涌现了大量的研究成果。其中有不少学术价值很高的著作如房宁《民主十论》，刘书林《党的领导与民主监督》，吴大英、杨海蛟《有中国特色的社会主义民主政治》，林尚立《政治建设与国家成长》，辛世俊《公民权利意识研究》，陈映芳《"青年"与中国的社会变迁》，单光鼐、陆建华主编《中国青年发展报告》等。还有一些具有历史价值的资料和文献，如 2005 年国务院新闻办公室发布的《中国的民主政治建设》白皮书，中国青少年研究中心的《当代中国青年权益状况研究报告》等。从中国期刊网搜索的同主题论文数量庞大，一些论文思路开阔、论述严谨，如杨清（刘书林）《中共执政方式的转变与公民权利的发展》，姜颖《关于民主意识》，刘书林《青年的最大利益是自身发展》，初阳《改革开放 30 年来中国社会主义民主政治建设的经验和面临的挑战》等。遗憾的是没有直接以"青年参与意识"为题的专著，对青年参与意识的研究散落在对民主制度、民主发展、青年权利等研究成果中。此类文献还包括虽无直接相关但有很高参考价值的论著，如房宁、王炳权、马利军等著《成长的中国——当代中国青年的国家民族意识研究》，胡绳《中国共产党的七十年》，金冲及《二十世纪中国史纲》，刘小萌《中国知青史：大潮（1966～1980 年)》，刘书林、陈立思《青年思想政治教育学原理》等。这些论著从不同侧面和角度论述了中国民主建设或青年发展，帮助我们拓宽思路、开阔视野，把握相关的历史背景和内在联系，深化了对二者互动关系的理解，有很高的借鉴价值。

外文原著和译著类文献也面临与中文文献同样的问题，即直接相关的少，间接相关的多。由于立场的差异，这类文献在研究方法、理论基础等方面都有比较大的差异，需要在广泛阅读的基础上去粗取精。与参与意识相关的经典性文献包括戴伊《民主的嘲讽》，科恩《论民主》，约翰·邓恩《民主的历程》，亨廷顿《文明的冲突与世界秩序的重建》，约瑟夫·熊彼特《资本主义、社会主义和民主》，李普塞特《政治人——政治的社会基础》，阿尔蒙德《公民文化》，Yijang Ding 的 *Chinese Democracy after Tiananmen* 等。与青年研究相关的经典文献包括 F. 马赫列尔《青年问题和青年学》，斯滕伯格《青春期：青少年的心理发展和健康成长》，M. 米德《代沟》，理查德·弗拉克斯《青年与社会变迁》，让 - 查尔斯·拉葛雷主编的《青年与全球化——现代性及其挑战》，Michael Mitterauer 的 *A History of Youth* 等。通过外文数据库也搜索到较多与中国民主和中国青年研究相关的文章，它们从村民自治、中国文化变迁、青年政治态度等多个角度分析青年民主意识，研究方法多侧重调查、访谈等实证研究，但研究立场和研究结论也存在一些偏见和谬误，需要在阅读时仔细鉴别。

（一）关于参与、参与意识和民主意识的内涵和外延研究

董小苹援引李小云的研究成果提出，参与主要包含如下三个方面的含义：（1）从政治学的角度，强调对弱势群体赋权，注重发展项目的目标群体在发展过程中的决策作用、对资源的控制以及对制度的影响；参与的目标是达成发展的公正、公平，使目标群体受益。（2）从社会学的角度，强调各类社会角色在发展过程中形成平等的伙伴关系并平等参与，其基本愿望和知识系统都得到充分的尊重。（3）从经济学的角度强调参与的干预效果，参与既是手段，又是目的，可以使社会发展更有成效和更具有创新性。[①] 王韧的博士学位论文《公众网络政治参与研究》[②]，提出社会参与是指主体对社会生活的各个方面，如经济、政治、文化等方面现状与活动的关心、了解与行为投入。青年对社会生活各方面的关心、关注及了解，是青年社会参与的一种低级形式。而青年对社会生活各方面的行为投入，则是青年社会参与的一种高级形式。周钜乾提出，在西方社会，提倡民众参与的思想主要出自"天赋人权"，"大多数人都把参与看作是在多元化价值观社会中寻找平衡点、协调社会关系、确定发展方向的普遍做法。"[③] 周钜乾同时提出参与性活动的基本条件：享有平等参与的民主权利；承认价值观差异及其差异存在的合理性；不以一己利益损害他人的利益；保证言论与表达意见的自由；获

---

① 董小苹：《1992～2012：中国青少年的社会参与》，《青年研究》2013 年第 6 期。
② 王韧：《公众网络政治参与研究》，上海大学博士学位论文，2010。
③ 周钜乾：《参与性方法的人文主义研究》，载云南参与性发展协会著《参与性：拓展与深化》，中国社会科学出版社，2006，第 19 页。

得别人的尊重与避免被不公正对待；承认本地和个体的知识不可替代；加强合作和避免冲突的机制。① 陶东明和陈明明提出，政治参与是公民影响或试图影响政府决策的行为和活动，必须满足三个条件：公民的自主性，政治系统的开放性，社会的组织性。② 他们将政治参与分为五个方面：（1）直接参与和间接参与；（2）显性参与和隐性参与；（3）主动参与和被动参与；（4）合法参与和非法参与；（5）输入性参与和输出性参与。③ 针对大学生政治参与的动力机制，将青年的政治参与分为四种类型：一是信念性青年学生政治参与；二是服从性青年学生政治参与；三是分配性大学生政治参与；四是强制性的青年学生政治参与。他们分别对应不同时期青年的政治参与。④

关于参与意识的元理论分析，如鲁东大学张岩的硕士学位论文《中小学生公民参与意识培养的价值与实践策略研究》提出："公民参与意识的含义是通过引导社会成员参与到社会公共生活中，从而培养公民对公共生活的关心，培育公民的公共精神、公民品德和公民行动能力，使公民以一种主人翁的心态有序地参与管理国家社会事务的意识。按照不同的领域，将公民参与分为社会生活领域的公民参与、政治领域的公民参与、公民的自主性参与三种类型。"⑤ 赵学会的硕士学位论文《大学生公民参与意识研究》从狭义和广义层面区分公民参与意识，狭义的公民参与意识是指社会成员在政治参与过程中对社会政治关系以及由此而形成的对政治行为、政治体系、政治现象等政治生活各个方面的意识，主要表现为人们对国家政治的态度、兴趣、信念等。广义的公民参与意识还包括社会成员参与社会公共事务的行为在其观念中的反映。⑥ 其他成果如何盼盼的论文：《论公众参与和公众参与意识》⑦。有学者对不同群体的参与意识进行研究，如关于妇女、农民、大学生等的参与意识研究。如袁博《新生代农民工的参与意识与权利表达》⑧，

---

① 周钜乾：《参与性方法的人文主义研究》，载云南参与性发展协会著《参与性：拓展与深化》，中国社会科学出版社，2006，第19～20页。
② 陶东明、陈明明编著《当代中国政治参与》，浙江人民出版社，1998，第30～31页。
③ 陶东明、陈明明编著《当代中国政治参与》，浙江人民出版社，1998，第126～131页。
④ 陶东明、陈明明编著《当代中国政治参与》，浙江人民出版社，1998，第207页。
⑤ 张岩：《中小学生公民参与意识培养的价值与实践策略研究》，鲁东大学硕士学位论文，2014。
⑥ 赵学会：《大学生公民参与意识研究》，首都师范大学硕士学位论文，2009。
⑦ 何盼盼：《论公众参与和公众参与意识》，《法制与社会》2013年第15期。
⑧ 袁博：《新生代农民工的参与意识与权利表达》，《重庆社会科学》2013年第4期。

马雁《公民参与意识与宪政价值目标的关系及衡量方式》①，杨家宁《新的社会阶层政治参与责任意识研究》②，孙宇、孙群、孙璐《市场经济条件下完善"90后"大学生政治参与意识的对策探究——以北京大学为中心的考察》③，李茜《改革开放以来中国大学生政治参与意识的演变》④，孙宇《市场经济条件下"90后"大学生政治参与意识的研究理路》⑤。国内学者对参与意识的内涵界定多从思想意识反映客观存在的角度出发，虽然表述各有差异，但是不存在根本的分歧。

关于参与意识与民主意识的关系问题，有学者认为民主意识包含参与意识。如吴大英、杨海蛟提出，"民主意识作为社会成员的心理状态、思想品质和精神状态，是民主制度、民主权利等在观念上的反映"⑥。两位学者认为民主意识作为一种心理状态是一种不定型的、自发的和比较直接的以感性和情感因素为主的意识；作为思想形态的民主意识是民主的理性认识，是人们对民主的理解、思考和反映，是比较系统、定型、深刻的民主意识；作为精神状态的民主意识包含民主精神，即社会成员的主体意识、主体精神、平等意识、参与意识等。⑦姜颖也持相似观点，把民主意识界定为："民主意识是社会意识的一种形式，是人民对社会民主制度和民主生活的理解、态度和要求的总和。"从民主的实质、目的、方式派生出民主意识包括权利意识、平等意识和参与意识三部分内容。⑧张军提出，民主意识是"作为民主主体的广大人民对于知政、参政、议政的迫切愿望和自觉要求"。民主意识包括：平等意识、主人意识、竞争意识、参与意识、民主与法制相统一的意识。⑨也有学者将权利意识等作为民主的重要观念。房宁把观念的民主界定为权利意识，"作为一种社会观念，民主在本质上是一种权利意识，是社会成员对社会公权的要求与主张，它要求和主张国家权力应当属于人民，属于

---

① 马雁：《公民参与意识与宪政价值目标的关系及衡量方式》，《经济研究导刊》2012年第3期。
② 杨家宁：《新的社会阶层政治参与责任意识研究》，《当代青年研究》2012年第1期。
③ 孙宇、孙群、孙璐：《市场经济条件下完善"90后"大学生政治参与意识的对策探究——以北京大学为中心的考察》，《山东青年政治学院学报》2012年第4期。
④ 李茜：《改革开放以来中国大学生政治参与意识的演变》，《人民论坛》2012年第26期。
⑤ 孙宇：《市场经济条件下"90后"大学生政治参与意识的研究理路》，《思想政治教育研究》2012年第4期。
⑥ 吴大英、杨海蛟等：《有中国特色的社会主义民主政治》，社会科学文献出版社，1999，第13页。
⑦ 吴大英、杨海蛟等：《有中国特色的社会主义民主政治》，社会科学文献出版社，1999，第13页。
⑧ 姜颖：《关于民主意识》，《黑河学刊》1989年第1期。
⑨ 张军：《公开性与人民民主意识的形成》，《理论导刊》1989年第3期。

占社会主导地位的人们。"① 刘瑜在《观念的水位》一文中提出："民主的观念基础无非是两点，问责意识和权利意识。"② 政治制度的变革源于观念的变化，观念的变化源于生活方式的变化。她将民主的观念比喻为"水位"，水位决定了船的高度。

（二）关于参与在民主发展中的地位和作用研究

基于个人自由和选举基础上的民主在当代西方是一个政治共识和基本的分析框架，普选制、政党、选举立法等被视为正式的民主制度。而在西方古典的民主传统中，直接的参与被视为民主的理想状态。"近代以后民主理论就分化出两大基本的流派：其一是共和主义取向的，直接民主、参与民主理论均属此类，主张对于公共事务由公民直接介入进行决策，这是民主制的'原型'；其二是自由主义取向的，或称代议制民主理论，倡导由经选举产生的'官员'在严格界定的地域内行使权力以'代表'公民的利益或主张并坚持'法治'。"③"在自由主义民主框架下、以选举权扩大为核心的政治参与，与共和主义民主传统所主张的公民参与，实在是大相径庭。自由主义民主所主张的参与，是保障民主制度能够正常运行的最低限度的参与。"④对参与作用的不同认识，体现了不同的民主理念。

在自由主义民主理论中，预设了"有能力的精英"和"不可靠的大众"两个群体，维持政治系统稳定的必要保障就是大众的参与要控制在一定的范围内，也就是只要求少数公民对政治生活感兴趣并积极参与，大多数公民的冷漠和不感兴趣对于维持政治体系的稳定是必要的，否则可能存在多数暴政或极权等潜在威胁。如加布里埃尔·A. 阿尔蒙德将特定政治文化中的公民，按照他们对政治过程及自己潜在影响力的不同认识，分为三种类型：狭隘观念者、顺从者和参与者。狭隘观念者是指那些对政治体系所知甚少，甚至一无所知的公民。主要指那些在生活中只关心非政治性事务，而且对自己与国家政治过程的关系毫无意识的公民。顺从者是已成为政治体系组成部分的，并对政治体系所施加于他们生活的影响或潜在影响有所认识的公民。他们受

---

① 房宁：《民主政治十论》，中国社会科学出版社，2007，第17页。

② 刘瑜：《观念的水位》，《新世纪》2012年1月20日。

③ 〔美〕卡罗尔·佩特曼：《参与和民主理论》，陈尧译，上海世纪出版集团，2012，胡伟："推荐序言"，第Ⅲ页。

④ 〔美〕卡罗尔·佩特曼：《参与和民主理论》，陈尧译，上海世纪出版集团，2012，胡伟："推荐序言"，第Ⅴ页。

政府行动的影响而不是积极地去影响政府的行动。参与者是对那些促使他们介入政治的过程有一定的认识，并形成了鼓励自己利用各种参与机会的态度，也就是相信自己只要努力去做就能够影响国家的政治事务。① 在阿尔蒙德的另一本著作《公民文化》中，他将一些并不积极参与政治的公民比喻为"睡着的狗"，他们的参与是潜在的，他们容易被具体的事件刺激唤醒，从而对精英的统治构成挑战和威胁。因而，在正常的社会中，多数公民可能都属于"睡着的狗"这一类型，他们的存在，是维持政治系统稳定的必要条件。亨廷顿在其《第三波——20 世纪后期民主化浪潮》一书中，考察了20 世纪 70 年代以来的民主化浪潮，断言自由民主是衡量政府政治合法性的唯一标准。"自第二次世界大战之后，主流的方法几乎完全根据选举来界定民主。"② 他认为："选举是摆脱威权主义的一种途径，革命是摆脱威权主义的另一种途径，选举的动力使很多国家摆脱了威权主义，走向了民主，'革命的动力'使很多国家从一种威权形式走向另一种威权形式。"③ 台湾学者张朋园在《中国民主政治的困境 1909～1949——晚清以来历届议会选举述论》一书中以"有选举就有民主，无选举就无民主"，来审视中国近代的民主发展。④ 自由主义民主理念，将选举作为民主有无的标准，参与不过是维持政治制度运转的保护性条件。

自由民主主义理论不仅不赞同大量的民众参与，还将直接而广泛的参与和极权主义相联系，尤其是德国魏玛共和国高度的大众参与最后演变为纳粹法西斯主义，"二战"后建立的社会主义国家，强调广泛人民参与的社会主义民主，也被贴上"极权政权"的标签。"在 20 世纪 40 年代，他们用极权主义模型来评价苏联和其他社会主义国家，认为社会主义国家的参与是高度动员和虚假的，不符合自愿、功效和回应的自主参与三原则。"⑤ 是否有广泛的民众参与的理论之争，演变为民主制度与极权制度之间的对比。因而认

---

① 〔美〕加布里埃尔·A. 阿尔蒙德、〔美〕小 G. 宾厄姆·鲍威尔：《比较政治学：体系、过程和政策》，曹沛霖等译，上海译文出版社，1987，第 39～42 页。
② 〔美〕塞缪尔·亨廷顿：《第三波——20 世纪后期民主化浪潮》，刘军宁译，上海三联书店，1998，第 5 页。
③ 〔美〕塞缪尔·亨廷顿：《第三波——20 世纪后期民主化浪潮》，刘军宁译，上海三联书店，1998，第 5 页。
④ 张朋园：《中国民主政治的困境 1909～1949——晚清以来历届议会选举述论》，吉林出版集团有限责任公司，2008。
⑤ 陶东明、陈明明编著《当代中国政治参与》，浙江人民出版社，1998，第 2 页。

为参与应当控制在适当的范围。"尽管所有人最大限度参与的人民统治意义上的民主仍然是一种理想，以社会科学的名义提出的大量怀疑已经影响实现这种理想的可能性。"① 将民众普遍缺乏对政治和政治活动的兴趣作为政权稳定所需要的必要条件。

在共和主义民主理想的传统中，参与居于核心地位。20 世纪 60 年代兴起的参与民主理论，重拾古典民主理论中关于公民参与的理念，批评自由主义民主理论恐惧民众参与的做法。佩特曼在《参与和民主理论》一书中提出："对民主的参与能够促进人类的发展，提高人们的政治效能感，减少人们对于权力中心的疏离感，培养对公共问题的关注，有利于形成一种积极的、富有知识的并能对政府事务具有敏锐兴趣的公民，从而有助于一个参与性社会的形成。"② 批评在自由主义民主思想中，"参与思想不仅在民主理论中地位低微，而且近来民主理论的一个显著特征是强调大众广泛参与的政治所具有的内在危险。"③ 佩特曼称之为"当代民主理论"，即自由主义民主理论，"在这一理论中，'民主'指的是在全国层次上的一种政治方法或一套制度安排。这种方法中民主的特征因素就是领导者（精英）在定期的、自由的选举活动中通过竞争获得人民的选票。对于民主方法而言，选举是关键性的，因为主要是通过选举大多数人能够对他们的领导者施加控制。领导者对非精英的大众要求作出反应，或者对领导者的'控制'，主要通过在选举活动中领导者因担心失去职位的惩罚而得到确保。"④ 在这样的民主理论中，"就大多数人而言，'参与'是指人民广泛参与对决策者的选择。因此民主理论中参与的唯一的功能就是起到保护性的作用，保护个人免受当选领导者的独裁决定的影响，保护公民个人的私人利益。"⑤ 领导人是否经过竞争性的选举产生本身成为民主的标准，"当代民主理论不仅仅描述特定政治体系的运行过程，而且也意味着这是一种我们应当予以高度评价的制度，这种制度中保护了判断一种政治体系是否是'民主'的一套标准或准则。"⑥ 佩特

---

① 〔美〕卡罗尔·佩特曼：《参与和民主理论》，陈尧译，上海世纪出版集团，2012，第 2 页。
② 〔美〕卡罗尔·佩特曼：《参与和民主理论》，陈尧译，上海世纪出版集团，2012，胡伟："推荐序言"，第 IX 页。
③ 〔美〕卡罗尔·佩特曼：《参与和民主理论》，陈尧译，上海世纪出版集团，2012，第 1 页。
④ 〔美〕卡罗尔·佩特曼：《参与和民主理论》，陈尧译，上海世纪出版集团，2012，第 12～13 页。
⑤ 〔美〕卡罗尔·佩特曼：《参与和民主理论》，陈尧译，上海世纪出版集团，2012，第 13 页。
⑥ 〔美〕卡罗尔·佩特曼：《参与和民主理论》，陈尧译，上海世纪出版集团，2012，第 14 页。

曼评价卢梭在其《社会契约论》一书中，奠定了参与民主理论的基础。"卢梭的整个政治理论集中围绕政治决策过程中每个公民的个人参与，在他的理论中，参与不仅仅是一套民主制度安排中的保护性附属物，它也对参与者产生一种心理效应，能够确保在政治制度运行和在这种制度下互动的个人的心理品质和态度之间具有连续的关联性。"①

科恩认为："民主决定于参与——即受政策影响的社会成员的参与决策。"② 不应当以是否实行代议制为衡量民主有无的标准，而应当以公民参与的普遍性、充分性和广泛性来衡量民主的尺度。科恩提出衡量民主的三个尺度：广度、深度、范围，广度主要涉及公民参与是否普遍，深度主要考虑公民参与是否充分，范围主要针对参与指向问题的多少、重要程度及最终效能。巴伯将关注促进个人自由而非公共正义的自由主义民主称为"弱民主"，这种民主颠倒了个人自由与政治行为之间的关系，将摧毁传统的个人和社会之间的维系纽带。他提出的改革方案是以扩大公民对政治直接参与为核心，以"社群""共识"为特征的"强民主"，即参与民主。③ 随后的"公民治理"理论批评自由主义民主将公民参与聚焦于投票是静态表达偏好的行为，从现实的治理角度，"公民治理"理论将研究的重心聚焦在公民在社区、公共政策，以及现代通信资讯科技中的民主实践上，强调参与过程中的对话、沟通、交流。④ 参与民主理论关于参与的理解不等同于直接民主。"参与民主论者特别强调参与不等于直接民主，参与只是人们扩大对自己生活控制的一种方式。"⑤

20 世纪后期，参与民主的进一步发展，是"协商民主"理论的兴起。"协商民主是公共协商过程中自由平等的公民通过对话、讨论、审视各种相关理论而赋予立法和决策合法性的一种治理形式。"⑥ "协商民主既肯定公民积极参与政治生活，又尊重国家与社会间的界限，力图通过完善民主程

① 〔美〕卡罗尔·佩特曼：《参与和民主理论》，陈尧译，上海世纪出版集团，2012，第22页。

② 〔美〕卡尔·科恩：《论民主》，聂崇信、朱秀贤译，商务印书馆，1988，第12页。

③ 〔美〕本杰明·巴伯：《强民主——新时代的参与政治》，彭斌、吴润洲译，吉林人民出版社，2006。

④ 杨丹华：《工具理性与价值理性的冲突及其调适》，武汉大学博士学位论文，2009。

⑤ 〔美〕卡罗尔·佩特曼：《参与和民主理论》，陈尧译，上海世纪出版集团，2012，胡伟："推荐序言"，第 XI – XIII 页。

⑥ 〔美〕卡罗尔·佩特曼：《参与和民主理论》，陈尧译，上海世纪出版集团，2012，胡伟："推荐序言"，第 XI 页。

序，扩大参与范围，强调自由平等的对话来消除冲突，保证公共理性和普遍利益的实现，以修正代议民主模式的缺陷与不足，也是对参与民主理论的最新诠释。"①

（三）关于中国青年参与意识发展的研究

关于中国青年参与意识的历史与现状描述，孙宇等在《"90后"大学生政治参与意识的调查研究——以北京大学学生为中心的考察》② 一文中通过实证研究，分析"90后"大学生政治参与价值评判状况，提出66.5%的受访者对历史事件中政治参与活跃者的认同度持肯定态度，53.6%的受访者对积极参与政治活动的同龄人表示认同与欣赏，对现实生活中政治参与活跃者的认同度较高。吴鲁平对20世纪90年代青年社会参与的调查显示，青年社会参与意识高于其参与行动，地区变量、性别变量、年龄变量、职业变量、文化程度、婚姻变量对青年社会参与意识和行为水平的高低有着显著影响，其中"一个地区青年社会参与意识与行为水平的高低，并不简单地取决于一个地区的经济发展水平，而是该地区经济、政治、文化及青年自身素质高低等各种因素综合作用的结果"。男性高于女性，年龄上呈现两头高、中间低的U形结构，文化程度与参与意识和行为呈现负相关的关系，已婚青年低于未婚青年。③ 田科武在《中国青少年参与历史与现实》一文中梳理了改革开放前后中国青少年参与的变化，提出青年参与是指青年个体或群体表达其利益需求并借此获得特定利益的行为。就表达和争取的利益性质来看，青年的参与分为政治参与、经济参与和文化参与三种。改革开放前青少年参与以有组织的政治参与为主，是一种青少年为社会整体利益而进行的参与。改革开放后的参与主要是维护自身的政治、文化、经济方面的利益和权益。相比改革开放前以政治为主的参与，改革开放后青少年参与的范围更宽泛。

关于青年参与意识发展重要性的论述，学者们的角度各有差异。燕继荣将政治体系分为"硬件"和"软件"两个部分，各种制度化和结构化的政治组织机构和规则是硬件，而政治文化是软件，二者必须相互兼容、

---

① 〔美〕卡罗尔·佩特曼：《参与和民主理论》，陈尧译，上海世纪出版集团，2012，胡伟："推荐序言"，第 XI－XII 页。
② 孙宇等：《"90后"大学生政治参与意识的调查研究——以北京大学学生为中心的考察》，《学校党建与思想教育》2011年第10期。
③ 吴鲁平：《90年代中国青年社会参与意识和行为》，《当代青年研究》1994年第Z1期。

相互匹配。① 船夫《十年学潮纪实》中纪实性地描述了 1979～1989 年 10 年间学潮发生的原因和经过，侧重分析学潮产生的原因在于资产阶级自由化思想泛滥和"四大"（大鸣、大放、大辩论、大字报）等不当的民主表达方式，从反面论述了青年民主意识出现偏差的后果。② 刘明主编的《街头政治与"颜色革命"》一书从多国发生"颜色革命"的现象出发，提出"颜色革命"的本质就是街头政治，非政府组织、基金会、大众传媒等大力"促进民主"，制造思想混乱，对"颜色革命"的成功起着异乎寻常的作用。③ 何正玲的博士学位论文《当代中国公民网络政治参与问题研究》，提出青年特有的反抗和叛逆心理，使得他们很容易成为现实的批判力量。④ 亨廷顿评价："学生在哪里都是反对派；他们反对存在的任何一种政权。"⑤ 其余的研究成果还包括闫立超《中国青年参与的基本经验与展望》⑥，侯江波《浅谈青年参与意识的形成与爱护》⑦，石国亮、邓希泉《当前我国青年参与机制研究》⑧，王锡源《中心城区青年社区参与意识的实证研究——以上海徐汇区有关街道社区为例》⑨，汪晓华等《青年参与民主政治建设现状与发展研究——以安徽省黄山市青年政治参与调查为实例》⑩，刘晨《新时期大学生政治参与意识问题研究》⑪，郭开元《论我国政策制定中的青年参与》⑫，沈远新《当前农村青年参与行为的政治分析》⑬，张磊《当代中国青年政治参与研究——以闸北区新社会阶层青年为例》⑭，董小苹《1992～2012：中国

① 燕继荣：《现代政治分析原理》，高等教育出版社，2004，第 295 页。
② 船夫：《十年学潮纪实》，北京出版社，1990。
③ 刘明主编《街头政治与"颜色革命"》，中国传媒大学出版社，2006。
④ 何正玲：《当代中国公民网络政治参与问题研究》，东北师范大学博士学位论文，2012。
⑤ 〔美〕塞缪尔·亨廷顿：《第三波——20 世纪后期民主化的浪潮》，刘军宁译，上海三联书店，1998，第 174 页。
⑥ 闫立超：《中国青年参与的基本经验与展望》，《中国青年研究》2012 年第 1 期。
⑦ 侯江波：《浅谈青年参与意识的形成与爱护》，《中国青年政治学院学报》1986 年第 3 期。
⑧ 石国亮、邓希泉《当前我国青年参与机制研究》，《广东青年干部学院学报》2006 年第 4 期。
⑨ 王锡源：《中心城区青年社区参与意识的实证研究——以上海徐汇区有关街道社区为例》，《山东省青年管理干部学院学报》2007 年第 5 期。
⑩ 汪晓华等：《青年参与民主政治建设现状与发展研究——以安徽省黄山市青年政治参与调查为实例》，《甘肃理论学刊》2009 年第 5 期。
⑪ 刘晨：《新时期大学生政治参与意识问题研究》，东北师范大学硕士学位论文，2013。
⑫ 郭开元：《论我国政策制定中的青年参与》，《中国青年研究》2011 年第 11 期。
⑬ 沈远新：《当前农村青年参与行为的政治分析》，《青年探索》1997 年第 3 期。
⑭ 张磊：《当代中国青年政治参与研究——以闸北区新社会阶层青年为例》，华东政法大学硕士学位论文，2012。

青少年的社会参与》①，杨东平《八十年代青年社会参与》②，赵学会《大学生公民参与意识研究》③，李兵《青年参与网络政治活动的理论基础与政治稳定》④，陆士桢、王蕾《青年网络政治参与影响因素研究——基于定量研究的过程分析》⑤，孙艳秋、戴锐《中国青年政治意识的未来发展》⑥，高发水、王建基《青年学生的政治参与意识及其在社会发展中的作用》⑦，吴旭华《广州青年民主意识的几点思考》⑧。

　　学者们还从青年对民主制度的认识、民主权利的行使角度论述青年参与意识发展。如中国青少年研究中心发布的《当代中国青年权益状况研究报告》，系统论述了改革开放以来中国青年各项权益的实现情况，其中青年的公共参与权部分论述了青年的选举权、青年的社会参与渠道、青年的参与积极性等状况，提出青年的公共参与领域越来越广泛，参与机会和渠道大大拓展，青年的有序参与越来越活跃的发展趋势。⑨单光鼐、陆建华主编的《中国青年发展报告》回顾了新中国成立以来，尤其是20世纪80年代以来青年参与的情况，在分报告之九《青年社会参与发展报告》中提出青年"动员型参与"的基本判断。该文重点分析了80年代青年参与的特点，提出共青团是青年参与的主渠道，青年社团组织获得很大发展，青年社会地位改善以及体制外青年社会参与等新现象。⑩黄志坚主编的《走向新世纪的中国青年》，分析了改革开放20年来青年的生活方式、就业状况、青年心态、青年的思想轨迹等。其中刘书林撰写的《改革进程中青年的思想轨迹》一文系统归纳了当代青年的思想特征，提出青年政治态度趋于稳定、对改革的承受能力增强等思想趋向。⑪

---

① 董小苹：《1992～2012：中国青少年的社会参与》，《青年研究》2013年第6期。
② 杨东平：《八十年代青年社会参与》，《青年研究》1994年第7期。
③ 赵学会：《大学生公民参与意识研究》，首都师范大学硕士学位论文，2009。
④ 李兵：《青年参与网络政治活动的理论基础与政治稳定》，《中国青年研究》2014年第12期。
⑤ 陆士桢、王蕾：《青年网络政治参与影响因素研究——基于定量研究的过程分析》，《中国青年政治学院学报》2013年第6期。
⑥ 孙艳秋、戴锐：《中国青年政治意识的未来发展》，《当代青年研究》2014年第1期。
⑦ 高发水、王建基：《青年学生的政治参与意识及其社会发展中的作用》，《新疆大学学报》（哲学社会科学版）1992年第2期。
⑧ 吴旭华：《广州青年民主意识的几点思考》，《青年探索》1986年第4期。
⑨ 郗杰英主编《当代中国青年权益状况研究报告》，研究出版社，2009。
⑩ 单光鼐、陆建华主编《中国青年发展报告》，辽宁人民出版社，1994。
⑪ 刘书林：《改革进程中青年的思想轨迹》，载黄志坚主编《走向新世纪的中国青年》，中国和平出版社，1996。

　　多数西方学者评价中国民主制度的标准是选举民主，并以此标准来分析评价中国民主建设和青年参与。有学者从中国农民的村民自治出发研究中国的民主实践，如 Susanne Brandtstädter 和 Gunter Schubert 赞同中国农村竞争性选举和执政党对农民权利的回应，认为这是增强政治合法性的途径。[1] John James Kennedy 参照西方竞争性选举标准来评价中国村民直选是否真正的民主。[2] 他们热衷于分析中国为什么没有民主，其原因有中国经济发展与民主不兼容、中国传统政治价值对民主的抑制等。也有学者客观分析中西方民主的差异，如 Robert Ware 认为中国关于民主的观念和西方关于民主的观念有很大的区别，"中国特色的民主"与西方民主的区别集中在五个方面：强调善（goods）而不是权利（rights）；强调集体（collective）而不是个人（individual）；强调实践（practice）而不是程序（procedure）；强调客观利益（objective interests）而不是抽象利益（subjective interests）；强调社会动员（social moblilzation）而不是自愿参与（voluntary participation）。[3] Yijang Ding 认为西方学者对中国民主的研究视角各异，从文化、历史、意识形态、结构预期等不同角度出发展开研究。他们关注的重点主要是中西方文化的差异，特殊的文化背景和传统价值塑造了中国人对于民主的不同理解和独特的议题。中国正统的对民主的理解与西方自由主义民主截然不同，如"人民"的观念，中国式民主是人民集中追求他们统一的、根本的利益并对敌对阶级实行专政。[4] 这些分析注意到中西方关于民主的认识存在根本的差异，因而对中国人参与意识的研究也更客观。

　　西方学者大多把中国青年争取西方式民主，反对共产党和社会主义的言论和思想奉为参与意识的先声。如 Joseph W. Esherick 和 Jeffrey N. Wasserstrom 把 1989 年的政治风波视为中国青年的民主运动，是青年争取民主的正义斗争。[5] James Tong 把学潮视为民主运动，分析不同地区学生对待"民主运

① Susanne Brandtstädter, Gunter Schubert, "Democratic Thought and Practice in Rural China," *Democratization*, 2005, Vol. 12 (5): 801–819.

② John James Kennedy, "The Face of 'Grassroots Democracy' in Rural China: Real versus Cosmetic Elections", *Asian Survey*, 2002, Vol. 42 (3): 456–482.

③ Robert Ware, "What Good Is Democracy? The Alternatives in China and The West," In Anthony J. Parel and Ronald C. Keith eds., *Comparative Political Philosophy: Studies under the upo Tree*, New Delhi Sage Publications, 1992.

④ Yijang Ding, *Chinese Democracy after Tiananmen*, Vancouver, B. C., CAN: UBC Press, 2002, pp. 3–6.

⑤ Joseph W. Esherick, Jeffrey N. Wasserstrom, "Acting Out Democracy: Political Theater in Modern China," *The Journal of Asian Studies*, 1990, Vol. 49 (4): 835–865.

动"热情不一的原因。① 这类研究带有鲜明的政治倾向性，需要仔细甄别。也有学者比较客观地研究中国人的参与意识，其研究虽然没有专门针对青年，但是对中国青年参与意识研究有一定的参考价值。如 Andrew J. Nathan 和 Tianjian Shi 通过一项全国性的调查，分析中国政治文化与民主之间的关系。文章从三个维度分析中国政治文化：民众是否意识到政府与他们的关系？民众是否相信他们有能力理解和参与政治？民众在多大程度上容忍那些不同的政治信仰？分析过程中侧重探讨教育程度与三者之间的关系。数据显示，近72%的中国公民认为中央或地方政府对他们的日常生活没有影响，认为个体有能力影响政治过程和期待政府公平地对待个人权利的比例较低，中国公民对不同政见的容忍程度较低。②

前人的研究日益深入，提供了许多可资借鉴的东西。但是从纵向上看，学者关注的焦点基本上集中在两头：新中国成立前和改革开放后。1949～1978 年青年是否存在参与意识？如果有，这一时期青年参与意识发展的特点是什么？此类研究成果较少，这是研究领域的一个缺憾，亟须拾遗补阙。从横向上看，研究参与意识内涵、特点、对策的论文较多，而直接以青年参与意识发展为切入点，探讨青年参与意识发展与国家民主建设关系的研究并不多见。这一领域还有许多需要探索的内容，值得学者们深入研究。

四 本书内容与结构

本书的研究取向上着重说明三点。

（1）坚持马克思主义实事求是的研究态度，运用历史唯物主义基本原理、立场、观点和方法来分析和研究问题。把青年参与意识发展置于经济、政治、文化发展的大环境下，结合不同时期的特征做动态比较，尽可能客观公正评价。将青年发展与中国民主建设紧密结合，以青年参与意识发展为切入点做整体研究，使分属两个领域的研究有机统一起来，深化对具体问题的理解。

（2）余英时的"历史的脉络"，即遵循历史发展的本来顺序，厘清其思想脉络。同时结合史华慈的思想史方法论，凸显人们对其所处特定环境的"意识反应"，厘清环境变化与意识变化的互动关系。青年参与意识研究需

---

① James Tong，"The 1989 Democracy Movement in China：A Spatial Analysis of City Participation," *Asian Survey*，1998，Vol. 38（3）：310 - 327.

② Andrew J. Nathan，Tianjian Shi，"Cultural Requisites for Democracy in China：Findings from a Survey," Daedalus，*China in Transformation*，1993，Vol. 122（2）：95 - 123.

要"发展维"，即以纵向的时间顺序考察不同阶段青年参与意识发展特点、发展趋向，注重"史"的研究。同时需要以横向的经济、政治背景解读青年参与意识发展的影响因素和现实状况，注重"论"的分析。通过史论结合系统梳理青年参与意识的发展历程，结合青年参与意识发展面临的问题进行深层次探究，形成了对 1949～2014 年青年参与意识发展从概念到结构、从实践到理论、从客观分析到理性反思的全过程研究。

（3）总结历史经验，提出有价值的对策建议，对存疑的问题结合特定的历史背景重新解读，力图有所突破和创新。以宽泛的国际视野考察他国的经验教训，选择典型、把握标准，在新旧、中西的比较过程中为中国青年参与意识发展准确定位。结合网络时代的新背景，通过实证的调研分析掌握动态，研究青年参与意识发展的新特征和新趋势。

第一章
青年参与意识发展与国家民主建设的关系

　　在一个有几千年封建历史的国家，人们谈论或者接受"人民当家作主"的民主思想，是一个艰难而曲折的过程。即便是最容易接受新事物、新思想的青年群体，他们对民主的认识、对民主的追求也经历了复杂的探索过程。探寻青年参与意识的发展历程，首先要了解青年、了解近代中国青年群体的形成和历史作用；其次要了解民主对中国的意义。近代中国空前的民族危机激发了青年的参与意识，青年参与意识发展影响国家的民主建设。在更长的历史时期、更宽广的视野中探讨中国青年参与意识形成的源流和发展中的分歧，从青年对民主的需求和国家对青年的期待出发，二者结合，完整理解青年参与意识发展的走向，分析青年参与意识发展与国家民主建设之间的互动关系，有助于我们更好地理解社会主义民主制度建立的历史必然性。

第一节　马克思主义青年观与青年思想意识的特点

　　青年不仅是自然的存在，更是社会的存在。作为一种社会现象，青年群体的出现不是从来就有的，在很长的历史时期中，青年仅仅作为"预备成人"发挥作用。工业革命后对专业技术人才的需求延长青年受教育的时间，也延缓了青年进入成人社会的步伐，青年期才成为独立的社会现象受到重视。由于青年是指向未来的力量，生理成熟但是心理不成熟，容易受到各种思想的影响，因此他们也成为各个阶级竞相争夺的对象。青年的成长过程，是社会教化和青年自我选择的过程，是社会权力从上一代向下一代转移的过程。一代青年作为一个整体，和一定历史事件、历史时期相联系，青年的选择将决定不同"主义"的最终命运，在这个层面上研究青年具有不同寻常的意义。

一　赢得青年就赢得未来

马克思主义重视青年的社会作用，研究青年的成长规律，从社会力量对比的角度认识和对待青年，形成具有鲜明时代性、阶级性、革命性的马克思主义青年观。虽然在马克思和恩格斯的著作里，很少有关青年系统而完整的论述，但是他们看到了青年作为一个整体拥有的相对独立的社会力量。马克思主义认为青年不是一个独立的阶级，但是他们正逐渐走向社会，必然会和社会的各阶级或政治力量发生联系，通过教育引导和自我选择青年将逐渐融入某一阶级。不同的势力都企图使青年成为自己力量的一部分，青年成长的方向是各种政治力量争夺的焦点。马克思主义认识、对待青年的根本观点和方法形成马克思主义青年观，具体内容包括：青年的历史使命、青年的培养目标、青年的成长道路、青年的教育方法等。

青年的历史使命是通过一代又一代的努力，实现社会的进步和人类的解放。在社会政治变革和无产阶级革命的过程中，赢得青年才能赢得革命的胜利。马克思、恩格斯高度赞扬青年的热情和智慧，以及他们对未来的憧憬是推动时代进步的重要力量。1886年马克思指出："最先进的工人完全了解，他们阶级的未来，从而也是人类的未来，完全取决于正在成长的工人一代的教育。他们知道，首先应当使工作的儿童和少年不受现代制度破坏作用的危害。这只有通过变社会意识为社会力量的途径才能办到，而在目前条件下，只有通过国家政权施行的普遍法律才能办到。"[1] 但这并不意味着工人要求巩固政府的权力，相反，他们是把政权变成自己的武器。1893年12月，恩格斯给国际社会主义者大学生代表大会的贺信上说："希望你们的努力将获得成功，能使大学生们意识到，从他们的行列中应该产生出脑力劳动无产阶级，它的使命是在即将来临的革命中同自己从事体力劳动的工人兄弟在一个队伍里肩并肩地发挥重要作用。"[2] 列宁指出："俄国的人才多得很，只是必须更广泛和更大胆地、更大胆和更广泛地、再更广泛和再

① 《马克思恩格斯全集》第十六卷，人民出版社，1964，第217页。
② 《马克思恩格斯选集》第四卷，人民出版社，2012，第301页。

更大胆地吸收青年参加工作，不要对青年不放心。目前是战斗时期。整个斗争的结局都将取决于青年，取决于青年大学生，尤其是青年工人。"① 青年是推动历史进步的重要力量，青年要担负起自己的历史使命。

青年的培养目标是使一代青年成为革命事业的接班人。在自然属性上，历史的依次交替以一代青年整体性的地位和权力转移为标志；在社会属性上，青年是革命事业的接班人，要积极争取和组织青年投身革命。马克思和恩格斯在工人运动兴起之初，就充分认识到青年的社会地位和角色作用。工人阶级的解放不仅需要青年掌握政治机器，还要有掌管全部社会生产的丰富知识，因此要重视对青年的培养。1845 年，恩格斯谈到德国工人运动时说："实现这一变革的将是德国青年。但是这种青年不应该在资产阶级中去寻找。德国的革命行动将从我们的工人当中开始。"② 青年富有斗争性，是生机勃勃的力量，无产阶级政党要组织青年，培养青年，壮大自己的力量。列宁转引恩格斯的话说："在我们革命政党中青年占优势，这难道不自然吗？我们是未来的党，而未来是属于青年的。我们是革新者的党，而总是青年更乐于跟着革新者走。我们是跟腐朽的旧事物进行忘我斗争的党，而总是青年首先投身到忘我斗争中去。"③ 中国共产党高度重视对青年的培养，毛泽东把青年比作早上八九点钟的太阳，把建设新中国的希望寄托在青年身上。邓小平认为："科学的未来在于青年。青年一代的成长，正是我们事业必定要兴旺发达的希望所在。"④ 江泽民在庆祝中国共产党成立 70 周年大会上的讲话中提出，要以对今后 10 年乃至 21 世纪中国社会主义事业的命运高度负责的精神，着眼于培养广大青少年。2012 年 5 月 4 日，胡锦涛在纪念中国共产主义青年团成立 90 周年大会上的讲话中高度肯定青年在社会主义建设时期的地位和作用，代表广大青年，赢得广大青年，依靠广大青年，是我们党不断从胜利走向胜利的重要保证。提出"伟大的时代召唤着青年，辉煌的事业期待着青年"⑤。习近平 2013 年与青年代表座谈时强调，"历史和现实都告诉我们，青年一代有理想、有担当，国家

① 《列宁全集》第九卷，人民出版社，1987，第 228 页。
② 《马克思恩格斯全集》第二卷，人民出版社，1957，第 629 页。
③ 《列宁全集》第十四卷，人民出版社，1988，第 161 页。
④ 《邓小平文选》第二卷，人民出版社，1994，第 95 页。
⑤ 《胡锦涛在纪念共青团成立 90 周年大会上讲话全文》，中国新闻网，http://www.chinanews.com/gn/2012/05 - 04/3866683_2. shtml。

就有前途，民族就有希望，实现我们的发展目标就有源源不断的强大力量。"
"中国梦是我们的，更是你们青年一代的。中华民族伟大复兴终将在广大青年
的接力奋斗中变为现实。"①

　　青年的成长道路是实践锻炼，毛泽东在《整顿党的作风》一文中指
出，"我们现在看看一些学生，看看那些同社会实际活动完全脱离关系的
学校里面出身的学生，他们的状况是怎么样呢？一个人从那样的小学一直
读到那样的大学，毕业了，算有知识了。但是他有的只是书本上的知识，
还没有参加任何实际活动，还没有把自己学得的知识应用到生活的任何部
门里去。"② 只有书本知识的青年还不能算是真正的成材和成熟，青年要走
理论与实践相结合、与人民群众相结合的道路才能成材。青年作为社会变革
的先锋力量，不仅要在实践中把社会需要和个人成长联系起来，而且要在实
践中发现社会变革的主力军，唤醒民众实现革命目标。毛泽东指出："青年
们一定要知道，只有动员占全国人口百分之九十的工农大众，才能战胜帝国
主义，才能战胜封建主义。"③ 只有在实践中，青年才能从潜在的社会力量
变成现实的社会力量，才能与工农结合寻找到革命的正确道路。毛泽东明确
提出："看一个青年是不是革命的，拿什么做标准呢？拿什么去辨别他呢？
只有一个标准，这就是看他愿意不愿意、并且实行不实行和广大的工农群众
结合在一块。"④ 革命年代青年的成长道路是实践，和平建设年代青年的成
长依然要坚持实践。江泽民强调当代青年要"坚持学习科学文化与加强思
想修养的统一，坚持学习书本知识与投身社会实践的统一，坚持实现自身价
值与服务祖国人民的统一，坚持树立远大理想与进行艰苦奋斗的统一"⑤。
尤其在网络化与信息化时代，青年是科技领域竞争的生力军，习近平提出：
"创新的制高点在科技，科技创新的希望在青年。"青年在国家关键的科技
创新领域担当重任，如中国航天科研团队以青年为主体，平均年龄嫦娥团
队、神舟团队 33 岁，北斗团队 35 岁，东方红四号团队 29 岁，卫星应用团
队 28 岁。⑥

---

① 习近平：《在同各界优秀青年代表座谈时的讲话》，《人民日报》2013 年 5 月 5 日，第 2 版。

② 《毛泽东选集》第二卷，人民出版社，1991，第 816 页。

③ 《毛泽东选集》第二卷，人民出版社，1991，第 565 页。

④ 《毛泽东选集》第二卷，人民出版社，1991，第 566 页。

⑤ 《江泽民文选》第三卷，人民出版社，2006，第 483 页。

⑥ 《习近平在同各界优秀青年代表座谈时强调在实现中国梦的生动实践中放飞青春梦想在为人
民利益的不懈奋斗中书写人生华章》，《人民日报》2013 年 5 月 5 日，第 1 版。

　　青年不会自发成为革命者，需要教育和引导。在青年教育问题上，马克思主义重视青年全面发展，强调正确的政治方向的重要性。从所处的环境、社会分工、政治觉悟上，青年可以划分出不同的层次。斯大林曾指出："我们有各种各样的青年。有垂头丧气的，疲倦懈怠的，悲观失望的。也有朝气勃勃的，活泼愉快的，意志坚强和不达胜利决不罢休的。"① 毛泽东也认为群众中存在比较积极的、中间状态的和比较落后的三部分人。正是因为青年不是一个统一的整体，存在不同状况又具有很强的可塑性，因此加强青年的教育引导显得尤为重要。青年教育要注意培养青年中的先进分子，积极争取处于中间状态的青年，使他们确立正确的政治方向，成为推动社会进步的力量。毛泽东认为没有正确的政治观点，就等于没有灵魂，在《青年运动的方向》一文中他指出："延安的青年运动的方向，就是全国的青年运动的方向。为什么？因为延安的青年运动的方向是正确的"②。邓小平提出要教育青年做"四有新人"，"我们一定要经常教育我们的人民，尤其是我们的青年，要有理想。"③ 1998 年 6 月 19 日，胡锦涛在共青团第十四次全国代表大会上的祝词中指出："一个有远见的民族，总是把关注的目光投向青年；一个有远见的政党，总是把青年看作是推动历史发展和社会前进的重要力量。我们的民族就是这样的民族，我们的党就是这样的党。"④ 2014 年 5 月 4 日，习近平在北大座谈时进一步提出："时间之河川流不息，每一代青年都有自己的际遇和机缘，都要在自己所处的时代条件下谋划人生、创造历史。"⑤ 青年要有正确的价值取向，就如人生的扣子从一开始就要扣好。

　　正因为青年是连接现在与未来的关节点，中国革命、建设、改革事业都要赢得青年的拥护和支持才能成功。青年作为社会发展的未来力量，他们不仅要为自己的权益而斗争，更重要的是他们要为社会的进步而斗争。因此，赢得青年就赢得未来。

---

① 《斯大林全集》第十二卷，人民出版社，1955，第 152～153 页。
② 《毛泽东选集》第二卷，人民出版社，1991，第 568 页。
③ 《邓小平文选》第三卷，人民出版社，1993，第 110 页。
④ 胡锦涛：《迈向新世纪创造新业绩——在共青团第十四次全国代表大会上的祝词（1998 年 6 月 19 日）》，2006 年 12 月 20 日，中国共青团网，http：//www.ccyl.org.cn/history/congress/documents/200612/t20061220_9765.htm。
⑤ 《习近平在北大考察：青年要自觉践行社会主义核心价值观》，新华网，http：//news.xinhuanet.com/politics/2014-05/08/c_126477806.htm。

二　青年求新求异但不成熟

青年是肩负希望的一代，但是他们作为新生力量有着缺乏政治经验和社会经验的天然弱点。马克思主义青年观认为要全面看待青年，从整体上把握青年，既信任青年又要看到青年的弱点，对青年既满腔热情又严格要求，实事求是地分析青年的思想特点，避免以偏概全。青年的思想意识受社会环境等因素的影响，不同历史条件、社会环境下青年的思想意识有不同的特点。但是青年的思想意识也有共性，表现为前瞻性、反复性、矛盾性等。

（一）面向未来的前瞻性

青年是社会中最积极、最有生气、最有创造精神的群体。青年的目光总是投向未来，敢想敢干，试图改变世界。青年求新、求变的特性使他们成为社会变革的突击队、社会建设的生力军。虽然青年成长和面对的环境不断变化，但是青年较少因循守旧、抱残守缺。多数青年能够根据历史发展趋势做出新判断，设想新思路，采取新措施，解决新问题，在创新中实现进步。对创新的渴望是前瞻性的灵魂。列宁看到青年创新的特点，也看到成人往往不善于正确对待青年等问题，提出要给青年充分的独立和自由来加强锻炼。"有些上了岁数的人或者老年人，往往不善于正确地对待那些不得不通过不同的道路，即通过和他们父辈不同的道路，以不同的方式，在不同的环境下接近社会主义的青年。"[1] 但是青年对于许多贴着"新"字标签的内容也容易不假思索地接受和追求，存在非理性的冲动和理想化的盲动特点。青年拥有了改变未来的能力和欲望，但是如何明智地使用这种能力，合理控制自己的欲望，青年还缺乏必要的准备，需要教育引导。

（二）容易动摇的反复性

青年处于由不成熟向成熟的过渡时期，思想尚未定型，缺乏辨别能力，思想方法简单，容易在两极之间摇摆。刘书林归纳青年中存在三种思想方法偏颇："①偏重横向分析问题，忽视纵向分析问题。以今日若干数据或事实为根据，就能做出一个历史性结论，割断历史。②偏重微观体验，忽视宏观把握。微观体验肤浅而易变，如与某种思潮的一点发生共鸣，便奉之为信仰。③偏重局部分析，缺少全局性观察，以偏概全。"[2] 正是因为青年对社会的认

---

[1]　《列宁全集》第二十八卷，人民出版社，1990，第288页。

[2]　刘书林、陈立思：《青年思想政治教育学原理》，中国青年出版社，1999，第114页。

识比较肤浅表面，思想方法简单使他们的思想具有容易动摇的反复性。他们容易接受某种思想为信仰，但又不坚定持久；他们缺乏知识和经验，但又充满热情和自信；他们多用理想的眼光看待现实的发展，但出现挫折又容易动摇。因此马克思主义特别强调青年要意识到自己的弱点，加强学习。1892 年 2 月 4 日，恩格斯在给康拉德·施米特的信中说："某些对党的事务的发展表示不满的大学生先生们又开始学习了，这当然很好。他们学习得越多，对那些担任负责工作并勤勤恳恳履行自己职责的人们就越会采取宽容态度；随着时间的推移，他们将会看到，为了达到伟大的目标和团结，为此所必需的千百万大军应当时刻牢记主要的东西，不因那些无谓的吹毛求疵而迷失方向。他们还应当发现，他们在工人面前所极力炫耀的'学识'，还是差得很远的，而工人们本能地、'直接地'（用黑格尔的话来说）掌握了的东西，他们这些大学生要费很大力气才能获得。"[1] 青年思想方法简单，经验欠缺，容易走极端，这是青年成长过程中不可避免的自然缺点，但并不妨碍我们信任、理解青年。

（三）发展过程的矛盾性

青年处于多种力量争夺的中心。面对多元杂糅的文化环境，急剧变化的社会结构，交汇碰撞的思想观念，青年的发展过程不会一帆风顺，而是充满矛盾和纠结。青年是社会中最开放、最活跃、最少保守思想的群体，他们关注社会的发展和个人的成长，敢于表达自我和批判社会，满怀激情又缺乏理性思考能力。这些特点决定了青年容易受各种思想的影响，是许多思想积极的参与者、追随者、传播者和实践者。尤其是青年知识分子群体，他们在社会政治和文化领域非常活跃，思想容易偏激，行动比较激进，对社会进步的期待充满强烈的理想色彩，他们更容易受许多错误思想的影响。1866 年 10 月 9 日，马克思在致路德维希·库格曼的信中指出，这些思潮毒害迷惑的"首先是'优秀的青年'，大学生，其次是工人，尤其是从事奢侈品生产的巴黎工人，他们不自觉地'强烈地'倾向于这堆陈腐的垃圾。"[2] 青年成长环境的复杂性使青年思想的发展过程充满矛盾、冲突和对立，因此需要关注青年的思想进步和环境优化。

青年思想敏锐，不安于现状，是非常可贵的进取性力量。但是青年还处

---

[1] 《马克思恩格斯全集》第三十八卷，人民出版社，1972，第 270 页。
[2] 《马克思恩格斯文集》第十卷，人民出版社，2009，第 243 页。

于发展的不成熟阶段，多元复杂的社会环境对青年的成长有很明显的影响。青年有突出的长处也有明显的不足，我们既要依靠青年，又不能迷信青年。

三　青年特性与中国民主建设的契合性

在漫长的历史中，中国社会没有明显的青年群体和青年现象，处于青年这一年龄阶段的群体没有明确的角色和职能，仅作为从未成年人向成年人的短暂过渡。20 世纪初学校教育的兴起和民族危机的加剧，使学生阶层作为一个社会群体初步形成，近代产业工人的出现和知识分子结社现象的普遍发展，使青年成为社会发展的一股重要力量。

（一）青年求新求变的特性与近代中国革命的需求相契合

中国封建制度延续了数千年，其君主专制的制度结构及与之相适应的纲常伦理等意识形态渗入社会生活的每一个角落。长期的封建专制统治没有给予人民任何民主的机会，也没有任何制度保障人民的权利，对人民尊重的极限只能是"民本"。不仅如此，权利还被认为是对伦理纲常的反动。素以开明著称的张之洞明确反对自由权利之说，谓倡权利必"子不从父，妇不从夫，贱不服贵，弱肉强食，不尽灭人类不止"①。即便是近代知识分子提倡开议院提升"民气"，实现"君民共治"，其前提仍然是维护皇权尊严，对民众争自由，求权利保持很深的戒心。如陈炽在主张开议院的同时又提出："民主之制，犯上作乱之滥觞也。"② 推翻封建专制统治，给予人民民主自由是革命先驱浴血奋斗的目标。毛泽东指出："中国人民，从清朝末年起，五六十年来就是争这个民主。"③ 但是从社会结构到思想意识的巨大阻力使中国追求民主的道路异常艰辛，张朋园认为："中国人向往民主政治，以戊戌变法为起点……不幸他们碰到的都是无法克服的困难，中国人只有望民主而兴叹。"④ 近代中国内忧外患的状态迫切需要革命性的变革，以实现社会结构的彻底改造和国民精神的彻底更新。

青年之所以成为中国民主革命的先锋，是因为"青年之于社会，犹新

① 张朋园：《中国民主政治的困境 1909～1949——晚清以来历届议会选举述论》，吉林出版集团有限责任公司，2008，第 20～21 页。
② 陈炽：《〈盛世危言〉序言》，载夏东元编《郑观应集》（上册），上海人民出版社，1982，第 231 页。
③ 《毛泽东文集》第六卷，人民出版社，1999，第 257 页。
④ 张朋园：《中国民主政治的困境 1909～1949——晚清以来历届议会选举述论》，吉林出版集团有限责任公司，2008，第 1 页。

鲜活泼细胞之在人身"①。陈腐朽败的社会群体只能被淘汰，要使国家社会脱胎换骨，只能寄希望于新鲜活泼的青年的自觉奋斗。青年的使命是担当再造国家的重任，"然而吾族青年所当信誓旦旦，以昭示于世者，不在龈龈辩证白首中国之不死，乃在汲汲孕育青春中国之再生"②。青年要成为"制造新中国之良工"，成为国家命运的担当者，必须具备新的品质和拥有新的思想。陈独秀认为青年要具备六个特性：自主的而非奴隶的、进步的而非保守的、进取的而非退隐的、世界的而非锁国的、实利的而非虚文的、科学的而非想象的。③其中自主性尤为重要，如何获得自主性？陈独秀认为："自居于主人的主动的地位，则应自进而建设政府，自立法度而自服从之，自定权利而自尊重之。"④只有拥有这样的精神与气魄的"新青年"，才能担负起再造青春之民族、青春之国家的重任。青年在拥有革命意识的同时，还要有革命的行动。李大钊提出青年要本着理性，不断努力："进前而勿顾后，背黑暗而向光明，为世界进文明，为人类造幸福，以青春之我，创建青春之家庭，青春之国家，青春之民族，青春之人类，青春之地球，青春之宇宙，资以乐其无涯之生。"⑤毛泽东也高度评价青年在革命斗争中的作用："无论工厂、农村、军队、学校的革命事业，没有青年就不能胜利。"⑥正是因为青年具有这样的特性和革命的行动，青年责无旁贷成为中国革命的先锋。

（二）青年对未来社会发展的探索，回答中国向何处去的疑问

近代中国国家统一、民族独立、政治民主是纠结在一起的三个时代课题。要摆脱亡国灭种的危险，青年必须承担救亡图存的历史重任。青年在宏观层面追求国家统一、民族独立，在个体层面摆脱家族束缚、走向独立，这两个过程紧密结合在一起，形成这一时代青年的独特使命。"对包括家庭中的自主权、婚姻权、经济权等在内的年轻人的权利以及作为'新青年'不可不具备的独立人格的强调，是'五四青年'的一个引人注目的特征"⑦。青年对礼教和传统家庭制度的反抗和激烈批判，成为近代中国思想解放运动的先声。在瓦解旧的社会结构的同时，青年开始初步探索中国向何处去的

---

① 陈独秀：《陈独秀文章选编》（上），三联书店，1984，第73页。
② 高瑞泉编选《向着新的理想社会——李大钊文选》，上海远东出版社，1995，第56页。
③ 陈独秀：《陈独秀文章选编》（上），三联书店，1984，第73～78页。
④ 陈独秀：《陈独秀文章选编》（上），三联书店，1984，第107～108页。
⑤ 高瑞泉编选《向着新的理想社会——李大钊文选》，上海远东出版社，1995，第61页。
⑥ 《毛泽东文集》第六卷，人民出版社，1999，第276页。
⑦ 陈映芳：《"青年"与中国的社会变迁》，社会科学文献出版社，2007，第73页。

问题。

　　青年对民主的认识和追求与民族独立、国家和平的迫切要求紧密结合在一起，问题的关键是中国要走什么样的革命道路，建设什么样的民主制度？黄仁宇把民国以来的中国社会比喻为"一只大型的潜水艇夹肉面包"，① 其上层是文士官僚阶层，其下层是数万亿无从区划的农民。黄仁宇认为在这样的国度，要对社会结构进行脱胎换骨的改造"无异于使走兽蜕变为飞禽"，其难度之大可想而知。② 近代中国仁人志士对革命前途的探索多以失败告终，惨痛的经验表明革命需要正确的理论指导。刘书林认为青年在五四运动中的正确选择推动了历史的发展，"五四"青年："在中华民族危亡面前选择了爱国主义，在众多力量之中选择了与工农民众相结合，在各种思潮之中选择了马克思主义。"③ 正是青年的正确选择使青年成为近代中国历史舞台上一支不可或缺的力量，也推动了马克思主义在中国的传播进程，中国革命开辟了新的篇章。

　　任何一个统治阶级都不会自动退出历史舞台，"生产关系的建立不通过选择、意志和理智甚至极其复杂的涉及重大利益冲突的思想和政治斗争，当然是不会自己到来的"。④ 近代中国要冲破腐朽封建躯壳的束缚，获得民主的新生，没有青年的创新精神和牺牲精神不可能实现。对民主的渴望，对未来中国美好前景的期待激励着无数的青年为古老中国的新生浴血奋战。由国家性质、时代课题塑造的青年参与意识指引青年奋斗的方向，青年的思想和行动推动中国民主政治的建设进程。

第二节　国家性质、时代课题塑造青年参与意识

　　意识归根结底是对社会存在的反映，经济基础的新旧更替必然带来意识领域的冲突与矛盾。恩格斯在分析 1848～1849 年德国革命失败的原因时说："这些原因不应该从一些领袖的偶然的动机、优点、缺点、错误或变节中寻找，而应该从每个经历了动荡的国家的总的社会状况和生活条件中寻找。"⑤

---

① 黄仁宇：《中国大历史》，三联书店，1997，第 295 页。
② 黄仁宇：《大历史不会萎缩》，广西师范大学出版社，2004，第 175 页。
③ 刘书林：《"五四"传统与青年的选择》，《中国青年研究》1993 年第 3 期。
④ 张光明：《社会主义由西方到东方的演进》，云南人民出版社，2004，第 17 页。
⑤ 《马克思恩格斯选集》第一卷，人民出版社，2012，第 566 页。

中国青年参与意识产生的基础是中国社会"千年未有之大变局"，其发展历程是国家民主建设过程中各种矛盾在青年思想领域的集中反映。

一 严重的民族危机催生青年参与意识

近代中国面临空前的政治危机：一方面是强敌入侵，中国被迫沦为半殖民地半封建社会，成为发达资本主义国家倾销掠夺的市场和廉价材料的来源；另一方面是传统的政治、文化秩序土崩瓦解，多年的割地赔款、忍辱求和使中国哀鸿遍野、民不聊生。在内忧外患的交迫下，为挽救风雨飘摇的封建政权，有识之士在"求变"的口号下，试图在中国腐朽的封建肌体上嫁接西方式民主，然而如昙花一现的"百日维新"粉碎了国人君主立宪的梦想。孙中山领导的资产阶级民主革命推翻了封建帝制，但没有给中国带来真正的民主。政治腐败，接连不断的党争和内阁危机，事实上强化了反动的强人政治，民主与共和成为强人政治的护身符。"今之所谓共和，所谓立宪者，乃少数政党之主张，多数国民不见有若何切身利害之感而有所取舍也"[①]。国民党虽然提倡平均地权，但拒绝进行土地改革；政治上提出一个国家、一个政党的独裁主张；社会控制上仍然沿用乡绅治理、保甲制度等；家庭伦理中依然提倡忠、孝的观念，民主这一西方舶来品在中国的实验总体上看是失败的。从百日维新到辛亥革命再到国民革命，一次一次失败的经历促使中国人渴望进行从制度到意识的彻底改造。对青年而言，由危机引发的震荡不安、羞辱愤怒等激情纷至沓来。新型学校、报纸杂志及各种社团组织的出现大大加强了青年知识分子的思想影响力，然而混乱的时世未能给他们提供基本的生存和发展空间，从个体和国家层面体会的危机感使青年的思想发生了巨大的变化。如何从悲惨的现实走向理想的未来？途径问题成为不同主义论争的焦点。各种思潮如狂风暴雨般冲激而来，形成强大的旋涡，使置身其中的青年无所适从。在这样一个失望与奋起、呐喊与彷徨的时代，青年不断摸索前行。

深重的民族危机孕育着革命的力量，民主成为革命的旗帜和革命的目标。瑟罗认为："陈旧的、确立了的社会制度往往只是在出现了明显的失败之后才有可能去努力适应新环境。没有明显的失败，多数人在多数情况下思想是封闭的。失败打开了思想之窗，促使人们思考如何以新的

---

① 陈独秀：《陈独秀文章选编》（上），三联书店，1984，第107页。

方式行事。"① 中国近代知识分子引进西方民主理念的根本目的是破解民族危机、国家危机，尤其是五四运动以后，无论是民主的观念还是民主制度都带有鲜明的工具理性的痕迹。李大钊评价说现代生活处处带着民主的痕迹，沿着民主的轨迹，是民主的时代。"'五四运动'的爆发，进一步推动了民主思潮，全国的大、中学校学生纷纷组织团体，推行自治，并促进了工商界、新闻界的民主结社运动。几乎所有社会团体都以民主为精神支柱，并按民主原则来组建。"② 随着马克思主义的传播，尤其是共产党的建立，无产阶级民主思想开始为一部分先进青年所接受。共产党人认为中国只有进行彻底的反帝、反封建的民主革命才能使人民获得真正的民主权利。"这种民主革命是为了建立一个在中国历史上所没有过的社会制度，即民主主义的社会制度，这个社会的前身是封建主义的社会（近百年来成为半殖民地半封建的社会），它的后身是社会主义的社会。"③ 这种民主不是少数统治阶级独享的民主，而是以底层劳动人民为主体的民主，劳动人民在政治、经济、教育等各个方面都应有平等的权利。陈独秀指出："二十世纪的'德谟克拉西'，乃是被征服的新兴无产劳动阶级，因为自身的共同利害，对于征服阶级的财产工商界要求权利的旗帜。"④ 无产阶级民主思想的传播标志着中国民主运动进入一个新的、实质性民主变革的时期，工农群众成为民主革命的主力军，青年是其先锋队。

青年要成为革命的先锋，需要具有民主意识和参与意识。有学者认为"救亡图存的需要，冲淡了中国人对自由平等的追求"，是中国人民主意识不足的原因。⑤ 一度流行的"救亡压倒启蒙说"也认为救亡中断了中国民主进程。事实上，中国青年的参与意识从产生的时刻起，就与民族独立、国家统一的意识融合在一起，具有民族主义和民主主义的双重特征。恰恰是民族危机深化了青年对民主的认识，民主不仅表现为个人权利，更侧重于国家的制度建设。梁启超、陈独秀、李大钊等呼吁先有"新青年"，后有新国家。"新青年"与"旧青年"的区别不在于年龄，陈独秀认为在于"新青年"

---

① 〔美〕莱斯特·瑟罗：《资本主义的未来》，周晓钟译，中国社会科学出版社，1998，第11页。

② 刘永佶：《中国的民主运动与初级民主制的建立》，2007年11月7日，http://www.wyzxsx.com/Article/Class16/200711/26875.html。

③ 《毛泽东选集》第二卷，人民出版社，1991，第559页。

④ 陈独秀：《陈独秀文章选编》（上），三联书店，1984，第449页。

⑤ 管仕福：《近代中国人的民主意识与民主建设》，湖南大学出版社，2002，第165页。

有健壮的体魄，更重要的是"头脑中必斩尽涤绝彼老者壮者及比诸老者壮者腐败堕落诸青年之做官发财思想，精神上别构真实新鲜之信仰，始得谓为新青年而非旧青年，始得谓为真青年而非伪青年"①。"青春中国"的再生只能寄希望于"新青年"对国家的精神改造和物质改造。青年要反抗家族本位的宗法制度及封建伦理规范的压制，更要反抗帝国主义的侵略和压迫，反抗大地主大资产阶级的独裁统治，唤醒工农群众，挽救中华民族于危亡之际。正如陈独秀所言，青年要"破坏君权，求政治之解放也；否认教权，求宗教之解放也；均产说兴，求经济之解放也；女子参政运动，求男权之解放也"②。在社会黑暗、人民痛苦的时代，青年怎能只追求个人的幸福和光明？李大钊质问青年："同胞都在黑暗里面，我们不去援救他们，却自找一点不沾泥土的地方，偷去安乐，偷去清洁。那种光明，究竟能算得光明么？那种幸福，究竟能算得幸福么？"③ 在日寇入侵，中华民族处于亡国灭种边缘的危急时刻，毛泽东认为抗日战争和争取民主没有冲突，中国青年既有坚持抗战的一般任务，还有争取自身利益的特殊任务。"中国青年们的特殊任务是什么？就是争取自身的特殊利益，例如改良教育与学习，在学习中有参加救亡运动的权利，有组织学生与青年团体及组织救亡团体的权利，十八岁以上的青年有选举与被选举权，贫苦学生有免费入学之权，青年应大批上前线等等。"④ 严重的民族危机催生了青年的参与意识，赋予青年改造社会、再造中国的历史重任。不把帝国主义赶出中国，不彻底改造中国社会的经济基础、政治制度，青年就不可能获得平等的政治、经济、社会权利。没有参与意识、甘于做奴隶的青年无法成为革命的先锋。

二　意识形态对立影响青年参与意识发展的特征

青年是中国民主启蒙、民主革命、民主建设的先锋，赢得青年就赢得未来。无论在革命时期还是在建设时期，青年都是不同政治势力争夺的对象。近代中国，不同的政治势力都试图掌握中国的命运，他们为中国未来的民主建设开出了不同的"药方"，组建政治团体吸引青年。"五四运动"

---

① 陈独秀：《陈独秀文章选编》（上），三联书店，1984，第113页。
② 陈独秀：《陈独秀文章选编》（上），三联书店，1984，第74页。
③ 高瑞泉编选《向着新的理想社会——李大钊文选》，上海远东出版社，1995，第188页。
④ 共青团中央、中共中央文献研究室编《毛泽东 邓小平 江泽民论青少年和青少年工作》，中国青年出版社、中央文献出版社，2003，第29页。

后，信奉不同理论和思想的政治团体蓬勃发展，如信奉马克思主义的共产党，信奉三民主义的国民党，信奉无政府主义的进化社、奋斗社，信奉空想社会主义的工读互助团，信奉民主主义的人权派、乡村建设派、中国民权保障同盟等。不同的理论流派和政治团体对中国未来的民主建设有着不同甚至完全对立的看法，体现了利益的分化和理想的分歧，这些争论和分歧不可避免地对青年的民主意识和参与意识产生影响。其中尤其是国共两党的建国主张严重对立，他们对青年的争夺也最为激烈。青年因接受不同的思想而选择不同的政治目标和政治道路，使这一时期青年参与意识发展呈现复杂而又冲突的特征。

中国共产党坚持以马克思主义为指导，指出中国革命的对象一个是帝国主义，另一个是封建主义。中国革命的性质是资产阶级民主革命，但是由于中国资产阶级的软弱性，革命由无产阶级领导，革命的前途是社会主义。共产党认识到青年在中国革命和建设中的重要作用，把培养、教育青年作为自己的重要任务。1929 年毛泽东指出："劳苦青年群众占人口百分之三十以上，在斗争中他们又是最勇敢最坚决的。因此对取得青年群众的宣传，是整个宣传任务中的一个重要任务。"[1] 除了宣传发动，共产党在党、政、军内部始终坚持贯彻民主原则，在民主实践中培养青年的参与意识。中国共产党在民主革命时期，一方面，为了实现民主而领导人民进行艰苦的革命斗争；另一方面，在党内、军队中、革命根据地进行民主政治建设。毛泽东在总结井冈山的斗争时写道："红军的物质生活如此菲薄，战斗如此频繁，仍能维持不敝，除党的作用外，就是靠实行军队内的民主主义。官长不打士兵，官兵待遇平等，士兵有开会说话的自由，废除烦琐的礼节，经济公开。……中国不但人民需要民主主义，军队也需要民主主义。军队内的民主主义制度，将是破坏封建雇佣军队的一个重要的武器。"[2] 井冈山时期的县、区、乡各级成立工农兵代表会，采用民主集中主义的制度建立民众政权。抗日战争时期，共产党提出"停止内战""争取民主""实现抗战"的口号，把争取民主作为保证抗战胜利的中心一环，并在根据地建立"三三制"民主政权。1936 年 11 月 1 日，中共中央发布了《关于青年工作的决定》，把青年团改

---

[1] 共青团中央、中共中央文献研究室编《毛泽东 邓小平 江泽民论青少年和青少年工作》，中国青年出版社、中央文献出版社，2003，第 3 页。
[2] 《毛泽东选集》第一卷，人民出版社，1991，第 65 页。

造成为广大青年的抗日救国组织，这一组织的任务是在中国共产党领导下，宣传抗日救国，动员青年参军参战，进行生产运动等。除了青年团之外，共产党还领导青年在革命根据地建立青年救国会等群众组织，团结、领导青年抗日救国。抗战胜利后，共产党人提出"和平、民主、团结"三大口号，提出废除国民党一党专政，建立民主联合政府的号召。毛泽东多次提出："将中国建设成为一个独立、自由、民主、统一和富强的新国家"①。共产党人对民主的追求始终如一，要在中国建立保障最大多数人民利益的民主制度。共产党人用无产阶级民主观念教育引导青年，组织青年为建立真正的民主国家而奋斗。

国民党同样看到青年在社会进化、政治改革中的重要作用，一方面在统治区内镇压进步青年的民主运动，另一方面加大对青年的拉拢力度。国民党宣扬改良主义，把人民生活困苦归咎于共产党领导的"过火"的工农运动，主张在三民主义的旗帜下实现资产阶级民主。国民党在国统区进行反共教育，修改课程教材，查禁进步书籍报刊，解散进步青年团体和组织，要求青年"多研究些问题，少谈些主义"，必要时动用政治、行政、法律、暗杀、绑架等手段控制青年的政治活动。"一二·九"运动、"五二〇"学生爱国民主运动都遭到国民党政府的残酷镇压。1939 年 1 月国民党五届五中全会通过了蒋介石提出的"限制异党活动办法"，强化法西斯特务统治，国统区许多青年爱国团体遭到迫害和解散，大批进步青年被逮捕、杀害，估计当时被囚禁的男女青年有一二十万人。②国民党在统治区域内公开争取青年，在敌占区秘密争取青年，在共产党的根据地和周围区域内采用极秘密的特务性的方式争取青年。三青团组织在国民党的支持下发展迅速，在几个主要的大中学中，都建立了三青团组织。"三青团多的学校中，几占全校学生之一半或三分之二"③。张朋园估计在数年之间，达 140 万人。④ 1938 年 6 月，蒋介石以三民主义青年团的名义发表了《为组织三民主义青年团告全国青年书》，提出三青团的一项重要任务是实施政治训练。"青年皆须接受政治训

---

① 《毛泽东选集》第三卷，人民出版社，1991，第 1053 页。
② 佚名：《中国青年工作大事记（1919 年 5 月到 1949 年 9 月）》，2008 年 6 月 7 日，新华网，http://news.xinhuanet.com/politics/2008 - 06/07/content_8325532_8.htm。
③ 共青团中央青运史研究室、中央档案馆编《中共中央青年运动文件选编》，中国青年出版社，1988，第 559～560 页。
④ 张朋园：《中国民主政治的困境 1909～1949——晚清以来历届议会选举述论》，吉林出版集团有限责任公司，2008，第 194 页。

练，使人人具备建设三民主义国家所需之政治素养，及行使四权与实施地方自治等重要职能；并须熟悉民权初步，了解管理组织与领导群众之必要方法"①。国民党追求的民主是资产阶级性质的民主，在实践中"假民主、真独裁"，为国人所诟病。国民党对青年一手打，一手拉，多年的反共教育对青年政治、思想和生活上造成了很大的影响，一些青年对共产党产生恐惧和排斥心理。

不同政党尖锐对立的意识形态对青年展开激烈的争夺，青年参与意识发展不仅具有性质的区别，还有复杂性和曲折性等特性。

首先，青年参与意识发展方向上存在进步性和落后性的区别。

青年参与意识的发展始终围绕中国朝何处去的历史课题，演化出不同路线、不同立场的尖锐对立。不同的政党希望在中国建立不同类型的民主制度，他们争夺青年为了不同的民主理想而奋斗。不同类型的民主在性质上有进步与落后的区分，由此决定了青年参与意识发展方向上有进步性和落后性的区别。列宁认为："从无产阶级的观点看来，问题只能这样提：是不受哪个阶级压迫的自由？是哪一个阶级与哪一个阶级的平等？是私有制基础上的民主，还是废除私有制的斗争基础上的民主？如此等等。"② 抗日战争时期，毛泽东指出："资产阶级的改良主义，正向北方青年发生影响，企图把他们从前线拉到后方，从奋起中拉到平凡安静，从领导地位拉到尾巴主义，扑灭北方青年在民族民主革命中的领导作用。"③ 围绕救亡图存的时代课题，各种思潮和学派展开对青年的激烈争夺，在这场争夺思想领导权的斗争中，马克思主义最后赢得了青年的支持。

其次，青年参与意识发展过程中的复杂性和动摇性。

青年天然的弱点是缺乏社会经验，他们对民主充满了憧憬但缺乏现实的论证，有时把尚未认识清楚的错误的东西当作真理，容易受到宣传鼓动的影响而充满激情。在国家危亡之际，有的青年奋起，有的青年沉沦，也有的青年观望、等待，看不清前方道路时的踟蹰和苦闷是当时多数青年的感受。当时居主流的民主思想是西方式议院、选举、个人权利等，清流空谈或是革命

① 蒋介石：《为组织三民主义青年团告全国青年书》（中华民国 27 年 6 月 16 日），http://www.chungcheng.org.tw/thought/class07/0012/0002.htm。
② 《列宁选集》第四卷，人民出版社，1995，第 68 页。
③ 共青团中央、中共中央文献研究室编《毛泽东 邓小平 江泽民论青少年和青少年工作》，中国青年出版社、中央文献出版社，2003，第 6 页。

改良，纷乱杂陈。精英的分化使民主思想庞杂难辨，不同的政治势力对青年
灌输不同的民主思想，青年对民主的认识、对民主的评价、对民主的情感都
在发生着分化、融合，充满复杂性和动摇性。毛泽东在其自传中回忆1917
年自己的思想，他坦言："在这个时期，我的头脑是自由主义、民主改良主
义及空想社会主义的有趣的混合物。我模糊地景仰'十九世纪民主主义'、
乌托邦主义和旧式的自由主义，但是我坚决地反对军阀和帝国主义。"① 在
相当长的时间里，不同的青年团体之间因为政见不同，其隔膜与对立日深。
刘光指出："大后方青年和青年团体之间的隔膜和对立，已发展到无以复加
的程度，一切手段如谩骂、造谣、刺探、暗算、破坏、出卖等无所不用，每
个有良知的青年，都要去挽回这不幸的危机。"②

三　社会主义制度决定青年参与意识发展的方向

建立一个保障最广大人民根本利益的民主国家是共产党人坚定不移的目
标。1946年9月29日，毛泽东在和美国记者斯蒂尔的谈话中提出："不管
怎样艰难困苦，中国人民的独立、和平、民主的任务是一定要实现的。任何
本国和外国的压迫力量，不可能阻止这一任务的实现。"③ 经过艰苦的革命
斗争，代表人心所向的中国共产党取得了革命的胜利，建立了人民当家做主
的政权，社会主义制度的建立是中国全面民主政治建设的开始。

首先，社会主义民主的本质是人民当家做主，宪法规定国家的一切权力
来自人民，人民是国家、社会的主体。工人阶级领导的、以工农联盟为基础
的国家政权既表明了政权的无产阶级性质，也保障了民主的彻底性。为了保
障人民行使自己当家做主的权利，共产党建立了中国特色社会主义民主制
度，主要包括：人民代表大会制度；共产党领导的多党合作与政治协商制
度；民族区域自治制度等。中国实行议行合一的人民代表大会制度，各级人
民代表大会由人民直接或间接选举产生并按照民主集中制的原则运行；再由
人大产生一府两院，一府两院必须对人大负责、受人大监督，这样最终形成
由人民通过各级人民代表大会行使国家权力当家做主的政体形式。这种制度
设计既体现了人民的意志，也提高了国家的管理效率。

---

① 斯诺笔录《毛泽东自传》，汪衡译，国际文化出版公司，2009，第35页。
② 刘光：《大后方青年的方向》，《新华日报》1942年1月5日。
③ 《毛泽东选集》第四卷，人民出版社，1991，第1202页。

其次，社会主义民主的形式超越单纯的选举，不仅有选举，还有协商、评议等形式。人民代表大会实行直接选举和间接选举相结合的原则，政治协商会议是共产党和各民主党派、无党派人士协商国家大政方针的有效形式。1954 年毛泽东邀请各民主党派、无党派人士座谈政协工作时指出，政协的任务包括协商国际问题，商量候选人名单，提意见，协调各民族、各党派、各人民团体和社会民主人士领导人员之间的关系，学习马列主义等。"我们的国家制度是人民民主专政，民主是商量办事，不是独裁，但集中是必要的。"① 为了方便各民主党派的代表参政议政，党和政府创造了一些有效的民主形式，诸如双周座谈会、最高国务会议、协商座谈会等。"从 1950 年 4 月到 1956 年 8 月，共召开了 55 次双周座谈会、13 次协商座谈会"②。新时期，随着科技的发展，民主的实现形式也不断发展，出现了网络参政、议政、质询、听证、评议等方式。

最后，社会主义民主的范围不断扩大，民主从政治领域扩展到经济、社会、文化、家庭生活等领域。政治上人人平等，广大人民享有广泛的管理国家和社会事务的各项权利。《中华人民共和国宪法》第三十四条规定："中华人民共和国年满十八岁的公民，不分民族、种族、性别、职业、社会出身、宗教信仰、教育程度、财产状况、居住期限，都有选举权和被选举权。"经济上通过土地改革和三大改造，人民获得了生产资料，成为平等的经济生活和社会生活的主人。社会生活方面，新中国致力于实现家庭生活中的民主，把男女平等作为基本国策，彻底消除封建宗法制度对人的束缚，尤其是对女性的束缚。社会主义民主保障人民获得真正的、完整的民主权利，同时人民也积极行使权利参与国家政权建设。"在全国县乡选举中，选民参选率 1953 年为 85.88%，1981 年为 95.82%，1993 年为 93.58%，1999 年全国第七次县乡选举，参选率最低的省份为 87.85%，最高的省份为 97.05%"③。

社会主义制度的确立，决定了青年参与意识发展的方向。青年参与意识发展的长远目标，是接受和认同马克思主义民主观，为实现无阶级的共产主义社会而奋斗。马克思主义认为民主是建立在一定经济基础上的上层建筑，

---

① 《毛泽东文集》第六卷，人民出版社，1999，第 387 页。

② 于新恒、郑沪生：《我国公民民主意识的嬗变及其发展》，《中共中央党校学报》1998 年第 1 期。

③ 钟明瞩：《中国特色社会主义民主政治的优越性》，《政治学研究》2004 年第 4 期。

具有阶级性。民主作为一种国家形式，它将随着国家的消失而消失。列宁强调"无产阶级必须消灭阶级——这就是无产阶级的民主、无产阶级的自由和无产阶级的平等的真实内容"①。1949 年 6 月 30 日，毛泽东在《论人民民主专政》一文中指出，政党和国家机器会随着阶级的消灭而消失，共产党的领导和人民民主专政的国家权力是为了促进阶级的消灭而创造条件。他特别指出："没有读过马克思列宁主义的刚才进党的青年同志们，也许还不懂得这一条真理。他们必须懂得这一条真理，才有正确的宇宙观。他们必须懂得，消灭阶级，消灭国家权力，消灭党，全人类都要走这一条路的，问题只是时间和条件。"② 青年参与意识发展的长远方向是为了最终消灭阶级、消灭国家，实现共产主义社会。

青年参与意识发展的近期目标，是巩固社会主义制度，促进民主权利的实现。在存在阶级斗争的现实条件下，必须保证共产党领导无产阶级掌握国家政权，巩固人民民主专政，把在人民内部实行民主和对敌人实行专政结合起来，进行有效的国家建设。青年要有对权力建构和权利行使的正确态度，要坚定对社会主义民主制度的信心，在纷繁复杂的思潮中不迷失方向。青年要意识到自己在国家民主建设中的主体地位，在法律的保障下行使自己的民主权利，管理、监督政府的运作，最大限度调动青年建设社会主义的积极性，促进民主进步。

第三节　青年参与意识发展影响并制约国家民主建设

一定社会政治经济变革的要求总是先表现为思想意识，这种思想意识可能是外烁的，也可能是社会精英对社会变化敏锐观察之后率先提出的。社会变革的思想意识要经历激烈的争夺，争取从众才能变成变革社会的现实力量。青年是社会中对新的思想意识最敏感的群体，他们有着变革社会的勇气和热情，因而他们总是率先接受新思想、新观念，再把这种观念传播到更多的群体中去，社会变革的要求因此形成。在这一过程中，青年接受什么样的思想意识，他们又是如何把这种意识传播出去，决定了不同"主义"的力量对比，影响并制约国家民主建设。邵涡阳认为："对青年群体的动员经常

---

① 《列宁全集》第三十七卷，人民出版社，1986，第 100～101 页。
② 《毛泽东选集》第四卷，人民出版社，1991，第 1468 页。

会导致大规模青年运动的诞生，它既可以被建构也可以被解构。20世纪早期发生的五四运动和60年代'文化大革命'期间的红卫兵运动就是截然相反的例子，展示了青年所扮演社会角色的两面性。"①

一　青年对民主本质的认识关系民主制度选择

中国要建立什么样的民主制度？这是关系国家前途命运的大事，青年参与意识发展影响国家对民主制度的选择。青年参与意识的产生是对笼罩中国社会的专制制度和礼教教条的叛逆性反应。假共和真专制的政权架构使得议会民主、多党制成为军阀争权夺利的遮羞布，中国迫切需要在两方面进行民主改革：一是在政治制度上建立民主政体；二是给予人民言论、集会、结社的自由。青年对国家政治、经济状况的清醒认识，对被压迫民众困苦生活的切身感受，汇合成为对国乱民困病根的认识，对旧制度的深恶痛绝，对新制度的渴慕向往。民主成为青年摧毁旧的专制堡垒、挣脱旧制度的枷锁、谋求个人及社会解放的利器。青年对民主的渴望犹如在黑暗中寻找光明，1919年3月，武汉中华大学学生部"新生社"给《新青年》编辑部写信，信中如此描述："我们素来的生活是在混沌的里面，自从看了《新青年》渐渐的醒悟过来，真是像在黑暗的地方见了曙光一样。我们既然得了这个觉悟，但是看见我们的朋友还有许多在黑暗沉沉的地狱里生活，真是可怜到了万分。"② 正是得益于早期共产党人对民主的启蒙和宣传，青年寻找到了革命的动力和方向。

觉悟的青年积极争取自身的权利。青年对外争国权，要求废除不平等条约，没收帝国主义在华特权；对内争取民主权利，保障自己的切身利益。青年要求政府废除苛捐杂税，保障人民言论、出版、集会、结社的自由，给予工人组织工会、罢工的自由，给予农民工人武装自卫的权利，给予妇女平等的地位和合理的权益，召开真正代表人民的国民会议，建立革命统一的民主政府等。青年除了争取一般利益之外，还积极争取青年群体的特殊利益。如青年工人争取六小时工作制、青年学生争取自身受教育的权利，青年学生喊出"参加校务""择师自由""经济公开""反对军队

---

① 邵涡阳：《代际视角下的中国青年问题理解：通向美好未来的源泉》，载〔法〕让－查尔斯·拉葛雷主编《青年与全球化——现代性及其挑战》，社会科学文献出版社，2007，第72页。

② 《通信》，《新青年》第6卷第3号，1919年3月15日。

占据学校""反对停办和合并学校""确定教育经费及其来源""减少学生读书负担"等口号。① 但是国民党一党专政的反动统治，既不能满足人民对民主的要求，也不能担负民族解放的重任。青年目睹各路军阀争相献媚于帝国主义，国民党当局在政治上独裁专制、贪污腐败、特务横行。经济上苛捐杂税有增无减，不少国民党官僚大发国难财，物价暴涨、民不聊生。在与日俱增的战乱、剥削、压迫、恐怖的统治下，青年要争取自身的民主权利无异于与虎谋皮。《关于建国以来党的若干历史问题的决议》其中关于"毛泽东同志的历史地位和毛泽东思想"的论述指出："由于中国没有资产阶级民主，反动统治阶级凭借武装力量对人民实行独裁恐怖统治，革命只能以长期的武装斗争为主要形式。"越来越多的青年意识到要争取真正的民主和获得真实的权利必须反抗国民党的反动统治。国统区的青年组织起来奋起反抗，1935 年北平学生组织了"一二·九"爱国民主运动，进行了声势浩大的抗日救国示威游行，形成了全国人民抗日民主运动的新高潮。"1945 年 2 月，西南联大成立了秘密的群众组织民主青年同盟，到 1945 年 10 月底，民青组织已发展到约 300 人，在爱国民主运动中发挥了重要作用"②。1947 年元旦前后，以北平沈崇事件为导火线，爆发了平津京沪学生的反美示威，形成了反美反蒋的"第二条战线"。1947 年 5 月20 日，北平、上海、苏州、杭州几千名学生在南京举行了"挽救教育危机联合大游行"，学生高呼"反饥饿、反迫害、反内战"等口号，提出增加伙食费及全国教育经费等五项要求，呼吁全国人民团结反对黑暗势力压迫青年学生和知识分子。青年要求反帝争自由的民主运动无一例外遭到国民党的残酷镇压。在革命的实践中，青年意识到自由民主的获得，苛捐杂税的免除，教育的发展和生活的改善，只有彻底推翻独裁政权才能实现。1928 年中共中央告小商人学生自由职业者及国民党中的革命分子，提出"中国土地革命必须完成，地租制度必须扫灭，然后三百数十兆农民才能解放，民主政治才能实现，封建军阀的根基才能够完全铲除。而真正民众的民主政治之发展，则必须一面反对那些什么'军政''训政'等的党皇帝的统治制度，一面建设工农兵士贫民群众直接产生的苏维埃政权。民主问题必如此向着非资

---

① 共青团中央青运史研究室、中央档案馆编《中共中央青年运动文件选编》，中国青年出版社，1988，第 131 页。

② 佚名：《西南联大的爱国民主运动》，2005 年 9 月 8 日，中华人民共和国教育部网，http://www.moe.edu.cn/edoas/website18/85/info16085.htm。

本主义的前途，可以渐次解决"①。青年争取民主和无产阶级争取自由解放的斗争是一致的，青年要在革命斗争中争取一般利益和特殊利益，这是青年参与意识发展正确的政治方向。

青年要冲决网罗，只靠青年群体的觉醒远远不够。青年可以为先导，但是不可代庖，只有唤醒更多的工农群众才能把思想的力量转变为革命的力量。1939 年 12 月 9 日，毛泽东在延安纪念"一二·九"运动四周年大会上的讲演指出："现在的青年学生，懂得的道理更多了……懂得了民主宪政。他们认识清楚，要进步，要民主，要参政，而这民主宪政的真正实现还需要大家起来奋斗。只有全国青年学生、工人、农民一同起来作斗争，才能把这个事情搞成功。"② 青年参与意识的觉醒使青年成为中国革命的先锋。要以科学取代愚昧，以民主取代专制，在中国实现真正的独立和自由，必须唤醒更多的民众在不同的政治制度之间做出选择。要让人民在政治上认识到自己的责任和利害，而不只是少数先进分子孤军奋战。觉悟后的青年把对民主的追求不断扩展到人民大众中去，青年向国民党军队宣传士兵不当炮灰，反对欠饷，穷苦人不打穷苦人；向农民宣传抗税、抗租、抗债、抗日，帮助农民成立各种抗日救国组织；向工人宣传增加工资，减少工时，要求社会保险和救济等。青年通过各种方式宣传进步的民主观念、革命意识，当时的社会主义青年团中央教育宣传委员会出版多种出版品：《新青年》季刊、《前锋》月刊、《向导》周刊、《党报》、《青年工人》周刊、《团镌》以及专门为工人农民编写的小册子等，青年通过这些进步的期刊向民众传播先进的革命思想，号召民众反抗国民党的反动统治。③ 山东档案馆披露的《山东青年运动档案史料摘编》记录了先进青年唤醒民众工作的艰辛。"各中学都有学生会。学生会的组织都是照着学生联合会的组织。其工作情形：在伏假以前，罢课期间，会员全体轮流出发到民众（工、农、兵）中演讲。效果：民众稍知道点帝国主义者和军阀之罪恶及民众联合的必要。伏假期内各校（教会学校在外）学生会都有留会的人，每日轮流向各工厂、各工人团体中宣传（宣传是本着宣传

---

① 共青团中央青运史研究室、中央档案馆编《中共中央青年运动文件选编》，中国青年出版社，1988，第 176 页。

② 共青团中央青运史研究室、中央档案馆编《中共中央青年运动文件选编》，中国青年出版社，1988，第 504~505 页。

③ 共青团中央青运史研究室、中央档案馆编《中共中央青年运动文件选编》，中国青年出版社，1988，第 19 页。

大纲及宣传决议案，大纲是李耘生作）。效果：工人都知道他是被剥削阶级，都知道资本家是他的敌人，非打倒不可，都有联合的要求。但因人数少，不敢起来活动。……其工作情形：罢课期间全体动员到民众中宣传；暑假期内，凡会员到农村中实地从事宣传，并有开办平民夜校者"①。但是在反动统治下，要把先进的思想输送到人民大众中去，阻力重重。"在阴历年后，因各校进步校长有被撤换消息，我们想利用此时机做一次宣传活动，想把'已死'的群众惊醒过来。结果虽经不遗余力地努力，未见何效力"②。虽然思想意识领域的争夺面临重重阻力，但是青年前赴后继。在激烈的争夺中，进步的民主力量不断壮大，最终战胜了专制势力，取得了革命的成功。

在共产党的教育引导下，青年接受了新的思想，产生了新的参与意识，他们将这种觉悟不断地宣传和扩散出去，唤醒更多的民众觉醒。通过青年不懈的努力，改变了不同政治集团的力量对比。共产党的民主建国理念获得越来越多的劳动人民的认可，最终赢得了革命的胜利，实现了反帝、反封建的革命目标，建立了社会主义民主制度。在这个意义上，青年参与意识发展影响国家对民主制度的选择。

二 青年对民主的预期影响民主制度巩固

社会主义制度是人类历史上崭新的社会制度，没有经验可循。"一个新的社会制度从诞生到进入平稳高效的运转，总是需要一个调整时期。在这一点上，无论资本主义或社会主义，概莫能外"③。社会主义制度客观上需要一段相当长时间的调整和巩固时期，才能达到理想的发展状态。所谓巩固是稳定不动摇，一种巩固的民主制度是运行良好、能够抵御颠覆危险的制度。社会主义民主制度的巩固是一个长期的过程，这是因为：①民主归根结底是由社会经济和文化发展水平决定，中国落后的经济文化发展水平决定了中国民主制度建设的长期性和艰巨性；②政治、法律制度建立和健全也需要一个过程，在有着千年"人治"传统的国家，完善民主制度、尊重民主程序、树立制度权威需要较长时间；③主体民主素质提高也需要一个过程，国民的

---

① 佚名：《山东青年运动档案史料摘编》，2003 年 12 月 25 日，http：//www.sdab.gov.cn/sdda/lsdg/slgb/200312250027.htm。

② 佚名：《山东青年运动档案史料摘编》，2003 年 12 月 25 日，http：//www.sdab.gov.cn/sdda/lsdg/slgb/200312250027.htm。

③ 刘书林：《历史地科学地对待社会主义》，《中国青年论坛》1989 年第 8 期。

受教育程度、民主习惯的养成都无法一蹴而就，需要长期的教育培养。从这个意义上看，社会主义民主制度的巩固有赖于经济发展、政治制度完善和人民民主素质提升，其巩固过程也是不同意识形态之间尖锐斗争的过程。邓小平认为："社会主义革命是一场最深刻的、最尖锐复杂的斗争。这里充满着革命和反革命的斗争，进步和落后的斗争，新和旧的斗争。这个斗争要求青年成为是非分明和意志坚强的人。"①

新中国成立后，青年参与意识发展的目标从"翻身求解放"转向"当家作主人"，青年的任务从推翻旧的民主制度转向巩固和建设新的民主制度，青年争取民主的方式从游行、示威、暴动等革命性的反抗行为转向在制度的保障下享受民主权利、行使民主权利。青年参与意识的转变和发展也需要一个过程，"一个崭新的社会制度要从旧制度的基地上建立起来，它就必须清除这个基地。反映旧制度的旧思想的残余，总是长期地留在人们的头脑里，不愿意轻易地退走的。"② 新旧制度转换过程中，人们的思想不会随着制度的建立马上转变。新中国成立后，整个社会弥漫着由革命胜利带来的欢欣鼓舞、蓬勃向上的气氛，但是在新政权的建设过程中面临许多困难，也面临强大的敌人。对人民实行民主，对敌人实行专政，在政权建设中推进民主是共产党的建国方针。在一系列的重大的政治活动中，青年成为新制度的坚定支持者，民主建政、土地改革、婚姻法颁布、制定宪法、召开人民代表大会……青年由于没有历史包袱，积极投身社会主义的建设事业而成为社会的生力军。改革开放后，国家大力推进民主制度化、法律化的进程，党内民主、基层民主的进一步推进为青年行使民主权利创造了条件，青年逐渐摆脱街头政治等无序的民主参与，采用合法的手段行使和维护自己的权利。青年参与意识发展是中国民主建设的强大推动力，邓小平提出："我们的党十分重视青年在国家生活中的作用。这一代的青年广泛地受到党的教养、受到革命的锻炼。无数的事实表明了新中国的青年是敢于向前看的，是生气勃勃的，是对社会主义抱有无限热情的，是有强烈的上进心的。我们毫不怀疑青年是我们的希望和我们的将来。"③

青年既可以是民主建设的建构性力量，也可能变成民主建设的破坏性

---

① 共青团中央、中共中央文献研究室编《毛泽东 邓小平 江泽民论青少年和青少年工作》，中央文献出版社、中国青年出版社，2000，第129页。
② 《毛泽东文集》第六卷，人民出版社，1999，第450页。
③ 《邓小平文集（一九四九——一九七四年）》中卷，人民出版社，2014，第229页。

力量。青年参与意识发展是社会主义制度巩固的基石，但由于青年涉世不深，青年对民主往往有过高的期待，在各种政治势力的诱导下，青年参与意识发展也容易出现偏差。20世纪50年代中期以"大鸣、大放、大辩论、大字报"的形式出现的"反党反社会主义"的思潮，60～70年代"造反有理"的冲击党政机关和打砸抢行为，80年代持续不断的学潮对社会主义建设事业造成了很大的影响。尤其是改革开放初期，青年在思想意识、行为方式上有许多不适应。国门初开时西方国家的繁荣、富裕与中国的现状形成强烈的对比，给青年的心理带来极大的震撼，长期压抑的物质、文化需要被空前激发了，青年强烈的民主诉求与政治体制形成了紧张的关系。一些政治势力借助世界"第三波"民主化浪潮的兴起，否认中国的社会主义民主。如戴蒙德认为，中国、伊朗和沙特阿拉伯等几个在世界上有重大影响的威权国家的存在，可能是导致世界民主化浪潮"第三波"产生问题的重要原因之一。[①]

由此可见，青年追求什么样的民主，青年践行什么样的民主，对社会主义制度而言意义重大，有时甚至直接影响社会主义制度的巩固和发展。邓小平语重心长地指出："我们一定要向人民和青年着重讲清楚民主问题"[②]。要教育我们的青年树立对马克思主义的信念，对社会主义民主的信心，"要特别教育我们的下一代下两代，一定要树立共产主义的远大理想。一定不能让我们的青少年作资本主义腐朽思想的俘虏，那绝对不行"[③]。

三　青年参与意识发展制约民主制度发展

社会主义民主制度要在实践中不断丰富完善，一方面，要加强制度建设，坚持社会主义民主的方向，加快民主法律化、制度化的步伐；另一方面，要加强对青年的教育，使青年增强对社会主义民主发展的信心，既不急躁也不政治冷漠。借用"长波理论"，我们可以分析青年参与意识发展与国家民主建设的关系。杨雄提出用"长波理论"考察改革开放以来青年文化的发展，把青年文化"长波"周期分为"同向""反向""上向""下向"时段。同向时段：青年文化对主导文化是理解、认同、参与；反向时段：青年文化对主导

---

① Larry Diamond, *Developing Democracy: Toward Consolidation*, The Johns Hopkins University Press, 1999, p. 60.

② 《邓小平文选》第二卷，人民出版社，1994，第175页。

③ 《邓小平文选》第三卷，人民出版社，1993，第111页。

文化是背离、拒斥、批评；下向时段：青年文化对主导文化是怀疑、失望、疏离；上向时段：青年文化对主导文化是思考、观望、接近。① 用"长波理论"来分析 60 多年来青年参与意识发展历程有很大的契合性，青年对民主的认识和接受也经历过"长波"周期的不同时段。1949～1957 年，属于长波的上向阶段，青年对社会主义民主的认识从无到有、从虚到实，青年参与意识发展与国家民主建设同向互动；1958～1978 年，青年参与意识发展与国家民主建设依然同向互动，但是由于执政党指导思想偏差，青年参与意识处于下向时段，出现怀疑和疏离；这一下向时段一直延续到 1989 年，青年参与意识发展与国家民主建设的关系呈现反向关系，青年对西方民主的崇拜和热衷以非理性的激情爆发，持续不断的学潮使国家的民主建设步履维艰。1989 年是个拐点，政治风波给青年造成了强烈的震撼，青年思索国家民主的走向。从1990 年起，青年参与意识更为理性务实，青年参与意识的发展与国家民主建设同向良性互动。由此可见，青年参与意识发展制约民主制度发展，表现在以下几个方面。

1. 青年参与意识发展与社会进步方向是否一致，影响国家民主制度的发展方向

民主观念是典型的西方舶来品，中国的民主发展不可避免地被置于西方的学术规范和概念体系之下，接受苛刻的批评和恶意的否定。全球化时代和网络社会的到来使青年面临全新的环境，青年作为容易动员的社会力量，可以被建构也可以被解构。苏联由于放松对青年的思想引导，导致青年对西方民主的迷信和追求，青年的信仰危机加速了苏联解体的过程。近年来此起彼伏的"颜色革命"使一些国家政局动荡。这些前车之鉴揭示了青年参与意识发展出现偏差，对国家民主建设的巨大影响。中国社会发展呈现"时空压缩"的特性，社会环境处于急剧的变化过程中，青年思想意识也在快速变化。今天，全球化使中国青年获得了更大的自主性，世界范围内的交流成为现实，各国之间互相关联、彼此依赖的影响日益加深，一定程度上弱化了国家凝聚力和集体认同感。青年在破除对西方民主迷信的同时对民主也有了更高的期待，中国青年对完善民主制度和保障民主权利的期待是否顺应历史发展方向，决定了青年将成为社会主义民主的建设性力量还是破坏性力量。"时代造就了一代青

---

① 杨雄：《中国青年发展演变研究》，上海文化出版社，2008，第 107 页。

年，青年又将促进时代的发展，今天他们的思想意识又将在明天的某个时候变成生活中的现实"①。

2. 青年参与意识发展影响社会主义民主制度发展的持续性

社会主义民主制度与中国共产党的领导休戚相关，社会主义民主制度持续发展的前提条件是保证共产党的执政地位，青年是否接受和拥护共产党的领导影响社会主义民主发展的未来。无产阶级政党从一开始就不是把自己定位在多党制的框架内，而是组织和带领人民推翻旧制度，开创新生活。中国共产党通过意识形态的激励和鼓舞，通过暴力革命的方式夺取政权，并代表人民的意愿规划社会发展的远景，执政的合法性来自人民对政治理想的普遍认同。革命产生了一套崭新的以政党为中心的体制，共产党掌握和巩固权力，建立社会主义制度。政党的政治理想和国家的制度紧密结合，政党的理念国家化，政党地位维系着社会制度的安危。政党不仅要通过执政来实现和满足人民的愿望，还要通过教育和引导促进青年一代的政治社会化，进行政治关系的再生产，培养自己政治理念的接班人。青年是否认同社会主义民主，拥护中国共产党的领导决定了社会主义民主制度发展的持续性。

3. 青年的认同和参与形成民主发展的动力

社会主义民主发展需要源源不断的推动力，这种动力来自执政党推进民主的坚决意志和实际行动，也来自青年对民主前景的期待和对自身利益的维护。赵海月提出："衡量一个政治制度是不是民主的关键要看'三个充分'，即：最广大人民的意愿是否得到了充分反映；最广大人民当家作主的权利是否得到了充分实现；最广大人民的合法权益是否得到了充分保障。"② 从反映人民意愿、实现人民权利、保障人民权益的角度看，民主发展不可能一蹴而就，更不会自发实现，它需要社会成员根据变化了的形势不断主张自己的权利，表达自己的意愿，维护自己的权益。从民主发展的宏观层面看，社会主义民主建设是在坚持宏观政治制度框架不变的基础上，推动制度发展和制度创新的过程，青年是否认同并推动社会主义民主自我完善关系到中国民主发展的前景；从民主建设的微观层面看，民主发展表现为利益冲突、利益表达、利益整合的过程，多元的利益冲突使青年政治参与的热情不断高涨，信息技术的快速发展为青年的政治参与提供了崭新的平台。青年不断

---

① 房宁等：《成长的中国——当代中国青年的国家民族意识研究》，人民出版社，2002，第2页。
② 赵海月：《中国政治分析：视界与维度》，吉林大学出版社，2008，序言第5页。

增长的政治参与需求推动民主的制度创新，拓宽民主的表达渠道，丰富民主的表现形式。

一代又一代青年成长在完全不同的环境下，面对完全不同的挑战和机遇，他们的思想和行为塑造着民主的现在，决定了民主的未来。青年参与意识发展影响国家对民主制度的选择、影响民主制度的巩固，制约民主制度的发展。

小　结

青年参与意识从"呜呼，中国将亡矣！"的民族危机中衍生出来，青年"自觉觉人"的行动，使青年在近代国人参与意识发展过程中起带头作用、骨干作用、桥梁作用。青年参与意识发展过程存在不同民主理念的冲突和斗争，体现了利益的分化和理想的分歧，使青年对民主的认识经历了曲折和混乱。与此同时，青年对民主问题的回应或反思，对民主理论的选择或批判，形成了青年参与意识的本质差异，也决定了不同"主义"在中国的最终命运。社会主义制度的建立确立了青年参与意识发展的方向，青年参与意识发展在一个新的起点上开始了新的历程。

第二章

革命的变革与曲折的探索

　　新中国成立后，中国社会发生了巨大变革，其牵涉人员之广和变革速度之快是历史上前所未有的。历尽艰辛的中国人民有了刻骨铭心的"翻身感"，"人民当家做主"从理想逐步走向现实。青年是最少历史包袱的新生力量，青年对社会主义制度的真诚拥护和积极参与是社会主义民主发展的巨大推动力。制度初建，没有经验可循，在摸索中，青年的参与意识经历了革命性的变革。伴随制度建设和思想革命，青年展现了巨大的活力。与此同时，青年也经历了曲折的探索，对民主的认识和参与一度偏离轨迹。客观展现青年参与意识的发展历程，有助于我们从一个侧面了解中国民主建设的历史。

第一节　革命的变革

　　1949～1956年，是新中国成立和巩固政权、实现从新民主主义向社会主义过渡的时期，也是传统的社会秩序和政治价值发生革命性变革的时期。

一　背景：百废待兴

（一）经济基础的革命性变革奠定青年参与意识发展基础

　　参与意识是由经济基础决定的上层建筑。新中国成立后，经济基础发生了彻底变革，为青年参与意识发展奠定基础。

　　1. 土地改革消除剥削的根源，启发青年的政治觉悟

　　没收封建地主阶级的土地归农民所有，这是中国民主革命的一项基本任务，土地改革是新政权对封建制度发动的最猛烈的经济和政治斗争。1950

年开始的土地改革彻底推翻了封建土地所有制，全国3亿多无地或少地的农民无偿获得了土地，免除了以往缴纳的苛重地租，农民在经济上翻了身，在政治上获得了新生。土地改革一般都经历了发动群众、划分阶级成分、没收和分配土地、复查总结等阶段。[1] 在具体的做法上，政府并不是没收地主的土地再"恩赐"给农民，而是在土地改革的过程中启发农民的自觉斗争意识。毛泽东认为："土改工作主要应注意是否真正发动了群众，由群众自己动手（由上面派干部帮助）推翻地主阶级，分配土地。"[2] 为了深入发动群众，各地政府都派出土改工作团深入农村，宣传土改政策，发动农民成立农会，培训农会骨干和积极分子，组织民校、冬学提高青年的文化素质、政治素质和阶级觉悟。没有历史包袱的青年贫雇农是土改工作团可靠的支持力量。在政府的启发教育下，许多青年农民真正明白了谁养活谁的问题，人民要翻身必须斗地主、分田地。土改过程中，青年在经济上得到了土地，在政治上形成了优势，思想上提高了觉悟。青年看到了自己的力量，有了当家做主的信心，许多青年成为农会的骨干和积极分子，成为有觉悟的新农民。

2. 三大改造奠定公有制的主导地位，重塑人与人的关系

新中国没收官僚资本，和平赎买民族资本，逐步建立社会主义工业体系，通过对农业、手工业、资本主义工商业的改造，实现从新民主主义向社会主义的过渡。1956年三大改造基本完成之后，中国社会的经济结构发生了根本的变化，"到1956年底，农村中加入农业生产合作社的农户达到全国农户总数的96.3%，其中参加高级社的占全国农户总数的87.8%。高级社和初级社最重要的变化是：从'土地入股'的半社会主义合作社变成'土地公有'的社会主义合作社，这是一个极为重要的区别。"[3] 在农业领域，合作社成为基本的经济单位；在工业领域，公有制经济在国民经济中的主导地位逐步形成。"在私有工商业领域内，那年（1956年）全国私营工业户数的99%，私营商业户数的82.2%，分别纳入了公私合营或合作社的轨道。"[4] 工业化和三大改造奠定了社会主义制度的物质基础。经济基础的彻底变革，摧毁了旧中国阶级对立的依据和剥削压迫的经济根

---

[1] 佚名：《土地改革运动》，2002年9月28日，中国网，http://www.china.com.cn/chinese/zhuanti/211757.htm。

[2] 《毛泽东文集》第六卷，人民出版社，1999，第138页。

[3] 金冲及：《二十世纪中国史纲》（第3卷），社会科学文献出版社，2009，第836页。

[4] 金冲及：《二十世纪中国史纲》（第3卷），社会科学文献出版社，2009，第837页。

源，使绝大多数劳动者成为社会的主人，形成真正自由、平等的人与人之间的关系。

（二）政权建设提供参与平台

1. 民主建政把青年纳入政权网络

民主是新型社会组织建立和运行的原则。新中国通过纵横交织的组织系统，在全国范围内把社会各阶层的人民组织起来，人民按部就班地被纳入工厂、学校、军队、农村互助组等机构。各种组织机构深入社会基层，形成细密的网络，最大限度地把民众动员组织起来。国家基层政权一直延伸到农村的最底层，政权组织以党为核心，在党组织周围建立了受党直接指挥的各种群众组织，如青年团、民主妇联、农会、民兵等。政权带有明显的党政合一、军政合一的色彩，各村都建立了村公所，并建立民兵组织；各区建立了全副武装的区中队，以随时打击各种反动势力。青年被吸纳到各级工会、青年团、妇联、民兵、农民协会等社会组织中，成为这些组织的生力军。

2. 青年民主参与的途径多样化

一些西方民主国家把大多数公民的政治冷漠作为维持整个政治体系稳定的重要条件，公民参与并不是特别受欢迎，迈克尔·罗斯金把这部分不参与政治的人民喻为"睡着的狗"。但是在新中国，国家把青年的政治参与作为民主政治发展的重要推动力，青年的民主参与不仅体现在全国层次的代议形式，而是在日常生活的各个层面、各个领域进行。卡罗尔·帕特曼的参与民主理论认为，全国层次上代议制度的存在不是民主的充分条件，"因为要实现所有人最大程度的参与，民主的社会化或'社会训练'必须在其他领域中进行，以使人们形成必要的个人态度和心理品质。这一过程可以通过参与活动本身而进行。"[1] 青年参与国家层面的宪法草案讨论、人民代表大会选举，也参加中观层面的工厂、学校、农村合作社等的民主改革，多层次、多领域的参与是青年参与意识形成的重要途径。

（三）文教发展提高青年素质

社会主义制度的建构过程也是人的解放过程。社会主义制度的建立使青年摆脱了各种束缚关系，青年在经济上摆脱了对家族、家庭的依附地位，政治上成为真正平等的个体，社会生活上成为新思想、新观念的积极拥护者和

---

[1] 胡伟：《民主与参与：走出貌合神离的困境？——评卡罗尔·帕特曼的参与民主理论》，《政治学研究》2007年第1期。

践行者，青年发展有了全新的起点。党和政府为青年发展创造条件，保障青年受教育权利、就业权利的实现。新中国成立以后，我国的教育事业有了很大的发展，"1949 年只有小学生 2400 多万，中等学校学生 126 万，高等学校学生 11.7 万；而目前（1957 年）已经有小学生 6300 多万，中等学校学生约 597 万，高等学校学生 40 万以上。"①（原文采用以汉字形式标注数字，如"二千四百多万"，为使全文格式统一，也方便阅读，本文把汉字形式的数字改为阿拉伯数字，内容不变。下文中类似问题相应处理。——笔者注）政府为青年就业创造条件，"据统计，1949 年全国职工总数为 725.7 万人，1953 年增长到 1751.5 万人；1956 年 9 月底，全国职工总数已经达到 2473 万人，比 1949 年增加了两倍多。……现时绝大多数的新工人都是 20 岁左右的年轻人。"②

新中国成立初，在农村青壮年中，约有 80% 的人是文盲。为了提高青年的文化素质和思想政治水平，全国进行了大规模的扫盲运动。许多青年也抱着"经济上翻了身，文化上也要翻身"的思想投入到学习中去。一位《中国青年报》的记者这样描述自己的见闻："我访问过许多参加速成识字班的学员的家庭。看到每一家的水缸上、风箱上、墙壁上，到处都写满着注音符号，到处都写着字。媳妇们一边拉着风箱烧火，一边念着拼音字母。男人们挑水的时候，也不住嘴的叨念。上地时，他们把拼音表、识字课本全都带在身上，休息时就在地头念。挖河抗旱时，只有十分钟五分钟的休息，也拿出来温习。"③ 通过办民校、冬学等方式扫盲，一方面提高青年的文化素质，更重要的是提高青年的政治素质和阶级觉悟，在学习文化的同时改造人的思想。

青年思想观念的转变伴随着中国社会的巨大变迁同步进行。1955 年法国哲学家让－保罗·萨特来到中国，他热情地赞扬年轻的新中国日新月异的新气象。"这个伟大的国家正不断地在转变。当我到达这里的时候，我那一些法国朋友们从中国回到法国后所讲的情况已经不再完全正确。等过了一个星期，我再说的话，也不会是完全正确的了。"④ 中国社会洋溢着欢欣鼓舞的氛围，"在新中国成立后的最初岁月中，中国人的社会心态确实发生了巨

① 《关于中小学毕业生参加农业生产问题》，《人民日报》1957 年 4 月 8 日，第 1 版。
② 《给新工人以政治教育》，《人民日报》1957 年 2 月 5 日，第 1 版。
③ 萧枫：《学员们，努力学习，参加新中国的建设——记京郊九间房村农民速成识字学习》，《中国青年报》1952 年 8 月 26 日，第 4 版。
④ 〔法〕让－保罗·萨特：《我对新中国的观感》，《人民日报》1955 年 11 月 2 日，第 3 版。

大的转变，其中最为突出的变化有两点：其一，经过全面的社会主义改造，中国人的社会心态从参差不齐趋向高度同一；其二，经过土地改革、抗美援朝、合作化和工商业社会主义改造，中国人的社会心态从自保消极走向积极进取。"① 青年的心态也发生了重大的变化。工厂进行民主改革，废除封建把头制，保障学徒工的利益，提高了青年的政治、经济、社会地位，也培育了青年的平等意识；农村土地改革和《婚姻法》的广泛宣传和动员，打碎封建制度，保障青年婚姻自由的权利，也清除青年头脑中的封建思想残余。青年正是在新的社会制度下，开始了新的民主实践，产生新的参与意识。

社会主义的建设速度，和青年一代的成长速度是分不开的。没有大量精神抖擞、生气勃勃的青年的参与，社会主义建设很难迅速取得成绩；没有新的民主理念和丰富的民主实践，青年参与意识发展也会成为无源之水。在欢欣鼓舞的氛围下，也有一些人的思想很难跟上社会快速变化的步伐。"现在中国正处在大变革时代，社会动荡不安，农民的个体所有制要变成集体所有制，资本家也要改变其私人所有制，许多人掌握不住自己的命运。"② 积累的社会矛盾在1956年底演变为工人罢工、学生罢课等社会不安定因素。从总体上看，这一时期实现了社会主义公有制的领导地位，初步建立了社会主义政治制度，文化教育发展为青年参与意识的发展提供了坚实的基础。

二 内容：理想的社会与解放的个人

这一时期，青年对民主理念的认识发生了革命性的变革，人民当家做主取代了议会制民主，青年意识到自己成为新社会的主人翁。

（一）权力意识的更新与发展

青年对民主作为一种权力来源与归属的认识，在马克思主义民主观的指导下不断生成发展，这也开启了多元混杂的民主思想逐渐"定于一"的过程。

社会主义民主体现在人民成为民主的主体，尤其是处于社会底层的劳动人民成为国家的主人。"所以一切在旧社会中从来不能参加政治生活，没有政治权利的人民群众，现在能够以主人翁的态度来参加对国家的民主管理。"③ 马克思主义认为建立新型民主不仅是解放个人的手段，更是阶级解

---

① 周晓虹：《中国人社会心态六十年变迁及发展趋势》，《河北学刊》2009年第5期。

② 《毛泽东文集》第六卷，人民出版社，1999，第490页。

③ 《我们的国家制度是人民代表大会制》，《人民日报》1954年7月3日，第1版。

放的需要。马克思和恩格斯在《共产党宣言》中指出："工人革命的第一步就是使无产阶级上升为统治阶级，争得民主。"① 列宁认为，社会主义条件下，"民主是国家形式，是国家形态的一种。因此，它同任何国家一样，也是有组织有系统地对人们使用暴力，这是一方面。但另一方面，民主意味着在形式上承认公民一律平等，承认大家都有决定国家制度和管理国家的平等权利。"② 中国共产党人创造性地使用"人民民主"的概念来表述中国的无产阶级民主，即人民当家做主。

社会主义民主的本质是人民当家做主，民主的主体是人民。谁是人民？人民是与敌人相对应的概念，一切赞成、拥护和参与社会主义建设事业的阶级、阶层和集团都属于人民的范围，而反抗社会主义革命和敌视、破坏社会主义建设的社会势力和社会集团是人民的敌人。阶级敌人不是指特定的个人，而是特定的阶级和特定的群体。对于这个群体，要通过经济剥夺、思想改造而不是肉体消灭的方式改造他们，使他们逐渐纳入人民的行列。毛泽东认为："对地主，在一定时期要剥夺他们的政治权利，改变成分后才可恢复公民权，加入合作社，那时就不叫地主而叫农民。"③ 社会主义要通过生产资料所有制的改造，把地主、资本家改造成为自食其力的劳动者，铲除他们剥削的经济根源，他们及他们的子女经过改造后最终也能"摘帽"进入人民的行列。人民在政治地位上平等，在经济上获得生产资料，成为平等的经济生活和社会生活的主人。中国人民获得了真正的、完整的民主权利。费孝通描述了他参加北平市第一次各界人民代表会议后的强烈感受："我踏进会场，就看见很多人，穿制服的，穿工装的，穿短衫的，穿旗袍的，穿西服的，穿长袍的，还有位戴瓜皮帽的——这许多一望而知不同的人物，会在一个会场里一起讨论问题，在我说来是生平第一次。"④ "穿工装的"的工人和"穿短衫的"农民进入国家的政治生活，他们第一次作为人民享受到民主的权利，并且与"穿西服的"平等商议大事，这是社会大变革中富有象征性的缩影。

当家做主意味着权力的归属和权力如何组织实施。民主作为一种国家制度是和阶级、国家相联系的，民主制度规定哪些社会成员享有民主权利，对

---

① 《马克思恩格斯选集》第一卷，人民出版社，2012，第421页。
② 《列宁全集》第三十一卷，人民出版社，1985，第96页。
③ 《毛泽东文集》第六卷，人民出版社，1999，第490页。
④ 费孝通：《我参加了北平各界代表会》，《北京观察》2009年11月15日，第20~21版。

哪些成员使用暴力。人民民主的国家首先保护人民的权利，毛泽东提出："人民的国家是保护人民的。有了人民的国家，人民才有可能在全国范围内和全体规模上，用民主的方法，教育自己和改造自己，使自己脱离内外反动派的影响（这个影响现在还是很大的，并将在长时期内存在着，不能很快消灭），改造自己从旧社会得来的坏习惯和坏思想，不使自己走入反动派指引的错误路上去，并继续前进，向着社会主义社会和共产主义社会前进。"①民主对于统治阶级而言意味着权力，权力的归属构成民主制度的阶级实质。社会主义中国建立了人民民主专政的国体，对人民实行民主，对敌人实行专政。"人民民主专政有两个方法。对敌人说来是用专政的方法，就是说在必要的时期内，不让他们参与政治活动，强迫他们服从人民政府的法律，强迫他们从事劳动并在劳动中改造他们成为新人。对人民说来则与此相反，不是用强迫的方法，而是用民主的方法，就是说必须让他们参与政治活动，不是强迫他们做这样做那样，而是用民主的方法向他们进行教育和说服的工作。这种教育工作是人民内部的自我教育工作，批评和自我批评的方法就是自我教育的基本方法。"② 社会主义民主作为国体保障多数人的权利，这是对资产阶级民主保障少数人权利的虚假民主的革命性变革。

民主作为政体表明统治阶级如何组织和实现国家权力，中国实行议行合一的人民代表大会制度，通过共产党领导的多党合作与政治协商制度、民族区域自治制度等最大限度上保障人民的民主权利。人民除了通过民主的国体、政体当家做主之外，人民在一切影响他们切身利益的领域里面都有参与决策的权利，自己管理自己。毛泽东认为："民主必须是各方面的，是政治上的、军事上的、经济上的、文化上的、党务上的以及国际关系上的，一切这些，都需要民主。"③ 新中国成立后，在工厂实行民主改革，在农村互助组里实行民主评议，在社会生活中推进婚姻自主，保障妇女儿童权益，人民可以对社会事务进行广泛的批评和自我批评。当家做主不仅体现在政治生活中，也体现在经济生活、社会生活中。

社会主义民主保障公民的平等、自由和民主权利，是以消灭私有制、消灭阶级、消灭剥削和压迫为前提的。无产阶级要保障这种民主权利，必须建

---

① 《毛泽东选集》第四卷，人民出版社，1991，第 1476 页。
② 《毛泽东文集》第六卷，人民出版社，1999，第 81～82 页。
③ 《毛泽东文集》第三卷，人民出版社，1999，第 169 页。

立自己的政权。工人阶级领导的、以工农联盟为基础的国家政权既表明了政权的无产阶级性质，也保障了民主的彻底性。社会主义民主是对理想社会的规划，这种截然不同的民主理念是青年参与意识产生和发展的起点，青年对新政权的认同是真诚的也是广泛的。

（二）　权利意识从虚到实

社会主义制度下民主权利的"实"体现在有一整套的法律和制度保障人民的权利，人民代表大会制度使新中国的各阶层、各民族的人民在政权中都有代表，选举费用由国库支出，杜绝金钱对选举的腐蚀。政治协商会议使各民主党派成为参政党而不是在野党，民族区域自治制度保证各民族平等的发展权利。社会主义民主的"实"还体现在宪法规定的各项权利的实现有坚定的物质条件，"社会主义类型的宪法，关于公民的权利，不以规定形式权利为限，而着重于实现这些权利的物质条件"[①]。宪法规定人民有受教育权、劳动权、休息权，在年老、疾病和丧失劳动能力时有获得物质帮助的权利。社会为青年的民主权利实现提供了坚实的基础，青年权利意识发展经历了从虚到实的过程。

1. 青年从利益保障中认识权利

民主是维护个体权益的有力工具，政府创造条件保障人民权利的实现。政府加大教育投入，教育向工农开门。"小学（高小和初小）学生在解放初期的 1949 年有 2439 万人，到 1953 年底，就约有 5500 万人，中等学校学生 1949 年有 127 万多人，到 1953 年底就达到 363.8 万人。社会文教经费，在抗美援朝，经济建设等重大开支的情况下，还是逐年增长的，如果以 1950 年为 100，1953 年就是 460.89，在 3 年中增加了 3 倍以上。人民教育采取了向工农开门的方针，用了种种措施为工农子女入学创造条件。如在工厂区和农村增办学校，设置人民助学金，创办工农速成中学，以提高工农青年的文化水平，以便升入高等学校培养为国家建设人才"[②]。在青年就业问题上实行国家统一分配解决大学生的就业问题，伴随经济增长，政府扩大工矿企业招收工人的数量，在国营工厂初步建立劳动保险制度等。新政府扩大教育面，加强劳动保护，使大多数青年受益。对一些特殊的青年群体而言，政府

---

① 《我国的宪法是属于社会主义类型的宪法》，《人民日报》1954 年 6 月 22 日，第 1 版。
② 马骏：《为什么不可能多办中学让高小毕业生都升学?》，《中国青年报》1954 年 4 月 24 日，第 3 版。

也给予了很大的关注。

青年学徒工是一个特殊群体。在不存在专门技术教育机构的时代，学徒制度是技术教育的主要途径。学徒工多是贫寒人家子弟，他们处于社会的最底层，没有权利保障可言，受虐待是家常便饭。新中国成立后，私营企业中的劳资关系，逐渐从过去资方压迫、虐待工人的关系，变成平等的、互利的劳资关系。但是在少数私营店铺、作坊等中小企业中，资方虐待学徒的恶劣现象并没有杜绝。一些企业主随意打骂虐待学徒、延长劳动时间、干涉学徒参加社会活动，甚至出现学徒被迫自杀等严重现象。资方对学徒的虐待表现在：①残暴打骂，逼死人命；②非法干涉学徒的政治活动；③经济上残酷剥削。① 1951 年《中国青年报》陆续报道了一些学徒工的不幸遭遇，如杭州天德堂药号 18 岁学徒朱正生被资方打死，北京荣华木器行的学徒从早上 5 点工作到晚上 9 点，饭不熟，没有菜，掌柜的女儿也打学徒工。上海顺昌钟表店资方虐待学徒，逼得 16 岁的学徒工王定发自杀等。② 在当时许多工厂、手工作坊中，青年学徒工的遭遇非常悲惨，青年学徒工作为工人阶级的一部分，其基本权利得不到保障。

青年学徒工在政府、工会、共青团等的支持下，反抗封建压迫，积极争取自身的权益。1951 年 7 月 27 日，北京市总工会为了进行反对资方虐待学徒的教育，在中山公园音乐堂召开了私营行业学徒大会，到会学徒工近 7000 人，会上通报了最近北京市人民法院对虐待学徒的资本家分别判处了有期徒刑，对罪行较轻的资本家进行教育，鼓励学徒们进行合理合法的斗争。③ 获得支持的学徒工从过去战战兢兢、任人宰割的地位，转向勇敢反抗资本家的打骂和虐待，争取自己的合法权益。"北京市高升理发店 15 岁的学徒刘勤，勇敢地揭发店主高德青经常残忍地打骂虐待他，人民政府严厉批评了店主的虐待行为，并要求店主高德青登报悔过，最终店主高德青因为屡教不改，被判处 4 年有期徒刑。"④ 青年学徒工权益保障是诸多弱势青年群体获得新生的典型例子，青年正是从利益保障中开始认识权利。

---

① 佚名：《反对少数不法资方虐待学徒　坚决保护学徒合法权利》，《中国青年报》1951 年 10 月 30 日，第 2 版。
② 读者来信：《坚决反对打骂学徒　保护青年工人利益》，《中国青年报》1951 年 8 月 24 日，第 3 版。
③ 佚名：《市总工会开私营行业学徒大会——进行反对资方虐待学徒教育》，《中国青年报》1951 年 8 月 3 日，第 2 版。
④ 王行娟：《徒工刘勤访问记》，《中国青年报》1951 年 8 月 3 日，第 2 版。

2. 青年从选择自由中体会权利

对于中国绝大多数的青年而言，婚姻自由是他们最切身的利益。封建制度虽然推翻了，但是在婚姻问题尤其是妇女权益问题上的封建思想残余仍然普遍存在。这种封建思想残余把买卖婚姻、早婚、收童养媳等视为合情合理，而把自由恋爱视为"伤风败俗"，把同姓结婚视为"不体面"，把童养媳悔婚视为"没良心"，把寡妇改嫁视为"不正经"等。青年为争取婚姻自由和自己的合法权益付出了沉重的代价，尤其是青年女性忍受着难以想象的精神和肉体的折磨，遭到了野蛮的迫害和残杀。"据中南区1951年9月份以前一年中不完全统计，因婚姻不自由而自杀或被杀的妇女达1万人。1952年上半年，仅湖南省39个县统计，自杀或被杀的妇女即达606人。"① 《中国青年报》刊登了许多真实的事例：夏象菊因为婆婆丈夫的虐待被逼自杀，陈月英因为想离婚而被开除团籍，童养媳吴秀金因为自由恋爱被乡干部逼死，童养媳吴子南不愿结婚但又不敢离开吴家。从《中国青年报》揭露的事例看，干涉妇女婚姻自由的理由包括"怕引起离婚，天下大乱""给团组织惹了麻烦""给党组织造成损失""看不惯""这种（离婚）事情团员可不能带头啊""如果（童养媳）都像你怎么办？""父母管不了自己的孩子了？"等；干涉的方式包括讽刺打击、开群众大会斗争、开除团籍、不上户籍、管制、吊打、逼迫承认通奸等。这些丑陋而残忍的现象反映了封建思想残余在许多人头脑中根深蒂固。

妇女解放是社会解放的重要标志之一，如果不能清除封建婚姻制度对妇女的压迫，男女平等的口号和民主自由的社会生活是不可能实现的。在政府的支持下，青年为了自己的婚姻自由和家庭幸福进行了坚决的抗争。青年积极争取参加社会生活、政治生活的权利，争取男女正当社交、自由恋爱的权利。如河南省鲁山县21岁的农民张桂英由父母做主嫁给王太平，婆婆经常干涉和限制她参加各种社会活动，"乡干部一喊开会，她婆婆就堵住门骂：'疯成啥啦，工作哩，学习哩，开会哩，天天出门去打野哩，不叫她吃饭，看她开会就能开饱了！"婚姻法帮助桂英离了婚，桂英和董村的民兵队长刘同生自由恋爱并结婚，桂英工作积极，生产积极，婆婆怕桂英耽误了工作，一听说她要开会，老早就预备好了饭。② 山东省的令狐焕和王友枝自由恋

---

① 《大力准备开展贯彻婚姻法的群众运动》，《人民日报》1953年2月1日，第1版。
② 佚名：《工作好，生产好，家庭和睦》，《中国青年报》1953年1月9日，第3版。

爱，但遭到王友枝父亲王左斌的坚决反对。王左斌以 28 担麦子把女儿卖给别人，并威胁女儿"你不嫁给他，我黑夜把你打死，扔到井里。王家不要你这闺女，嫌你败兴"。王友枝觉得自己的父亲思想太顽固，她便从家里跑出来，找着令狐焕，二人到区上领了结婚证。在区委书记的帮助下，王友枝父亲改变了态度，令狐焕和王友枝获得了幸福。① 浙江省浦江县的童养媳周文弟 11 岁被送给郑家当童养媳，受尽折磨和打骂，《婚姻法》颁布后她解除了婚约，积极工作，被选为副乡长。② 在遭遇重重阻力时，积极行动并获得政府支持的青年最终能够获得幸福。

3. 青年在其他社会生活领域积极维护自己的权益

青年对教育的需求不断增长，但是国家无法满足所有初小和高小毕业生的升学要求。为了争取受教育的权利，部分地区甚至发生了学生罢课、攻击政府的极端事件。为了解决青年升学难的问题，政府做了大量的工作，主要措施有："在原有中学中增加班次，实行二部制，扩大招生名额。"如北京市初级中学第二次招生，招收本地学生 3379 人，外地学生 672 人，天津在现有的中学增设二部制 20 班，旅大市增加招生名额，并准备有条件的工、矿企业开办职工子弟学校和技工学校等。③ 政府同时增加各种教育机构满足无法继续升学青年的教育需要，如在工厂里开办工人业余学校，在农村开办农民业余学校，在城市里开办市民业余学校等。

青年工人在私营企业的民主改革中控诉封建把头（监工）的欺压，要求平等的权利。国营企业的青年工人反映青年学徒工受到不合理的待遇，考工标准不合理，无法正常升级为技术工人。"国营上海衡仪器制造厂的团员左元淳等 9 人，反映他们厂有徒工 24 人，工龄最短的一年半，最长的已经 4 年，他们都能独立工作，熟悉普通的操作过程，但仍然按照徒工待遇，每月工资只有四五个单位。"④青年通过给报刊写信、向主管部门反映、合理斗争等方式争取在青年就业、工作、学习、娱乐等活动中的正当权益。

---

① 佚名：《我们要为幸福去斗争——记令狐焕和王友枝的自由结婚》，《中国青年报》1951 年 10 月 23 日，第 2 版。
② 王亚生：《周文弟由童养媳当了乡长》，《中国青年报》1952 年 1 月 1 日，第 2 版。
③ 佚名：《各地人民政府克服重重困难积极解决小学毕业生就学问题》，《中国青年报》1953 年 10 月 3 日，第 3 版。
④ 佚名：《徒工学好了技术应该升级》，《中国青年报》1953 年 4 月 14 日，第 2 版。

三 特点：除旧布新

青年是社会主义制度积极的支持者和热情的参与者，青年拥护共产党、爱戴毛主席、信任人民政府，把它称为"自己的政府"。国家信任和倚重青年，最大限度上保障了青年的根本利益，为青年参与意识发展和民主实践创造了良好条件。

（一）青年对国家权力建构的认同和拥护

新政权面临的首要任务是除旧布新。"除旧"是清除旧的经济基础和上层建筑的残余，镇压阶级敌人的反抗，巩固革命政权；"布新"是建立新的社会制度、新的政治组织、新的法律体系，使社会主义民主运转起来。新政权要克服困难、孤立打击敌人，必须获得更多人的支持，发动群众，尤其是发动青年是必不可少的环节。

1. 青年积极参与"除旧"

民主首先表现为国家制度，人民民主专政的国家政权面临许多困难。革命胜利引起了社会经济改组，对工商业的影响很大。民族资产阶级惶恐不安，对新政权不满。失业的工人、失业的知识分子、小手工业者也对新政权不满。土地改革的过程中面临强大的敌人。毛泽东指出："在土地改革中，我们的敌人是够大够多的。第一，帝国主义反对我们。第二，台湾、西藏的反动派反对我们。第三，国民党残余、特务、土匪反对我们。第四，地主阶级反对我们。第五，帝国主义在我国设立的教会学校和宗教界中的反动势力，以及我们接收的国民党的文化教育机构中的反动势力，反对我们。这些都是我们的敌人。我们要同这些敌人作斗争，在比过去广大得多的地区完成土地改革，这场斗争是很激烈的，是历史上没有过的。"[①] 在没有实行土地改革的地方，要向农民收取公粮，农民也有意见。

以美国为首的许多西方国家敌视新中国，对中国实行封锁和禁运，朝鲜战场上的硝烟已经燃烧到了鸭绿江边，不抗美援朝就无法打击敌人的嚣张气焰，就无法巩固新生的政权。帝国主义的打压使新中国面临严峻的国际环境，国内清除旧社会遗留问题的任务也十分艰巨。国民党的残部仍在负隅顽抗，特务和反动组织盘根错节，武装土匪荼毒一方，在这种环境下"镇反"是打击敌人气焰，伸张正气的必要措施。毛泽东1951年2月在给黄炎培的

---

① 《毛泽东文集》第六卷，人民出版社，1999，第73～74页。

信中指出："不杀匪首和惯匪，则匪剿不净，且越剿越多。不杀恶霸，则农会不能组成，农民不敢分田。不杀重要的特务，则破坏、暗杀层出不穷。总之，对匪首、恶霸、特务（重要的）必须采取坚决镇压的政策，群众才能翻身，人民政权才能巩固。"① 从 1950 年开始的三大运动：抗美援朝、土地改革和镇压反革命，以及随后的"三反""五反"等政治运动，其目标是清除旧的经济基础、上层建筑的残余，巩固人民政权，防止反革命复辟和共产党干部腐败堕落。

青年作为新生力量积极参与巩固社会主义制度的各项政治运动。青年积极报考各级军事干部学校支持抗美援朝，"据西安、兰州两市及青海、宁夏、陕西等省部分地区的不完全统计，各民族青年、学生报名的达 1.2 万余人。青海省报名人数达到全省中等学校学生总数的 1/3 以上。兰州市回族学生报名者达大、中学校回族学生总数的 1/2 以上。"② 青年还以捐钱捐物、宣传鼓动、优待烈属军属等方式支持抗美援朝，"一年中有 3440 名团员和2671 名青年参加了志愿运输队。"③ 青年支持和积极参与农村的土地改革，是土改工作团依靠的重要对象。1951 年 8 月 21 日，《中国青年报》社论指出土地改革中组织青年的基本形式是农会，重要的活动阵地是民兵，同时还运用夜校的形式，在夜校中学习政策，宣传政策，进行阶级教育与时事教育。发动青年有效的方式是青年代表会（乡）与青年座谈会（自然村）。④青年积极参加"三反""五反"等政治运动，1952 年 1 月 15 日，《中国青年报》报道了青年参加反贪污检举斗争的情况，仅天津市青年检举、坦白出的案件就达 3800 多件。⑤ 上海天一汽车材料行青年团员店员沈开基不受威胁利诱，一连检举了资方 20 多件罪行。振业电料行老板用 1 亿元（注：货币单位为旧币）收买职工，青年店员包于发拒绝受贿，老板就怂恿老司务拿菜刀威胁他，他检举了老板非法牟取暴利 10 亿元（注：货币单位为旧币）。店员除了在本店进行英勇的检举以外，还组织起来进行宣传。⑥ 在新

---

① 《毛泽东文集》第六卷，人民出版社，1999，第 141 页。
② 佚名：《西北区军干校招生工作结束》，《人民日报》1951 年 7 月 20 日，第 1 版。
③ 郑洸：《中国青年运动六十年（1919～1979）》，中国青年出版社，1990，第 393 页。
④ 《做好土地改革运动中的青年工作》，《中国青年报》1951 年 8 月 21 日，第 1 版。
⑤ 佚名：《青年团北京市委动员团内外青年积极参加反贪污检举斗争　天津市青年检举、坦白出 3800 多案件》，《中国青年报》1952 年 1 月 15 日，第 1 版。
⑥ 刘宾雁：《围剿奸商的总攻击战开始了——记上海市店员对奸商的英勇斗争》，《中国青年报》1952 年 2 月 12 日，第 1 版。

旧势力的尖锐斗争中，青年表现出坚定的政治立场和决绝的勇气，他们是新政权坚实的基础。党积极评价青年的作用："中国青年是很有纪律的，他们完成了党所交给的各项任务。"①

2. 青年积极参与"布新"

在"除旧"的同时还要"布新"，也就是通过循序渐进的民主建设和政权建设巩固社会主义制度。从 1949 年开始的民主建政到 1953 年基层选举，再到 1954 年起草宪法、召开全国人民代表大会，社会主义民主制度才基本成型。新政权建设要配合土地改革等中心任务，在重大方针的出台过程中，团结各民族、各党派的代表人物，集中广泛的意见，取得共识。"不能把城市中的一切工人，劳动人民和革命知识分子组织起来，人民政权就会害软骨病。"② 在这一背景下，党提出民主建政的口号，在政权建设中大力推进民主。1949 年 10 月 27 日，中共中央华北局发出指示，要建立村、区、县三级各界人民代表会议，代行人民代表大会的职权，选举各级人民政府。同时通过各界人民代表会议发扬民主，集思广益，针对救灾、土改、减租、整风等具体工作进行讨论、作出决议、协助政府执行，真正把人民动员和组织起来。"如果离开了各项具体工作，就会使各界人民代表会议流为形式主义的东西。"③ 年轻的做鞋工人张念嘉被选为北京市一个区的人民代表，刚开始当代表时抱着"作客"的心态，在参加代表会议的过程中他看到共产党在一年多的时间里就为百姓做了这么多好事，"区长、公安分局长对人民提出的意见，能办到的都办到了，不能办到的又都按条给解释和检讨了。犯错误严重点的干部更受到了处分。……划成小组讨论议案时可热烈了，每一条议案我们都考虑是不是必须办；是不是政府有能力办；然后作出决定，送政府参考。……政府对代表提出的修路方案很快就答复和付诸行动了，政府还根据我们的意见做了很多工作，安装了路灯、自来水；修建了厕所、秽水池。好多是我们从来不敢想的事情，政府也帮我们办好了。"④ 民主建政有利于团结各种力量，参加人民代表会议，并行使自己的职权，这对青年是良好的民主教育和民主实践。

---

① 《毛泽东文集》第六卷，人民出版社，第 276 页。

② 佚名：《薄一波同志号召华北青年一面生产一面学习》，《人民日报》1949 年 4 月 3 日，第 1 版。

③ 《目前人民政权建设的主要任务》，《人民日报》1950 年 9 月 12 日，第 1 版。

④ 佚名：《当家作主——记北京市一位区各界人民代表会议代表的谈话》，《中国青年报》1952 年 1 月 11 日，第 3 版。

在接下来的普选和宪法草案讨论、召开人民代表大会的政治活动中，青年更是迸发出极大的热情。1953 年 3 月 1 日，中央人民政府颁布了《中华人民共和国全国人民代表大会及地方各级人民代表大会选举法》，"我们——毛泽东时代的青年，为这个选举法感到十分光彩，因为正是从我们这一代起，全国人民才开始享受到这个真正民主的权利，能够选出自己的代表，来管理自己的国家"①。根据新的选举法，有 6000 万以上的青年拥有了选举权和被选举权。1953 年 7 月各地开始了基层普选典型试办工作，在团组织的领导下，青年以高度的政治责任感参加了基层普选典型试办工作。"济南市二区青年学生参加选举的占二区学生选民的 99.76%，辽东省凤城县利民村 138 名青年选民全部参加了选举，许多优秀团员和青年都被选为人民代表，参加了人民政权工作。四川省长寿县葛兰乡 37 名代表中，有团员 10 人，在 10 名乡政府委员中，有团员 2 名，济南市二区 89 名代表中，有 41 名是 25 岁以下的青年，其中有团员 21 名。辽东省凤城县利民村有 3 名团员当选为村人民政府委员，其中一名任副村长，一名任村人民代表大会的副主席"②。青年还帮助做好普选的宣传教育工作，他们通过广播宣传组、流动文艺宣传队、分散口头宣传组等种种形式，开展了广泛的宣传活动。"济南市二区在选举大会前，由青年组成了 17 个广播宣传站，6 个活动文艺宣传队，442 名分散口头宣传中大部分是青年。四川省长寿县葛兰乡 44 个宣传员中，团员占 37 名，山东省历城县裴家营乡 80 个宣传员中，团员占87%"。③ 在进行人口调查、选民登记、审查选民资格及酝酿代表候选人名单和投票选举时，青年还承担了许多的具体工作。即使不满 18 周岁的青年不能参加普选，但他们也参加宣传、动员工作，因为这是选举"自己的政府"。在这次普选运动中"参加投票的选民占登记选民总数的 85.88%"④。

制定宪法对新生的共和国而言意义重大，1954 年 7 月，开始了为期近 3个月的宪法草案全民讨论。许多青年写信给《中国青年报》，表示拥护宪法草案，同时提出修改和补充意见。《中国青年报》的编辑把青年的意见和建

① 《中国青年要为实现选举法而奋斗》，《中国青年报》1953 年 3 月 3 日，第 1 版。
② 佚名：《各地团组织领导团内外青年参加基层普选典型试办工作》，《中国青年报》1953 年7 月 24 日，第 1 版。
③ 佚名：《各地团组织领导团内外青年参加基层普选典型试办工作》，《中国青年报》1953 年7 月 24 日，第 1 版。
④ 《做好一九五六年的选举工作》，《人民日报》1956 年 5 月 31 日，第 1 版。

议都转给中华人民共和国宪法起草委员会，并在这些意见中选择一部分陆续发表。从这些热情而又慎重的讨论中可以看出青年的主人翁责任感，同时在这场伟大的民主运动中，青年以积极负责的态度行使了自己当家做主的民主权利。

（二）青年在制度的保障下学习和实践民主权利

政府作为新思想和新行为坚定的倡导者和支持者，党政合一的政权架构保证了政令的统一和高效，在制度推进的过程中铲除封建制度存在的基础，为青年思想观念的革命性变革提供强有力的舆论引导和制度支持。同时通过自上而下的灌输和培育，政府启发青年争取民主、自由、解放的自觉性。毛泽东在《论联合政府》一文中曾指出："自由是人民争来的，不是什么人恩赐的。"同样，民主的发展需要主体具有强烈的自主意识和积极争取的实际行动，青年参与意识的发展过程是在国家制度保障下青年自我解放的过程。

青年争取婚姻自由的斗争在政府的制度保障和思想启发下，借助群众运动的方式不断深入社会底层。新中国成立后，党和政府以宪法和法律的形式确立妇女的主人翁地位和平等的经济、政治、社会权利。代宪法性质的《中国人民政治协商会议共同纲领》总纲的第六条明确规定："废除束缚妇女的封建制度，妇女在政治、经济、文化教育、社会生活的各方面，均有与男子平等的权利"。1950 年 4 月，新中国颁布了《婚姻法》，确立了"男女平等，婚姻自由，一夫一妻"的基本主张。在婚姻法实施一周年之际，1951 年 9 月 26 日，中央人民政府政务院发出《关于检查〈婚姻法〉执行情况的指示》，全国妇联等 5 个人民团体联合发出《为进一步协助政府贯彻婚姻法的联合通知》。1951 年 12 月 6 日，《人民日报》社论发表了措辞严厉的文章谴责野蛮迫害妇女的行为，"在这种罪恶存在的地方，那里的人民，特别是妇女就还没有翻身；在那里实际上就还没有人民自己的政府"①。1952 年 7 月 25 日，中央人民政府内务部、司法部发出《关于继续贯彻〈婚姻法〉的指示》，严厉惩办各种干涉妇女婚姻自由的错误行为，尤其是干部知法犯法和违法乱纪的行为。这些法律和政令为青年争取婚姻自由提供了坚实的制度保障和舆论支持。在此基础上，政府通过各种方式启发引导青年的主体意识。政府利用青年团、民主妇联、农会等组织资源，利用广播、报纸、

---

① 《坚决保障妇女生命安全》，《人民日报》1951 年 12 月 6 日，第 1 版。

连环画等途径，利用庙会、群众大会、夜校、读报小组等各种群众场合，利用戏剧、民歌、扭秧歌等文艺形式进行婚姻自由的宣传，向青年灌输"婚姻自由要自己努力争取"的自主意识，使青年争取婚姻自由的行为从少数到多数，由自发到自觉。在启发青年主体意识的过程中，政府综合运用正反两方面的事例，批判阻碍婚姻自由的封建势力，批评青年消极自杀的行为，表扬帮助青年获得婚姻自由的干部，肯定青年主动争取的勇敢行动，保障青年自由选择的权利。在遭遇重重阻碍时，政府是青年抗争最坚强的后盾。

共青团在青年的政治生活中扮演着重要的角色，共青团员身份是先进积极的象征，也代表着青年在群体中的政治地位。1953年7月召开团的二大时，团组织拥有900万团员，38万个支部。团的组织原则是民主集中制，团内民主不仅是制度形态，也是日常的政治生活。青年在团组织中学习民主程序，运用自己的民主权利，选举团组织的领导人，对青年团的事务发表自己的看法，监督团组织的运作等。在共青团内，许多青年第一次切身体会民主，行使自己的权利，青年团对青年参与意识的培育和发展有着不可替代的作用。在团的民主生活中，有成功的经验，也有一些不足。《中国青年报》青年团支部副刊从1956年8月9日起，开展了关于"怎样才是真正的民主选举"的讨论，一共讨论了8次，收到参加讨论的稿子583件。青年们对团内不民主的现象提出了批评："不让团员民主讨论酝酿提出候选人，不让团员调换候选人等不民主的现象；表现在支部的日常工作上是：不发挥集体领导，不虚心听取群众的意见，什么事几乎都是几个领导人说了算，团员只有服从和执行的义务，而没有参与自己意见的权利"①。在团干部和普通团员之间有"相信组织"还是"相信群众"的争论，"相信组织"成了某些团干部用来削弱团内民主的挡箭牌。青年的批评一方面说明了青年对自己的民主权利有比较清晰的认识，另一方面也说明青年对民主有较高的期待，尤其是作为一个普通团员他们对自己的民主权利非常珍惜。

工厂是培育青年主人翁意识、责任感以及民主管理技能的重要场所。"据1953年重点调查的材料，在厂矿企业中青年工人占45%左右，在基本建设中青年工人占50%左右"②。新中国成立后，在新成立的国营、公营的企业中实行"管理民主化"，成立工厂管理委员会，吸收工人参加工厂管

---

① 《关于民主选举问题讨论给读者的一封信》，《中国青年报》1956年10月11日，第3版。

② 《发挥青年工人在国家建设中的积极作用》，《人民日报》1954年6月29日，第1版。

理，提高工人的主人翁意识和生产积极性。1950 年 6 月 28 日，中央人民政府委员会通过的《工会法》，明确规定工会组织的法律地位与职责，更好地组织工人和保护工人的权益。在私营企业中，1951 年 11 月，中共中央发出《关于清理厂矿交通等企业中的反革命分子和在这些企业中开展民主改革的指示》，主要清理私营企业中不合理的管理制度和封建把头制度，清除反革命分子和封建残余势力，消除封建行帮、地域观念造成的隔阂，加强工厂中不同层次人员之间的团结，建立社会主义新型的平等关系。为了更好地发挥青年在工厂民主改革过程中的作用，在许多的公私合营企业中建立了青年团监督岗，如 1956 年北京市西单区公私合营企业中成立 91 个青年团监督岗。"监督岗是从群众中生长起来的，它的 33 名成员，都是经车间各个组织的酝酿，并在团员大会上公布后产生的，是一些思想进步、生产较好、在群众中有一定威信的青年团员和青年工人"①。青年监督岗的政治意味很浓，其主要职责是：①监督本厂店的产品或商品品种不得减少或降低质量；②监督本厂店不得打乱或切断原来的供销关系；③监督本厂店不得随便改变经营管理制度，以防混乱；④遇有未经批准随便迁厂、并厂、调动工人等情况，要及时反映。② 监督的方式包括"提建议""发信号"、公开批评等。青年监督岗的目的是发挥青年工人在工厂民主管理中的作用，培养青年的责任感和政治原则性。

　　农业合作社凝聚了大批积极的青年农民。大大小小的农业合作组织最初是翻身的农民自愿组织、互帮互助、提高农业劳动生产率的一种方式。农业合作社的发展大致经历了三个阶段：1949~1953 年成立互助组和试办农业初级社阶段；1954~1955 年上半年初级社普遍建立和发展阶段；1955 年下半年到 1956 年底，农业合作化运动迅猛发展阶段。第一、第二阶段的发展主要是农民自愿加上政府号召，第三阶段开始了急躁冒进加上政府行政强制，使中国 96.3% 的农户加入初级社，87.8% 的农户加入高级社，基本上完成了由农民个体所有制向社会主义集体所有制的转变过程。在文盲众多的农村，合作的经济体中需要有知识的会计、技术员、组织、社长、记工员等办社人才，有知识的青年找到用武之地。"在全县（河南嵩县）2590 个农民

---

① 崔静、阿农：《大家喜爱的青年团监督岗》，《中国青年报》1955 年 6 月 7 日，第 1 版。

② 佚名：《北京市西单区公私合营企业成立九十一个青年团监督岗》，《中国青年报》1956 年 1 月 28 日，第 1 版。

技术员中，中、小学毕业生就占 70% 以上"①。初小毕业生升学难的现实也使许多来自农村的知识青年失去了向上流动的机会，大批无法继续升学的高小毕业生回到农村务农，但是青年积极上进的本色使他们热情地接纳了合作社这一新生事物。截至 1955 年 1 月，"目前全国农村青年团员约有 120 万人以上加入了农业生产合作社，约占从事农业生产的团员总数 20%……在这些入社团员中，约有 40 多万人担任了农业生产合作社的生产队长、会计、股长、社长等职务"②。青年向往新生活，许多自愿组织的"自发社"都是由青年办起来的，"河南安阳专区 7 个县，团员就办了 424 个自发社"③。

要巩固和发展合作组织，必须发扬民主，采取大家认为公平合理的方式等价交换，不让一个人吃亏，不让一个人偷懒。农村合作社发展的初期，中央强调自愿的原则，但是许多农民对于参加互助组或合作社有顾虑，主要是怕吃亏。农民很看重实际的物质利益，甚至有些锱铢必较。青年团员赵树华领导的互助组于 1951 年 3 月成立，"互助组刚成立时，大家都认为组里净是亲戚，'用不着太麻烦'只马马虎虎用了一个本子记账。结果到了结账时，账目乱七八糟，大家闹得面红耳赤，直到大半夜，组员燕和清多做的七个工还是没有着落，最后只得大家分担才算完事"④。利益分配不公是形成纠纷的重要原因，搞平均主义也不能服人。赵树华领导的互助组第一次改革工分评定方法是一律做一工记 10 分，结果劳动力强的吃了亏，组员们的劳动积极性发挥不起来。后来他们采取了更民主、更科学的评分方式才化解了矛盾。"后来赵树华领导大家再三讨论，才确定以劳动力强弱，做活的多少和好坏为标准，评定每人每工的分数……赵树华又先后和团员、组员商量实行土地评分制，这就是以土地的好坏，用工多少为原则，将一块土地所需人工评为分数，然后根据需要，派人去把活做完。活做完后，再按各人的劳动情况民主评定每个人应得的分数。为了使土地的分数与人工的分数一致，他们在评分后进行检查"⑤。

---

① 佚名：《要满腔热情地欢迎农业合作化的新生力量》，《中国青年报》1955 年 10 月 5 日，第 1 版。

② 佚名：《全国农村团员踊跃参加合作化运动入社的有一百二十万人以上》，《中国青年报》1955 年 1 月 22 日，第 1 版。

③ 《发挥农村青年在农业合作化运动中的积极作用》，《人民日报》1955 年 11 月 8 日，第 1 版。

④ 胡一明：《从每工一律十分到土地评分——青年团员赵树华互助组的记工制度》，《中国青年报》1953 年 1 月 13 日，第 2 版。

⑤ 胡一明：《从每工一律十分到土地评分——青年团员赵树华互助组的记工制度》，《中国青年报》1953 年 1 月 13 日，第 2 版。

青年农民以自己的智慧创造了许多民主的方法，进行着朴素的民主实践。如青年团员彭富松领导的合作社，采用活的评分方法保证公平合理。"按耕作技术好坏，工作是否积极和工作时间长短，采取自报公议、民主评定的方式，每天评定。五天一小结，该进的进，该补的补，都记在账上，半月清算一次账目。这个办法一实行，大家都认为公平合理，劳动积极性空前提高，连过去不愿意出来干活的组员张邵清也干活了"①。在农民大规模入社的阶段，农民的生计完全依赖合作社，在这种情况下，合理评定社员入社土地产量、处理社员的生产资料、公平分配收入等各个环节，都强调民主协商，强调"勤俭办社、民主办社"的原则，反对干部强迫命令和过分专制。农民对入社的朴素认识是："入社有三好——凡事商量好，互不吃亏好，增加生产好。"②虽然农业合作社在后来的实践中出现了一些偏差，但是在其发展过程中，它第一次使分散的农民进入集体生活的领域，在组织和动员过程中培养了农民的参与意识，锻炼了农民的民主能力，这种积极的价值应该得到客观的评价。

（三）"以苏为师"增强青年对社会主义民主的信心

青年参与意识发展是在黑暗的过去和光明的未来之间不断比较选择的过程。旧中国人民忍饥挨饿、流离失所，基本的人身安全都没有保障，遑论当家做主，争取民主的结果是"无量头颅无量血，可怜购得假共和"。在新旧对比的过程中，"苏联的今天就是我们的明天"的口号，描绘了社会主义民主的美好前景，苏联建设的成就鼓舞青年憧憬民主的未来。

在中苏关系处于"蜜月期"时，"以苏为师"的热情渗透在社会的各个层面。1950年《中苏友好同盟互助条约》的签订，标志着中苏两国在政治、经济、军事、外交等领域结成全面的同盟关系。特别是50年代中期，苏联给予中国大规模的经济技术援助，苏联对中国的友好态度和大力援助激发了中国人民了解苏联、学习苏联的热情。苏联的英雄模范、苏联的先进经验、苏联的建设成就都是青年学习的榜样。保尔·柯察金、"青年近卫军"、卓娅等杰出人物，他们的爱国主义精神和革命英雄主义品质启发和激励着青年。

---

① 王力生：《合理评工记分，充分发挥互助组成员的劳动积极性——记川南隆昌县水口乡彭富松互助组的评工、记分制度》，《中国青年报》1952年7月29日，第2版。

② 《处理社员的生产资料必须经过充分协商》，《人民日报》1955年12月7日，第1版。

相对于资本主义国家青年失业、贫困化的悲惨遭遇，苏联青年的幸福生活是值得羡慕的。报纸的宣传使这种幸福具体化，"苏联青年在苏联共产党与斯大林同志的关怀下，根本不知道贫困和失业。苏联各级政权机关中都有青年的代表，在最高苏维埃中就有青年代表293名。苏联的青年工人与职员普遍享受照给工资的休假和假期，儿童们也得到特别的照顾。苏联1951年的教育经费比1940年增加2倍以上，现在战后几年中就建设了2.35万所学校，现在苏联就学人数有5700万人"①。当时苏联的社会主义建设已粗具规模，对苏联的热忱赞美实际上也是对中国未来民主发展前景的美好设想。1952年11月7日，《中国青年报》刊登了团中央书记李昌的文章《学习苏联青年的榜样，建设我们伟大的祖国》，文章中写道："全世界的民主青年对苏联的心向神往绝不是偶然的。苏联消灭了地主资本家的剥削制度，消灭了民族压迫，以惊人的速度发展了社会主义的经济建设和文化建设，并在大踏步迈向共产主义。从莫斯科放射出来的幸福光芒，标志着全人类新社会的无限美丽的前途。"② 在苏联社会主义建设成就的激励下，青年对社会主义民主充满信心，"社会主义制度的建立给我们开辟了一条到达理想境界的道路，而理想境界的实现还要靠我们的辛勤劳动。"③ 青年积极响应党的号召，配合党的工作，发挥先锋队的作用，涌现出许多青年突击队、青年积极分子、青年技术革新能手等模范群体和模范人物。到1955年全国"已经涌现了1500多个青年突击队，2300多个青年先进班，青年先进组，以及成千上万的青年积极分子，他们对社会主义建设的确起了很大的推动作用"④。青年的劳动热情如此之高，以至于毛泽东批评青年团照顾青年的特点不够，没有考虑青年人的娱乐、学习需要。"各地方党委反映，对青年团的工作是满意的，满意就在配合了党的中心工作。现在要来个不满意，就是说青年团的工作还没有适合青年的特点，搞些独立的活动。"⑤

（四）存在民主制度起点高和现实基础差的矛盾

社会主义民主是新型民主，其制度起点高，要求在社会经济结构彻底变

---

① 佚名：《为保卫青年权利而斗争——迎接国际保卫青年权利大会》，《中国青年报》1952年11月14日，第2版。

② 李昌：《学习苏联青年的榜样，建设我们伟大的祖国》，《中国青年报》1952年11月7日，第1版。

③ 《毛泽东文集》第七卷，人民出版社，1999，第226页。

④ 《努力培养更多的青年积极分子》，《人民日报》1955年9月29日，第1版。

⑤ 《毛泽东文集》第六卷，人民出版社，1999，第277页。

革的基础上提高人民的政治觉悟和政治素质。马克思主义认为民主是上层建筑，取决于社会的经济基础，民主的实现有其重要的经济条件。生产资料私人占有为导向的资本主义民主存在非民主的因素，一小部分掌握生产资料的人对大多数人的生活有巨大的控制权。"所有权对于资本家来说，表现为占有别人无酬劳动或它的产品的权利，而对于工人来说，则表现为不能占有自己的产品。"①而社会主义制度正是试图解决这一问题的更高类型的民主。这一新型民主建立在经济结构和经济关系彻底变革的基础上，并要求人民的素质和觉悟相应提高。对共产党有没有能力实行这样的民主，当时许多人心存疑问。费孝通回忆1949年他自己的看法时说："共产党为人民服务已在我眼睛面前完全证实了，但是共产党要实现民主，我得老实说，在参加代表会议之前，我是不敢太相信的。我不相信共产党会实行民主，有两个原因：第一是我过去所了解的民主是形式的，不是本质的。解放之后，并没有这套形式。第二是我过去所了解的民主是抽象的，形式逻辑的，不是辩证的。民主了，这个社会就不包括专政，两者不能同时存在。因之，我看见解放后的政权有专政的成分也就不能相信会民主了。"②这样的疑问当时普遍存在，究其原因，一方面是因为社会主义民主是新型民主，处于探索阶段，人民思想意识上有个接受和适应过程；另一方面是因为实现民主的基础非常薄弱，民主的理想和现实的条件存在巨大的差异。

现实情况是实现民主的基础非常薄弱，体现在硬件基础和软件基础不足两个方面。民主的硬件基础不足首先表现为经济发展水平不高、文盲众多，以及保障民主实施的具体机制、法规、程序缺乏等。新中国成立初，中国的现状是一穷二白，毛泽东提出帝国主义国家"它们实际上统治了中国一百多年，使中国变得很贫穷，变成一穷二白。穷就是贫困，白就是文盲多"③。在实施第一个五年计划后，中国初步建立了工业体系，国民经济有了很大的发展，但是总体上社会主义经济发展水平还比较低，在经济体制上过分迷信国营经济和集体经济，在如何更好、更快发展经济问题上还缺乏经验。新中国成立时我国约有人口5.5亿，而文盲率高达80%，许多文盲青年甚至无法正确填写选票。"据各地典型调查材料计算，在农村青壮年中，约有80%

---

①　《马克思恩格斯选集》第二卷，人民出版社，2012，第264页。

②　费孝通：《我参加了北平各界代表会》，《北京观察》2009年11月15日，第20~21版。

③　《毛泽东文集》第八卷，人民出版社，1999，第169页。

的人是文盲……同样，在职工群众中，文盲的比例一般也占50%左右。有的产业如煤矿、建筑等还在60%、70%以上。……现在农村青壮年中的非文盲大约有4500万人，非文盲同文盲的比例是1:4。"[①] 青年是社会主义民主建设的先锋，但是众多青壮年文盲的存在是实现社会主义民主的巨大障碍。列宁说过，在一个文盲充斥的国家内，是建成不了共产主义社会的。除了在解放区曾有过民主制度和民主实践之外，大多数地区对于社会主义民主建设还是白纸一张。青年对民主的认识主要集中在拥护社会主义制度，但是对于什么是社会主义、如何建设社会主义，从党的领袖到基层的群众都不是非常清晰。这为后来青年用"夺权"的方式捍卫社会主义制度的极"左"错误埋下伏笔。

新中国确立了人民民主的基本制度，但是保障民主实施的具体机制、法规、程序还无法在短时间内完善起来。配套制度的缺乏表现在原则规定多，操作性规定少；实体性制度多，程序性制度少，为更多体现领导人个人意志留下较大的空间。如民主集中制是党内、团内政治生活的基本原则，毛泽东希望营造既有民主又有集中、人人心情舒畅的政治局面，但是如何保证这一原则的落实还缺乏具体的规则。党代会、团代会、人大的代表表达自己意愿的方式长期没有具体的规定，新中国成立初基本采用鼓掌通过、举手通过、口头表决的方式。这种方式在人民高度信任执政党的特殊历史背景下可能表达了人民的意愿，但是长此以往对民主发展是不利的。对领导干部的考核和监督缺乏有效的机制，虽然毛泽东号召大家采用人民来信、公开批评的方式监督干部，但是无法形成严密、规范的长期机制。与青年直接相关的团内民主选举的规范性法规长期缺失，对团内民主程序的质疑演变为"相信领导"还是"相信群众"的路线争论。青年究竟拥有哪些具体的权利？这些权利如何表达和运用？这些与民主直接相关的问题长期困扰青年。

民主的软件基础差表现为众多封建思想残余是阻碍民主发展的巨大障碍。中国缺少民主法制传统，却有绵延几千年的封建历史，民主思想从引入中国的那一刻起，就担负着反封建的重任。陈独秀在《"新青年"罪案之答辩书》中提出："要拥护那德先生，便不得不反对孔教、礼法、贞节、旧伦理、旧政治。要拥护那赛先生，便不得不反对旧艺术、旧宗教。要拥护德先

---

① 《在七年内基本上扫除全国青壮年文盲》，《人民日报》1955年12月6日，第1版。

生又要拥护赛先生，便不得不反对旧国粹和旧文学。"① 新中国成立后虽然铲除了封建思想存在的经济、政治、社会基础，但是对封建思想残余理论上、政治上彻底清算的工作远没有完成。邓小平在《党和国家领导制度的改革》一文中指出的官僚主义现象、权力过分集中的现象、家长制现象、干部领导职务终身制现象和形形色色的特权现象是封建意识根深蒂固的一种表现。《关于建国以来党的若干历史问题的决议》指出："中国是一个封建历史很长的国家，我们党对封建主义特别是对封建土地制度和豪绅恶霸进行了最坚决最彻底的斗争，在反封建斗争中养成了优良的民主传统；但是长期封建专制主义在思想政治方面的遗毒仍然不是很容易肃清的，种种历史原因又使我们没有能把党内民主和国家政治社会生活的民主加以制度化，法律化，或者虽然制定了法律，却没有应有的权威。这就提供了一种条件，使党的权力过分集中于个人，党内个人专断和个人崇拜现象滋长起来，也就使党和国家难于防止和制止'文化大革命'的发动和发展。"封建思想残余的大量存在是青年参与意识发展的极大障碍。

民主制度起点高和现实基础差的矛盾不是建国初期独有的现象，到 20 世纪 80 年代末，中国的文盲和半文盲的比例还高达 26.8%。② 封建思想的残余至今依然遗毒未消。在很长的一段时间里，这种矛盾是中国民主发展的瓶颈，影响和制约了青年对民主制度、民主权利的正确认识。

第二节　曲折的探索

1957～1977 年，这一时期是中国民主进程遭受严重挫折的时期，民主制度被破坏，人与人之间的残酷斗争代替了协商和民主。青年也从社会的先锋落入社会的底层，知识青年上山下乡运动对青年群体的波及面非常广泛，几代青年几乎无一幸免经历了曲折的人生道路。这一时期是否存在民主发展？青年对社会主义制度是否认同？这些问题值得探究。事实上，1957～1977 年，中国社会存在民主的微弱火光。由于社会的经济、政治、外交出现了大的波动，在探索过程中，中共高层领导在政治领域的阶级斗争和经济领域的建设速度问题上出现了比较大的分歧，中苏交恶使中国发

---

① 陈独秀：《陈独秀文章选编》（上），三联书店，1984，第 317 页。

② 王仲田：《试论中国国情与民主制度建设的基本原则》，《政治学研究》1996 年第 2 期。

展的外部环境变得更为恶劣。在内外因的作用下，巩固和发展社会主义的探索变得异常艰难而曲折，青年参与意识的发展也因此跌宕起伏。

一 背景：探索与纠错

在革命乐观主义的鼓舞下，社会主义改造急速推进，一些潜藏的问题没来得及解决，加上党在指导思想和具体工作中存在一些失误，中国的经济、政治和社会生活出现一定程度的紧张状况。胡绳在《中国共产党的七十年》中有这样的描述："1956年冬天，国内社会改造的急促和变化的深刻加上冒进，使经济和政治生活中出现某些紧张，出现粮食、肉类和日用品短缺，学生、工人和复员转业军人在升学、就业和安置方面出现困难，少数人闹事。据不完全统计，从1956年9月到1957年3月，全国共有一万多工人罢工，一万多学生罢课请愿，农民闹退社，闹缺粮的风潮。知识分子思想日趋活跃，批评教条主义，对党和政府工作中的缺点错误以及干部作风上的问题提出公开批评，其中有不少尖锐的意见，还有些错误的议论。"[①] 这些紧张状况的出现，使得刚取得革命胜利的共产党人一时心理很难接受，其应对策略仍然难以跳出对敌斗争的习惯思维。国际上"冷战铁幕"的形成和社会主义阵营内部的争论使中国发展的外部环境进一步恶化，领导人很容易把国内、国外出现的新情况以阶级斗争的思维联系起来。党面临处理矛盾、巩固政权的艰巨任务。为了巩固政权，党中央决定从政治思想和经济建设两个方面入手解决问题，在政治思想上整党整风，发扬民主正确处理人民内部矛盾，巩固执政地位；在经济上调动全国人民的积极性，加快经济建设。

（一）巩固政权的探索与失误

政治上的调整主要体现在党的指导思想上的变化。1956年9月，党召开八大，提出当前要集中力量发展生产，解决落后的经济文化状况和人民日益增长的物质文化需求之间的矛盾。邓小平在《关于修改党章的报告》中分析了党在执政情况下所面临的新考验，如官僚主义、骄傲自满、脱离实际、脱离群众等，提出要通过贯彻群众路线、健全民主集中制、加强党的团结等措施加强执政党建设。1957年2月，毛泽东发表了"如何正确处理人民内部矛盾"的重要讲话，指出社会主义条件下依然存在矛盾，要分清矛

---

① 胡绳：《中国共产党的七十年》，中共党史出版社，1991，第381页。

盾的性质，对不同性质的矛盾采取不同的方法。处理人民内部矛盾要用民主的方法，即以团结为前提进行批评和自我批评的方法。毛泽东认为党员干部因为缺乏建设经验出现失误，人民表达对社会主义改造的不同看法，这些都属于人民内部矛盾。少数人闹事也要分清是非，通过克服官僚主义，加强对群众的思想教育，能够处理好各种矛盾。执政党要"将罢工、罢课、游行、示威、请愿看作调整社会秩序的一种方法"①。这些正确主张表明党对面临的任务和困难有清醒的认识。

1957年4月27日，中央发出《关于整风运动的指示》，整风的初衷是贯彻正确处理人民内部矛盾的方针，批评党内主观主义、官僚主义、宗派主义等错误作风。整风拟采用"和风细雨"式的个别谈心方式，而不是激烈的斗争大会方式。为了表示整风的诚意，党中央决定邀请党外人士参加整风运动。始料未及的是，党外人士的批评异常尖锐甚至偏激，有人甚至提出成立"政治设计院""轮流坐庄"、改变社会制度等错误主张。面对这些尖锐的意见，周恩来感慨地说："有的人认为船要沉了，天要黑了，另有打算，那就出轨了。我们料到会发生一些错觉，但没有料到这样多，这样激烈，原则性问题都出来了。"② 多年以后，邓小平在回忆"反右"斗争时多次提到右派"杀气腾腾"，"这个时候出来一股思潮，它的核心是反对社会主义，反对党的领导。有些人是杀气腾腾的啊！当时不反击这种思潮是不行的。"③基于这种形势，毛泽东写了《事情正在起变化》一文，下决心反击右派。反击右派是正确的也是必要的，但是在急风暴雨式的群众运动中，"反右"斗争被严重扩大化，打击面过宽，打击的分量太重。"1957年6月29日中央指示右派需要在各种范围内点名批评，北京大约400人，全国大约4000人。这时已经不是批判政治思潮，而更多地着重于具体指名，但是人数还是比较有限制。仅仅过了十天，中央指示准备点名批判的人数扩大了一倍。8月要求运动进一步向地县、市区、大厂矿展开，深入挖掘右派。9月八届三中全会统计，已划右派六万余人，最后运动结束时，达到55万"④。"反右"斗争扩大化伤害了许多民主人士和知识分子，一些积极热情而又政治幼稚的青年受到严重打击，这是党和国家的一大损失。

---

① 《毛泽东文集》第七卷，人民出版社，1999，第289页。

② 金冲及：《二十世纪中国史纲》（第3卷），社会科学文献出版社，2009，第859～860页。

③ 《邓小平文选》第二卷，人民出版社，1994，第243页。

④ 胡绳：《中国共产党的七十年》，中共党史出版社，1991，第387页。

"反右"斗争扩大化的另一后果，是中央错误判断主要矛盾从人民内部矛盾变成两个阶级、两条道路之间的矛盾。1959 年召开的庐山会议从"纠左"变成"反右"，阶级斗争的重点逐渐转移到共产党内。毛泽东把阶级斗争扩大化和绝对化，把无产阶级同资产阶级的矛盾看作社会的主要矛盾，过高估计干群矛盾的尖锐程度，并断言资产阶级复辟的危险会成为党内修正主义产生的根源。毛泽东一度认为："官僚主义者与工人阶级和贫下中农是两个尖锐对立的阶级。这些人已经变成或者正在变成吸工人血的资产阶级分子，他们怎么会认识足呢？这些人是斗争对象、革命对象，社教运动不能依靠他们。我们能依靠的，只是那些同工人没有仇恨，而又有革命精神的干部。"① 20 世纪 60 年代，严峻的国际环境激化了毛泽东对修正主义的警觉，中苏关系破裂、中印边境冲突、台海冲突等加剧了中共领导人对国家变色的担忧。如何确保"党不变修，国不变色"？毛泽东设想以群众"大鸣、大放、大字报、大辩论"的方式，公开地、全面地、自下而上地发动广大群众来揭发社会的黑暗面，把被"走资派"篡夺的权力重新夺回来，通过天下"大乱"达到天下"大治"。

在一系列错误思想的引导下，中国开始了"文化大革命"的十年内乱。毛泽东发动"文革"的初衷，是号召群众监督政府，纠正党员干部的特权思想、官僚主义等错误，形成公正、纯洁的社会，防止资本主义复辟，巩固人民政权。毛泽东认为："我没有私心，我想到中国的老百姓受苦受难，他们是想走社会主义道路的，所以我依靠群众，不能让他们再走回头路。"② 毛泽东试图把批判的武器交给人民，在政治斗争中教育和锻炼人民，尤其是提高青年的政治辨别力，防止和平演变，这是非常有远见的。但是"文革"的发展和实际效果却与他的初衷大相径庭，金冲及提出："十年里，个人崇拜盛行，党内民主集中制名存实亡，党的组织陷于瘫痪、半瘫痪状态。在无政府状态下，'大民主'和群众专政导致任意揪斗、诬陷、侮辱、刑讯逼供、派性斗争等丑陋现象的发生。运动波及的对象无论是党的领导人，或是知识分子，还是普通群众，无一幸免遭到精神和肉体的摧残，而一些投机分子、野心家在革命造反的口号下为所欲为。"③《关于建国以来党的若干历

① 汪晖：《去政治化的政治：短 20 世纪的终结与 90 年代》，三联书店，2008，第 34 页。
② 金冲及：《二十世纪中国史纲》（第 3 卷），社会科学文献出版社，2009，第 994 页。
③ 金冲及：《二十世纪中国史纲》（第 3 卷），社会科学文献出版社，2009，第 994 页。

史问题的决议》对这段历史的总结是："'文化大革命'是一场由领导者错误发动，被反革命集团利用，给党、国家和各族人民带来严重灾难的内乱。"

这一时期，席卷全国的政治运动裹挟着青年，他们或狂热拥护，或消极懈怠，或质疑反思，青年一度成为中国政治舞台上最耀眼的力量。主要由青年组成和参与的"红卫兵运动"把对领袖的个人崇拜推向了极致。对各种政治运动的积极参与抑制了青年的参与意识，青年的许多行为不是自主思考的结果，而是置身政治旋涡中不由自主的反应。以狂热激情开始，以黯淡悲伤结束的"文革"对青年的影响尤其深远，"最彻底""最崇高"的民主理想，其结果是"所有人反对所有人"的无政府状态，青年对民主的认识、对民主的期待开始发生变化。

（二）经济失误的反省与纠正

社会主义改造基本完成后，中共领导人深刻感受到中国经济严重落后带来的巨大压力，人民也迫切希望发展生产、改善生活，从上到下都弥漫着经济建设的高涨热情。1956 年毛泽东提出"十大关系"，初步总结新中国成立以来经济建设的经验。人民真心拥护和积极支持毛泽东提出的"鼓足干劲，力争上游，多快好省建设社会主义"的总路线和"大跃进"的方针，认为这是快速发展社会主义经济的正确道路。但是由于缺乏经验和急于求成，在实践过程中出现过分强调主观精神，忽视客观规律的弊端。工业方面，生产指标层层加码，工业项目蜂拥而上，建设的规模超过了国家财力和物力的可能，出现冒进的势头；农业方面，"大跃进"导致了浮夸风，不切实际夸大粮食产量，对存粮的高估导致了高征购，以致一些地方出现饥荒。之所以出现高指标、瞎指挥、"大跃进"和浮夸风等现象，毛泽东认为领导层有很大的责任，"应当说，有许多假话是上面压出来的。上面'一吹二压三许愿'，使下面很难办。"① 除了主观愿望之外还有客观的政治压力，许多党员干部看到了问题所在，但违心照办。陈云认为："就是怕反右倾，怕划不清界限"②。

农业合作化的进程急剧加速，甚至还动用行政手段强制推进高级社和人民公社化。农村公社中存在十分错误的五风，即"共产风"、浮夸风、

---

① 《毛泽东文集》第八卷，人民出版社，1999，第 50 页。
② 《陈云文集》第三卷，中央文献出版社，2005，第 283 页。

命令风、干部特殊风和对生产瞎指挥风，存在平均主义和过分集中倾向。"所谓平均主义倾向，即是否认各个生产队和各个个人的收入应当有所差别。而否认这种差别，就是否认按劳分配、多劳多得的社会主义原则。所谓过分集中倾向，即否认生产队的所有制，否认生产队应有的权利，任意把生产队的财产上调到公社来。"① 农村"一平二调三收款"引起农民的恐慌（"一平"是指在公社范围内实行贫富拉平，平均分配；"二调"是指县、社两级无偿调走生产队的某些财物；"三收款"，是指银行将过去发放给农村的贷款统统收回），无偿占有农民的劳动伤害了农民的利益。"公社在一九五八年秋季成立之后，刮起了一阵'共产风'。主要内容有三条：一是穷富拉平。二是积累太多，义务劳动太多。三是'共'各种'产'。"② 过分集中的管理体制也产生了干部的命令主义和官僚主义作风，造成干群之间的矛盾不断积累，影响了农民的生产积极性。在经济建设中过分依赖人的主观能动性和大搞群众运动，捷报频传的背后掩盖着许多严重的问题。

"大跃进"和人民公社化运动等错误导致经济发展困难。党于 1962 年召开"七千人大会"，总结经济建设的经验教训，开展批评和自我批评。毛泽东反省"大跃进""共产风"等错误时说："这几年我们有些东西搞多了，搞快了，自己挨整是必要的。现在看来，建设只能逐步搞，恐怕要搞半个世纪。"③ 党对经济建设的速度和实际困难有了新认识，毛泽东认为："现在看来，搞社会主义建设不要那么十分急。十分急了办不成事，越急就越办不成，不如缓一点，波浪式地向前发展。"④ 毛泽东还提出不能剥夺农民，不能超越阶段，反对平均主义，强调发展商品生产等观点。邓小平也提出整顿工业企业，加强企业管理等措施。党开始对国民经济实行"调整、巩固、充实、提高"的方针，大幅度调低工业生产指标，大刀阔斧压缩建设项目，大力精简城镇人口，保持经济综合平衡发展。经过努力，经济调整取得明显成效。

青年始终是经济建设不可或缺的生力军。在经济困难、党的指导思想出现偏差的时候，青年依然满怀信心，自力更生、艰苦奋斗，涌现出许多

① 《毛泽东文集》第八卷，人民出版社，1999，第 11 页。
② 《毛泽东文集》第八卷，人民出版社，1999，第 12 页。
③ 《毛泽东文集》第八卷，人民出版社，1999，第 228 页。
④ 《毛泽东文集》第八卷，人民出版社，1999，第 236 页。

"铁姑娘队""突击队"等生产先进群体和劳动英模，使中国在政治和社会混乱的情况下，经济仍然保持了稳定和发展。

（三）青年发展的困难与出路

社会主义制度为青年发展创造了良好的条件，但是客观的生产力发展状况制约青年发展。由于政治经济环境的影响，这一时期青年发展出现了大的波动和曲折，人民内部矛盾在青年中也大量存在。1957 年 5 月 11 日，《中国青年报》社论分析了青年的五点要求：①要求参加劳动；②要求学习，包括提高生产、业务能力，学习各种知识；③政治上要求进步；④要求参加民主生活，参与各项事务，充分发表自己的意见；⑤要求改善物质文化生活。① 青年的这些要求基本上是合理的，但是在当时的客观条件下，青年这些要求的实现面临许多现实的困难。

青年要求有参加劳动的权利，可是薄弱的工业体系无法为这种权利的实现提供物质基础。新中国工业发展为青年就业提供了重要途径，但是工业实际吸纳的人数和期望就业的人数差别巨大。1957 年 12 月 18 日，中共中央和国务院联合发出《关于制止农村人口盲目外流的指示》，采取一系列严厉的措施严格限制农民进入城市，其中包括用人单位一律不得擅自招收工人和临时工。1958 年 1 月 9 日颁布《中华人民共和国户口登记条例》，以法律的形式将城乡二元的就业制度固定下来。1960～1963 年严重的经济困难和粮食紧张，中央下决心压缩城镇人口。1961 年 6 月 16 日，中共中央批准了中央工作会议制订的《关于减少城镇人口和压缩城镇粮食销量的九条办法》，6 月 28 日，中共中央又发出了《关于精简职工工作若干问题的通知》。按照这两个文件的规定，3 年内通过关闭一部分工矿企业、机关裁并，压缩和顶替政策，压缩城镇人口 2000 万人。精简的主要对象是 1958 年 1 月以来参加工作、来自农村的新职工，被精简的职工按照离职处理，重新回到农村参加农业生产。在这一波城市人口压缩风潮中，青年是受冲击最大的群体。此后，青年的就业方向主要是农村，不仅越来越多的农村青年不得不回乡参加农业劳动，家在城市的近 2000 万知识青年也上山下乡到农村参加劳动，造成青年"身在乡里，眼望城里，心在厂里"的矛盾。

青年渴望接受教育，新中国努力为青年接受教育创造良好的条件，但是

---

① 《怎样认识和对待青年中的矛盾——五谈人民内部矛盾》，《中国青年报》1957 年 5 月 11 日，第 1 版。

教育的发展无法满足青年的需求，升学难的现实使许多青年的期望成为泡影。"1957 年暑假，全国高中毕业生共约 19.1 万人，而大学招生人数仅为 10.7 万人，意味着有 8 万左右的高中毕业生不能升入大学，约占高中毕业生总数的 1/3；初中毕业生为 109.5 万余人，有 79.5 万余人不能升学；高小毕业生为 500 余万人，有 360 万人不能升学"[①]。也就是有 1/3 的高中毕业生、2/3 的初中毕业生、4/5 的高小毕业生无法升学。无法升学的农村青年被动员回乡参加农业劳动。许多既不能升学又找不到工作的城镇青年成为"社会青年"，他们无所事事，容易惹是生非。"社会青年"的人数庞大，而且不断累积，1955 年的统计显示，"上海青年总数 150 余万，社会青年约有 80 万，天津青年总数是 60 多万，社会青年约 30 万。根据几个城市青年的情况估计，社会青年大约占城市青年总数的 40% 左右，这是一个很值得我们重视的数字"[②]。1962 年国家规定高等学校和中等学校的招生名额分配优先照顾城市，中专学校停止招生，因为特殊需要招生的个别中专学校只许招收当地城市户口初中毕业生。城乡的不平等，教育的不公平，为后来教育革命埋下伏笔。除了实际招生数与青年的需求差别大之外，招生人数起伏不定也有很大的影响。"解放以来，我国高等学校的招生工作，曾经有过两次大起大落。一次是 1956 年，从 1955 年的 9.8 万人，一下子增加到 18.5 万人，超过了当时学校的最大负荷，1957 年就下降到 10.5 万人；另一次是从 1958 年到 1960 年，连续 3 年大量招生，分别猛增到 26.5 万人、27 万人、32 万人。到 1961 年、1962 年又跌了下来，分别为 16.9 万人和 10.7 万人，又回到了 1957 年的水平。招生工作的这种大起大落，并没有为我们多培养人才，相反，由于学生人数增加过快，师资和校舍等跟不上，致使学校元气大伤，教学秩序混乱，师生情绪波动，教育质量下降"[③]。1966 年"文革"开始后，许多高校停止招生，除了少量的青年被招工、参军、推荐上大学之外，绝大多数青年失去了接受高等教育的机会。随着就业压力的加大和知识青年接受再教育的需要，几千万知识青年加入"上山下乡"的行列，被抛入社会的底层备尝艰辛。

青年渴望改善物质生活，提高自己的政治地位。但是由于经济发展的

---

① 定宜庄：《中国知青史：初澜（1953～1968 年）》，当代中国出版社，2009，第 46 页。
② 《不要忽视社会青年的工作》，《中国青年报》1955 年 2 月 26 日，第 1 版。
③ 《把今年的高校招生工作抓细、抓好》，《人民日报》1979 年 5 月 17 日，第 1 版。

客观困难，青年在短时间内提高物质待遇的需求无法满足，青年与成人在工资待遇上还有了更大的落差。1956 年 6 月 16 日，国务院第 32 次会议通过《关于工资改革的决定》，改革的主要做法是给不同地区、不同的工种分类定级，工资与级别挂钩。其基本精神是要使熟练工人和非熟练工人、繁重劳动和轻易劳动在工资标准上有比较明显的差别。当时青年多是低级别工人，"目前青年工人的技术水平一般的还比较低，全国 600 万青工中，一级工到四级工占了 80%，五级以上的熟练工只占 20%"[1]。工资改革使青年在经济利益上受损，一部分对薪酬平等有很高期待的青年思想上一时很难接受。

青年对物质待遇不满意的另一方面是关于学徒工的限制。1957 年 11 月 21 日，国务院出台了《关于国营、公私合营、合作社营、个体经营的企业和事业单位的学徒的学习期限和生活补贴的暂行规定》，《规定》对学徒的学习期限和生活待遇做出了严格的规定。①学徒的年龄要在 16 周岁以上，学徒的学习期限应该为 3 年，技术比较简单的可适当缩短，但不得少于 2 年；②学徒在学习期间，由所在单位按月发给生活补贴，生活补贴的标准按照当地或本行业一般低级职工的伙食费另加少数零用钱计算，零用钱可以根据城乡的不同消费水平，规定第一年为每月 2 元或 3 元，第二年为每月 3 元或 4 元，第三年为每月 4 元、5 元或 6 元；③各单位适用于工人、职员的工资制度、奖励制度和津贴办法都不适用于学徒，但是学徒患病的时候可以享受所在单位实行的公费医疗待遇；④学徒期未满以前，一律不得提前转为正式工人、职员。学习期满后，经过考试合格，才能转为正式工人、职员。学徒转为正式工人、职员后第一年的工资，按照所在单位工人、职员的最低工资标准执行；⑤学徒期满技术未达要求者，要延长学习期限；⑥学徒期间，企业和师傅可以根据需要分配学徒担负一部分技术、业务以外的杂务工作或者其他体力劳动，学徒不得拒绝。[2] 这一新规定大幅度调低了学徒工的福利待遇，延长了学徒期限，一定程度上使青年的利益受损。

青年渴望参与政治。这一代青年基本上在红旗下成长，长期的革命教育使许多青年充满理想主义的精神，忠于党、忠于领袖，为理想而奋斗。青年

---

① 《向青年工人代表说几句话》，《人民日报》1958 年 4 月 6 日，第 1 版。
② 《国务院关于国营、公私合营、合作社营、个体经营的企业和事业单位的学徒的学习期限和生活补贴的暂行规定》，《中国青年报》1957 年 11 月 21 日，第 2 版。

期待到基层去、到农村去、到边疆去、到最艰苦的地方去，到那里去认识真正的中国，与工农相结合。"文革"唤醒了青年空前的政治热忱，他们有着"担当大任舍我其谁"的使命感和强烈的政治参与意识。"文革"初期"红卫兵运动"是他们政治参与的一个高峰，揪斗、批判、造反，桀骜不驯的青年反抗权威和父母，试图在人的思想深处爆发革命来捍卫现有的制度。青年学生在"文革"初期有许多过火的行为，在"破四旧"的风潮中幼稚地破坏文物，揪斗干部、抄家，这些不当的行为暴露出一代青年幼稚和狂热的弱点。很快他们从"革命小将"变成"上山下乡"的知识青年，在政治上一定程度被边缘化。青年在政治上的进步也慢了很多，"25岁以下的党员，1950年曾占党员总数的26.6%，1983年竟降至3.34%"①。

青年的需求和实现的可能性之间存在较大的差距，由此造成了许多的矛盾，表现在：①个人和集体的矛盾，其中最突出的问题是青年的就业和升学问题；②领导和被领导的矛盾，个人和集体的矛盾，常常在领导和被领导关系上反映出来，如果领导是官僚主义者，对青年打击报复，这是造成青年群众闹事的主要原因；③先进分子与落后分子的矛盾，青年之间的矛盾体现为先进思想和落后思想的矛盾；④团内与团外的矛盾，少数团干部和团员存在宗派主义思想，把团门关得紧紧的，很少和团外群众来往，有人真正有特权思想；⑤青年人和老一辈的矛盾，青年思想上容易偏激，老人容易保守。②理想和现实的差距促使青年思考，这一时期青年参与意识发展表现得更为复杂和曲折。

二 内容：青年参与意识的深化与偏差

这一时期，青年参与意识发展集中在对民主作用的认识上，由于官僚主义、腐败特权对青年权益的损害，青年把民主作为反对官僚主义、纯洁党的肌体的锐利武器，同时也是处理人民内部矛盾、凝聚人心的重要手段。人民当家做主的制度保障青年有行使批评政府、执政党干部的民主权利，在对阶级矛盾的判断出现偏差的情况下，青年"大民主"行为一度对权力机关形成巨大的冲击，青年参与意识发展也表现出明显的曲折性。

---

① 《大量吸收先进青年入党》，《人民日报》1984年8月27日，第1版。
② 《怎样认识和对待青年中的矛盾——五谈人民内部矛盾》，《中国青年报》1957年5月11日，第1版。

（一）权力认识的发展与偏差

1. 对民主手段性的认识是青年权力认识的发展

民主制度不仅包括固定的权力结构，而且包括在权力运作过程中通过民主程序、民主机制不断自我净化的力量。执政党对民主认识的深化体现在对权力体系自我清洁必要性的认识，认为民主作为一种手段是巩固政权、清除肌体腐败、调动人民积极性的重要工具。这一时期，青年权力意识关注的重点从权力建构转向权力的运用过程，认同党关于民主手段性的论述，在这个意义上，青年对权力意识的深化是被教育和被塑造的过程。

党的八大提出要扩大社会主义民主，其动因首先是为了调动一切积极因素建设社会主义。中国共产党认为社会主义革命和三大改造成功之后，社会主义建设成为最主要的任务。"革命把生产关系和上层建筑加以改变，把经济制度加以改变，把政府、意识形态、法律、政治、文化、艺术这些上层建筑加以改变，但目的不在于建立一个新的政府、一个新的生产关系，而在于发展生产。"[1] 如何发展生产、加速实现工业化？发展生产需要最大限度地调动人民的积极性，团结一切可以团结的力量，协调好各种关系。毛泽东认为："所谓发挥积极性，必须具体地表现在领导机关、干部和党员的创造能力，负责精神，工作的活跃，敢于和善于提出问题、发表意见、批评缺点，以及对于领导机关和领导干部从爱护观点出发的监督作用。没有这些，所谓积极性就是空的。而这些积极性的发挥，有赖于党内生活的民主化。"[2] 调动积极性最好的方式是民主，即团结—批评—团结的方式。在这个意义上，民主首先表现为调动人民积极性的重要手段。毛泽东提出："民主这个东西，有时看来似乎是目的，实际上，只是一种手段。马克思主义告诉我们，民主属于上层建筑，属于政治这个范畴。这就是说，归根结蒂，它是为经济基础服务的。"[3]

扩大民主的另一个动因是消除官僚主义，防止中国出现"匈牙利事件"。官僚主义是中国封建社会长期积淀的痼疾，新中国成立后这种封建思想意识的影响依然存在。沾染这种习气的官员与党为人民服务的宗旨完全背

---

① 《毛泽东文集》第七卷，人民出版社，1999，第 182 页。

② 《毛泽东选集》第二卷，人民出版社，1991，第 529 页。

③ 《毛泽东文集》第七卷，人民出版社，1999，第 208～209 页。

道而驰，用斯大林的话来形容是用一种"官僚主义的刻薄态度""简直岂有此理的态度"对待人民。① 毛泽东指出："很多党员，甚至负责干部，沉埋于事务工作，政治思想极不发展，党内生活极不健全，因此许多人陷入了贪污、浪费和官僚主义的泥坑，许多人本位主义极为浓厚，只顾小局，不顾大局。"② 毛泽东还总结了干部官僚主义五多五少的表现："会议多，联系群众少；文件、表报多，经验总结少；人们蹲在机关多，认真调查研究少；事务多，学习少；一般号召多，细致地组织工作少。"③ 毛泽东在八届二中全会上分析"匈牙利事件"的原因时指出，一方面是因为阶级斗争不彻底，反革命分子没有肃清，有人鼓动闹事；另一方面是因为官僚主义脱离群众，群众对党员干部不满。"匈牙利事件"给中共领导人敲响警钟，社会主义社会依然存在矛盾，人民内部矛盾如果处理不当，有可能激化为对抗性矛盾，解决矛盾才能推动社会发展。

这一时期人民内部矛盾主要表现为领导者和人民群众的矛盾。在高度集中的管理体制下，科层制的管理机构成为社会基本的组织结构。利普塞特引用韦伯的观点指出："在官僚组织内部存在连续不断的各持己见的紧张和冲突，导致背离'合理效率'、'等级制度'及'中立'等官僚体制目标。换句话说，权力的需要与官僚主义之间的紧张，不仅存在于政治组织与社会之间的关系上，而且原本存在于一切组织中。"④ 单位制的管理体系中，政府成为人民利益的直接提供者和管理者，政府的责任被急剧放大，干群之间的摩擦和矛盾也不断增加，干群矛盾的出现有客观必然性。毛泽东指出："过去我们跟人民一道反对敌人，现在敌人不在了，看不见敌人了，他有事情，不向你闹，向谁闹呢？"⑤ 干群矛盾的出现也有其主观性，主要是一些领导干部的官僚主义作风激起人民的不满，许多该办而又能办的事拖着不办，该解决能解决的问题置之不理，对人民的疾苦漠然视之，甚至粗暴地损害人民的权利和利益。毛泽东一针见血地指出，如果中国不警惕、不改正官僚主义的作风，就可能形成一个特殊的阶层，甚至最终被人民打倒。虽然官僚主义

① 《合理使用高等学校毕业生》，《人民日报》1955年3月18日，第1版。
② 《毛泽东文集》第六卷，人民出版社，1999，第191页。
③ 《毛泽东文集》第八卷，人民出版社，1999，第167页。
④ 〔美〕利普塞特：《政治人——政治的社会基础》，刘钢敏、聂蓉译，商务印书馆，1993，第21页。
⑤ 逄先知、李捷：《一篇重要的马克思主义理论著作的诞生——〈关于正确处理人民内部矛盾的问题〉形成过程（上）》，《党的文献》2002年第4期。

的危害很大，但是官僚主义者和人民群众的矛盾仍然属于人民内部矛盾，毛泽东提出有了错误不要怕群众批评，越怕就越有鬼，"我们的态度是：坚持真理，随时修正错误。我们工作中的是和非的问题，正确和错误的问题，这是属于人民内部矛盾问题。解决人民内部矛盾，不能用咒骂，也不能用拳头，更不能用刀枪，只能用讨论的方法，说理的方法，批评和自我批评的方法，一句话，只能用民主的方法，让群众讲话的方法。"[①]

扩大民主的目的是调动人民的积极性，消除领导干部中出现的官僚主义、主观主义、宗派主义的作风。社会主义民主的一个重要职能是解决权力滥用、无效率等问题，用国家权力保障人民权利的实现，做到民主和集中、民主和效率的统一。与此同时，解决日益增多的人民内部矛盾，民主是必要手段，甚至是唯一的手段。因为人民内部矛盾是是非问题，解决问题的目的是明辨是非，增进团结，而不像敌我矛盾一样是为了消灭或打倒对方。正是因为解决人民内部矛盾和解决敌我矛盾的出发点不同、归宿不同，在方法的选择上要慎重。民主对人民而言是在根本利益一致基础上解决分歧、达成新共识的问题。针对青年用罢课、罢工、游行示威等方式表达不满的现象，1956 年 11 月 17 日，《中国青年报》发表社论《革命青年都要学会运用民主》，提出："民主本身不是目的，民主是个方法。所以在民主方法上应该区别对'敌、我'的不同，游行、示威、罢工、罢课的方法是对待敌人的，人民当了国家的主人后，这种行为就会损害自己的利益，有觉悟的人民当然不愿采用。……我们人民内部民主的方法是什么呢？那就是提意见、整风，以及向领导申诉等方法。这也就是采取批评和自我批评的方法"[②]。执政党关于民主是解决人民内部矛盾重要手段的认识，引导和促进青年深化对权力的认识。现有的制度鼓励青年批评政府、批评党的干部，但是在民主方式的选择上要考虑矛盾的不同性质，采取适当的方式调动积极性、促进权力体系的自我清洁。

关于民主手段性的认识并非共产党人的独创，更不是共产党人对于民主认识的根本性偏差。近代视野开阔的知识分子引进和推介民主，其目的就是借鉴西方好的传统和实践，用开议院、复民权等方式促进国家发展。如最初引介西方民主入中国的近代知识分子王韬、郑观应等强调议会的功

---

① 《毛泽东文集》第八卷，人民出版社，1999，第 291 页。
② 《革命青年都要学会运用民主》，《中国青年报》1956 年 11 月 17 日，第 1 版。

能在于"上情可以下逮，下情可以上达"，又认为"泰西之富强，大都由于议院"①。到 19 世纪 90 年代，知识界以"民权"代替"君民一体论"，一些知识分子认为"西方因重视民权而强，中国因忽视民权而弱，如何重振民权，开国会为不二法门"②。近代知识分子引进西方民主架构，促进中国发展的主观愿望在客观的现实面前碰了壁。共产党人建立新型的民主制度，其目的是促进中国的繁荣富强，这延续和继承了近代知识分子关于民主手段性的思想，又扬弃了其具体的民主制度设计，结合调动人民积极性、监督政府和执政党等现实问题，使民主建设具有了新的内涵。在这个意义上，党关于民主手段性的探索是合理的，但是忽视民主目的性造成了一些偏差也是客观事实。这一时期党对民主手段性的认识成为影响青年参与意识发展的最重要的思想，青年对民主本质的认识和民主权利的行使也主要围绕民主的手段性展开。

2. "大民主"的悲剧是青年权力认识中的偏差

"大民主"是相对于"小民主"而言的，是指罢工、罢课、游行、示威等超越正常秩序的利益表达活动，原本是用于对付阶级敌人的。"小民主"是指人民内部基于团结目的的批评和自我批评。1957 年整风运动时，四大自由——大鸣、大放、大辩论、大字报，被认为是群众创造的革命斗争形式，有利于充分发扬社会主义民主。邓小平在《关于整风运动的报告》中指出"实行大鸣大放大争、摆事实、讲道理，出大字报、开座谈会和辩论会，这是最广泛的社会主义民主，是资产阶级民主所不能梦想的，这是正确处理人民内部矛盾的方法，也是教育和团结群众对敌人进行斗争的方法"③。四大自由和罢工罢课、游行示威等一起构成了"大民主"的主要形式。随着毛泽东对国内、党内阶级斗争的估计越来越严重，"大民主"的运用越来越普遍，在"文革"时泛滥成灾，造成了严重的后果，也使青年参与意识的发展出现了偏差。

毛泽东肯定和支持"大民主"的目的是防止"党变修、国变色"。毛泽东认为苏联干部队伍中存在的特权阶层，是苏共变修的罪魁祸首，他提出：

---

① 张朋园：《中国民主政治的困境 1909～1949——晚清以来历届议会选举述论》，吉林出版集团有限责任公司，2008，第 15 页。

② 张朋园：《中国民主政治的困境 1909～1949——晚清以来历届议会选举述论》，吉林出版集团有限责任公司，2008，第 20 页。

③ 《全民整风是我国社会主义民主的重要发展》，《人民日报》1957 年 11 月 1 日，第 1 版。

"在苏联党的干部队伍中是有这么一个特殊的阶层的……他们有权、有势、有钱，特殊于广大人民群众和一般干部。"① 毛泽东对中共领导干部的蜕变忧心忡忡，对干群矛盾的尖锐程度估计过高，他甚至认为党内出现了"走资派"，要复辟资本主义制度，在这种情况下"大民主"是不得已而为之。毛泽东认为："有些地方不实行小民主，任何民主都没有，横直是官僚主义。这样就逼出大民主来了，于是乎罢工、罢课。我们不赞成罢工、罢课，提倡在人民范围之内使用批评的方法来解决。如果个别地方官僚主义十分严重，在这样一种范围内允许罢工、罢课。我们把罢工、罢课、游行、示威、请愿等，看作是克服人民内部矛盾，调整社会秩序的一种补充方法。"② 在这种情况下，毛泽东把"大民主"作为防止"党变修、国变色"的有力武器，从此这种非正常的大规模群众运动成为政治斗争的主要形式。

毛泽东号召使用"大民主"的另一层深意是使人民尤其是青年加强自我教育。随着社会的新陈代谢，新一代青年成长起来。这一代青年被认为是在"背后没有敌人的鞭子，肩上没有沉重的担子"的和平安定环境下成长起来的。他们对旧中国的困难记忆越来越模糊，而对新社会的期待越来越高，容易产生和平麻痹思想和贪图安逸的思想，是西方和平演变的主要对象。尤其是一些干部子弟以革命的接班人自居，有很强的优越感。毛泽东说："我很担心我们的干部子弟，他们没有生活经验和社会经验，可是架子很大，有很大的优越感。要教育他们不要靠父母，不要靠先烈，要完全靠自己。"③ 青年不仅是现实的建设力量，更重要的是青年是一个国家、一个政权延续的希望，要把青年培养成为合格的接班人需要在政治斗争的大风大浪中锻炼和磨砺青年。毛泽东希望通过"大民主"的方式把批判的武器交给青年，让青年受教育和锻炼。"文革中这些群众主要是年轻人、学生，正是杜勒斯们寄托和平演变希望的最年轻的一代。让他们亲身体验斗争的严重性，让他们把自己取得的经验和认识再告诉他们将来的子孙后代，一代一代传下去，也可能使杜勒斯的预言在中国难以实现"④。在这个意义上，毛泽

---

① 吴冷西：《十年论战——1956～1966 中苏关系回忆录》（上册），中央文献出版社，1999，第 463 页。

② 逄先知、李捷：《一篇重要的马克思主义理论著作的诞生——〈关于正确处理人民内部矛盾的问题〉形成过程（上）》，《党的文献》2002 年第 4 期。

③ 《毛泽东文集》第八卷，人民出版社，1999，第 130 页。

④ 金冲及：《二十世纪中国史纲》（第 3 卷），社会科学文献出版社，2009，第 1008 页。

东认为"大民主"是青年自我教育的有效方式，是培养合格接班人，防止资产阶级复辟阴谋的有力武器。

毛泽东推崇"大民主"的初衷是富有远见的，但是"大民主"在实践中成为大规模的群众运动，"7亿人都是批评家"的后果是政治批判成为人身攻击、残酷斗争的武器。尤其是青年缺少经验，幼稚而又狂热，在"大民主"的使用过程中造成了严重的后果。"大民主"对青年参与意识的影响表现如下。

首先，"大民主"导致青年对制度框架内表达利益和意愿方式的不信任，而罢课、游行、示威等极端方式被认为是表达自己民主意愿的有效方式。这种对民主方式的错误认知对青年影响深远，一直延续到改革开放初期，"学潮""学运"等有增无减。伴随着派性斗争的暴力冲突使"大民主"彻底失去其本来的含义。

其次，"大民主"助长了青年中的无政府主义思想，在捍卫制度的口号下实际上冲击和解构现有的制度。公开的政治辩论、形形色色的政治组织形成青年参与意识实践的特殊舞台，青年"踢开党委闹革命"，使党的基层组织基本陷于瘫痪。"大民主"希望实现类似巴黎公社式的民主制度，青年随意"夺权"使国家权力陷于非常不稳定的状态，党委、工作组、"工宣队""革委会"等都曾成为一些部门和机构的权力机关。权力不稳定一方面给一些野心家篡权创造了机会，另一方面使社会陷入无政府状态。

最后，"大民主"践踏法制和人权，造成严重的后果。在"造反有理"的口号下，"四大"实际上变成对一部分人进行精神摧残和定性、定罪的方式。大批判不是理论上平等的探讨，而是不容争辩的政治声讨。许多学术批评、文艺批评充满了浓厚的政治性和火药味，大字报中充斥着打倒、砸烂、横扫、罪该万死等极端的词汇。"革命无罪，造反有理"，由于毛泽东肯定红卫兵的造反精神，红卫兵的行动很快失去控制，他们冲出校园，走上街头，开始了向一切旧思想、旧文化、旧风俗和旧习惯猛烈开火的"破四旧"行动。难以约束的红卫兵任意抄家、打人，冲击党政机关，野蛮揪斗领导人，提出许多过激的要求。不同派别的红卫兵之间发生派性斗争，抢夺军械库，甚至发生了死伤人命的武斗惨剧。

"大民主"的初衷有可取之处，政党按照自己的价值和理想塑造社会，但是播下龙种，收获的却是跳蚤。用这种形式来实现人民民主是一个错误，青年的幼稚和激情对这一错误起着推波助澜的作用。青年对民主的理解简单化、方式粗暴化、执行极端化，最终给党和国家造成了难以估量的损失。"大民主"也导致了一代青年对"文革"的反抗，对社会主义民主的失望和怀疑，青年在质疑形式正当性的同时也怀疑其目的的合理性，这是对青年参与意识影响最深的地方。

（二）青年权利意识的深化与不足

青年民主权利的运用不仅限于在政治领域的民主选举，还包括在生产、生活各个领域的民主决策、民主管理、民主监督。毛泽东批评苏联《政治经济学教科书》时谈道："这里讲到苏联劳动者享受的各种权利时，没有讲劳动者管理国家、管理军队、管理各种企业、管理文化教育的权利。实际上，这是社会主义制度下劳动者最大的权利，最根本的权利。没有这种权利，劳动者的工作权、休息权、受教育权等等权利，就没有保证。"[1] 这一时期青年权利意识的发展主要围绕整风运动、民主办社、企业民主管理几个重要的领域展开。

1. 整风运动是青年扩大民主的一次尝试

在整风运动中，青年对官僚主义展开猛烈的抨击。青年提的意见集中在批评政府对待工农的生活待遇上差异太大，如华中师范学院的学生孙玉山写信给董必武，信中反映工农生活有很大的差别。"大冶县南方的区乡里，一个较好的劳动力，长年收入不超过250元，而我们的省级干部，每个月的收入就有200～300元……站在90%以上的工农方面看就有些不顶相称了。……我在农村也亲眼看到许多农民病在床上借不到钱诊。……我认为把90%的工农的生活压得太低，而把不到10%的人生活抬得太高，也是不顶恰当的"[2]。1957年6月7日，西北大学数学系的李培业给董必武来信，继续讨论孙玉山提出的工农和干部的生活不要差别过大的问题。李培业的信中提出大多数农民用"刻薄"一词形容政府，"政府对我们太刻薄了，把一点粮食卖得连穿衣服的钱都成问题。"提出："政府对工农生活照顾不够，而对干部、学校工作人员等脑力劳动者却无不面面周到。"[3] 有的青年批评领导干部享有特权，认为虽然干部待遇的供给制已经改为薪金制，但是不少干部一面领取薪金，一面却还享受着国家各方面的无偿或是极廉价的"供

① 《毛泽东文集》第八卷，人民出版社，1999，第129页。
② 佚名：《关于工农群众生活问题及其他——董必武同志复孙玉山同学的信》，《中国青年报》1957年4月13日，第3版。
③ 董必武：《再谈关于工农群众生活问题及其他》，《中国青年报》1957年6月7日，第3版。

给"：房租低于市价十倍的小公馆，为私人和家庭服务的厨师和公务员，配备齐全的家具、设备，私用小汽车的汽油。认为这些阶梯分明的等级制度，造成群众不满，造成了领导人和群众、上级和下级的隔阂。[①] 由于青年理想主义和易于偏激的特点，有些青年的言辞过于激烈，也有的青年矛头直指共产党的领导，立场偏激甚至错误。

在关于青年切身利益的领域青年提出了许多意见。一些大学生批评高校毕业生分配工作简单化、神秘化，用人单位对大学生不重视，有些大学生用"悲剧角色""木偶"来形容自己必须服从组织分配。团员批评团组织和团干部强迫命令、过多的行政干预等不合理现象，团员和群众之间有隔阂，因为团组织不能平等看待团员和非团员。青年徒工的意见是自己干正式工人的活儿，为什么还是徒工待遇？反映学徒工不能按期转正、工资待遇比较低等问题。一些青年职工提出工资改革后国营企业工资增加较多，合营企业工资增加较少不公平。青年学生希望政府多办些初中、高中，解决青年升学难的问题。一位青年给《中国青年报》写信说："我满怀着理想准备升学，哪知道就在这具有决定性的关头，从报上看到的消息却是，今年升学比去年难，初三毕业生将有很大一部分升不了学……为什么在我们社会主义国家还有人升不了学呢？国家不能再多办些学校让我们升学吗？去年招生那么多，今年可能有很多人升不了学，这不正常，是不是政府犯错误了。"[②]一些学生还用激烈的方式表达对不能升学的不满，1957 年 6 月 12 日，汉阳一中学生 800 多人因为升学指标很少，组织罢课游行，捣毁县人民政府和中共县委机关，捆绑和殴打干部。大多数青年在整风运动中真诚地向党提意见，虽然他们的言辞可能过于激烈，他们的意见显得有些幼稚而偏激，他们的分析感性多于理性，但是他们的出发点是好的。青年对社会主义制度有很高的期待，他们真诚希望通过批评和自我批评发扬民主，建设更美好的社会。由于"反右"运动的扩大化，许多政治不成熟的青年受到了严重的冲击，被错划为右派受到伤害，影响了青年对党的信任，这是一个历史的悲剧。

2. 民主办社对青年农民权利意识的促进作用

1957 年 3 月底，全国农业生产合作社共达 108.8 万个，入社农户 10668

---

① 王文：《两种工资》，《中国青年报》1957 年 5 月 15 日，第 3 版。

② 佚名：《为什么不是所有的学生都能升学呢？》，《中国青年报》1957 年 4 月 1 日，第 3 版。

万户，占全国农户总数的 90%。① 数量众多的农业合作社要巩固发展，需要发挥民主，加强经营管理。1957 年 3 月 15 日，中共中央发出《关于民主办社几个事项的通知》，《通知》强调合作社要注意三个主要事项：第一，农业合作社要按时公开财政收支；第二，社和队决定问题要同群众商量；第三，干部要参加生产。其中按时公开财政收支情况因为与全体社员的切身利益密切相关尤其重要。当时人民公社的财务制度，大体包括四个方面：财务计划制度、会计制度、现金管理制度、物资管理制度。民主办社要求把各项财政收支都按时公布，由群众参加评议；支出款项、动用物资之前，要先同社员商议；生产队年度的财务收支预算，都应该在社员大会或社员代表大会上反复讨论，通过以后由社干部照办；全社的财务开支，一年必须有一次总决算，并在年终公布。按时公开财政收支情况不是采取"运动"的形式进行，而是作为经常化、制度化的经济民主贯穿在日常工作中，使之成为农业社办事的一条准则和一种习惯。

民主办社是大多数农村青年重要的民主实践。1957 年以后，越来越多的农村青年升学无望，回乡务农。作为新一代有知识的新型农民，他们在合作社里是比较受重视的群体。如"广西贵县覃塘公社在 271 个记工员中有192 个是青年，占记工员总数的 70.8%，在全社 294 个食堂的 714 个工作人员中有 423 个是青年，其中担任食堂总务的 216 个人中，40% 左右是新参加工作的。"② 青年是合作社的中坚力量和实际的技术管理人员，青年对合作社事务的参与是培养青年参与意识的重要途径。青年会计李学成认为"财帛连人心，集体的收入和社员个人的收入，都得叫社员经常摸底，这样才有利于搞好生产。"他把工分公布后，"社员贝长久把自己的工分和邻居崔国录的工分比了比，觉得自己并不比国录劳动差，为啥工分却比国录少？他心里有些发闷，干起活来也没有以前带劲了。"经过仔细检查核对，李学成找出了社员贝长久被漏算的工分，解决了社员心里的疙瘩。③ 合作化时期，农民缺乏生产自主性，其收入和福利主要依靠生产队。在这种特定的情况下，农民对工分、集体成果分配等斤斤计较是可以理解的，合作社贯彻民主是保

① 佚名：《全国 90% 的农户加入农业生产合作社 私营工商业和个体手工业的社会主义改造有很大发展》，《人民日报》1956 年 4 月 30 日，第 1 版。
② 佚名：《青年记工员、食堂管理员齐争五好》，《中国青年报》1961 年 4 月 16 日，第 1 版。
③ 佚名：《"钱串子让他掌，我们都放心"——记深受老社员称赞的青年会计李学成》，《中国青年报》1962 年 3 月 10 日，第 1 版。

障他们切身利益最重要的手段。

从历史的角度看，合作社的建立有其历史必然性。毛泽东认为："个体农民，增产有限，必须发展互助合作。对于农村的阵地，社会主义如果不去占领，资本主义就必然会去占领。"① 要防止农民卖地，农村出现新的贫富分化，提高农民的积极性，毛泽东寄希望于社会主义的互助合作社。客观上，农业合作社和统购统销制度为国家工业化奠定基础。党希望通过民主办社的方式巩固和发展农村合作社，发展农业生产，使农民富裕起来。但是实践证明合作社高度集中的管理体制损害了农民的利益，造成对农民剥夺太狠，抑制了农民的劳动积极性。有谚语形容当时农民的生产情况："出工是摇，劳动在聊，收工像逃。"民主办社的实践对合作社存在的问题起到一定的纠偏补正的作用，但并不是对症下药的解决措施。从农民缺乏选择权利的角度看，这种民主是有缺憾的，但是作为一个小经济体的民主实践，尤其是在长期缺乏民主土壤的农村地区，把农民组织起来进行民主实践是非常有意义的，为后来农村的村民自治打下基础。在这个意义上，民主办社是可贵的尝试。

3. 工厂民主管理对青年工人权利意识发展的影响

1953 年开始推行"一长制"管理模式，这种模式权力过分集中，容易造成"一言堂""家长制"等弊端。1956 年底，一些企业发生了工人罢工、闹事的事件，闹事的起因大都是为了一些切身利益的问题，例如工资问题、工作安排问题、生活问题等。《人民日报》社论认为："分析这类闹事的起因，可以得出一个结论：凡是闹事的地方，大都是官僚主义比较严重的地方；职工群众不能通过'团结－批评－团结'的正常方法去解决问题的时候，才被迫走闹事这条路。……合理的、办得到的要求，由于官僚主义，对群众的疾苦没有如同身受的感情，不去办；不合理的、办不到的要求，也由于官僚主义，不同群众推心置腹地说清楚，甚至对群众打官腔，说假话；在与群众有重大利害关系的问题上，领导者言行不一，处理不公；所有这类情形，都会引起群众的严重不满。"② 出于反对官僚主义、加强管理的需要，工矿企业中的民主管理被高度重视。毛泽东认为企业民主管理问题实质上是劳动生产中人与人的关系问题，所有制的变革很快可以看到成效，但是要形

① 《毛泽东文集》第六卷，人民出版社，1999，第 299 页。
② 《谈职工闹事》，《人民日报》1957 年 5 月 13 日，第 1 版。

成真正平等的人与人的关系却不容易，所以按照民主的原则来管理企业、管理社会的经济生活"大有文章可做。"

1956 年 9 月，党的八大决定在国营企业中贯彻执行党委集体领导下的厂长负责制和群众路线的领导方法。1957 年 5 月开始，在国营企业中逐步推行职工代表大会。职工代表大会的职权包括："职工代表大会采取常任代表制，代表由职工群众直接选举，代表向选举他们的职工负责，职工群众有权随时撤换不称职的代表。职工代表大会有权听取和讨论厂长的工作报告，审查和讨论企业的生产计划、财务计划、技术计划、劳动工资计划和实现这些计划的重要措施，定期地检查计划执行情况，并且提出建议。职工代表大会还有权审查和讨论企业奖励基金、福利费、医药费、劳动保护拨款、工会经费以及其他有关职工生活福利的经费开支；在不违反上级机关的指示、命令的条件下，可以就上述范围作出决议，交企业行政部门或者其他有关方面执行。"[1] 1958 年，毛泽东批转了长春汽车厂的经验，提出"两参、一改、三结合"。"两参"即干部参加生产劳动，工人参加企业管理；"一改"即改革企业中不合理的规章制度；"三结合"即在技术革新中实行企业领导干部、技术人员和工人三结合的原则。毛泽东希望通过打破管理者、技术人员、工人的界限的方式实现工厂中更为平等的人际关系，把企业的集中领导和民主管理结合起来。工人参与管理有助于扩大企业内部民主、解决职工内部矛盾，体现工人当家做主的权利，是社会主义民主在经济领域的主要表现。

工厂的民主管理对青年的影响很大。在很长的一段时间里，进工厂，尤其是国营工厂是青年就业的首选。成为工人，成为新中国的领导阶级，这种光荣的使命感使青年对自己的工作充满了感情，他们在生产和管理中表现出强烈的主人翁意识。青年矿工王兴臣认为："生产岗位并不能限制人们对国家的、集体的事业的关心。虽然每个人都有一个具体的岗位，或是一个车床，或是一个高炉，但这都不是同其他人，其他单位隔绝的。只要保持着高度的敏锐性和责任感，就可以在更大的范围内发挥作用。"[2] 青年工人的主人翁意识表现在对事的关心、对物的珍惜、对同志的关怀，这种主人翁意识是参与工厂民主管理的基础。虽然青年多数是学徒工或者低级别的技术工

---

[1]　《在国营企业中逐步推行召开职工代表大会的办法》，《人民日报》1957 年 5 月 29 日，第 1 版。

[2]　《可贵的主人翁感》，《中国青年报》1961 年 11 月 14 日，第 1 版。

人，他们在整个工厂的民主管理过程中并不是起主导作用的群体，但是工厂民主管理的氛围是他们学习民主、实践民主的大课堂。

这一时期青年对权力和权利的认识有进展也有误区，其"动员式参与"的特征明显，青年主动性不够，顺从的多，独立思考的少。这一时期社会的"蜂窝状"管理体制基本成型，每个人被纳入不同的"单位"中，青年在国家层面的民主参与相对较少，青年对民主的认识多来自个体在社会场域内如工厂、合作社、学校等的民主实践。在政治运动频繁的社会背景下，青年对民主的认识和实践整体上比较薄弱。

三 特点：矛盾性与曲折性

由于党在指导思想上出现偏差，这一时期青年参与意识发展也表现出强烈的矛盾性和曲折性。社会秩序稳定后，科层制的社会结构逐渐形成，青年在自然秩序上处于中低层，这与青年高昂的革命热情形成强烈的落差。多年来接受的革命英雄主义教育使青年对社会充满理想化的期待，他们拥护社会主义、信任共产党，对领袖有着近乎狂热的崇拜。他们难以容忍社会的黑暗现象，对企图颠覆社会主义制度的人和群体表现出极大的愤慨。当领袖号召青年造反时，青年义无反顾投入这一捍卫社会主义制度纯洁性的革命运动。诸多幼稚而又残忍的举动都因为其革命的"正当性"被不断重演，而青年认为这些愚蠢的行为是忠实地执行了党的阶级路线，是正确而又合理的，这是一代青年的悲剧所在。综观1957～1977年青年参与意识发展，较为明显的特征表现在权力认同上的困惑和权利行使上的混乱。

（一）青年对制度的认同和困惑

1. 青年对制度的认同和民主参与

青年人在这一时期仍然是政治、经济建设可靠的先锋队。经济上，青年在农村被作为强劳力，工分较高，在城市是受过较好教育的群体，经济地位较高；政治上，青年积极入党入团，成为政权有力的依靠对象；思想意识上，他们不再是一个被束缚被压抑的群体，是热心跟着革新者走、舍身奋斗的主力军。毛泽东同志在《中国农村的社会主义高潮》的按语中指出："青年是整个社会力量中的一部分最积极最有生气的力量。他们最肯学习，最少保守思想，在社会主义时代尤其是这样。"① 青年在经济建设中迸发出的热

---

① 《毛泽东文集》第六卷，人民出版社，1999，第466页。

情是令人吃惊的，越是艰苦的地方，青年就越斗志昂扬，在最穷、最苦、最偏僻的地方，都有热血青年的身影。《中国青年报》热情洋溢地赞扬一代青年的良好风貌："大家赞扬河北唐山市为改变穷队面貌而艰苦奋战的'燕子突击队'、'铁姑娘突击队'和她们的队长邢燕子、张秀敏；赞扬江西金溪县琉璃人民公社把一批又一批低产田改造成高产田的青年试验场和他们的场长宋喜明；赞扬江苏镇江市葛村农场'大战低产田的冲锋队'的七个好姑娘；赞扬黑龙江肇州县永乐公社改造盐碱地和家乡穷困面貌的青年试验场的二十三名好后生；赞扬贵州榕江县古州公社把荒山、瘦土改造成经济林、高产田的青年突击队和他们的队长秦必超、刘禹金；赞扬内蒙古布特哈旗成吉思汗人民公社与虫灾、洪水搏斗，奋力夺取高产的'飞虎突击队'和他们的队长黄学俊；赞扬陕西大荔县段家人民公社从三口铁锅起家到能够制造一百多种化肥、菌肥、农药等等的共青团化工厂和他们的厂长何文义；赞扬在每个省、市和自治区、每个县和旗、每个人民公社都有的为大办农业立下功劳的优秀的青年社员、青年干部，赞扬从大中小城市、大中小企业、大中小学校到农村去为大办农业献出力量的优秀的青年职工、青年干部和青年学生。"[1] 这一代青年有着强烈的奉献精神和牺牲精神，"要改变又穷又白的面貌，我们年轻人就要有一股子冲劲，专门找困难打，专门把容易做的事让给别人。"[2] "上山下乡"的模范人物董加耕曾说："我们不是一味追求艰苦，不想幸福，而是通过艰苦的斗争，从斗争中求得真正的幸福……没有一犁一耙的耕耘，就没有社会主义的新农村。"[3] 青年的建设热情和战斗精神是可贵的，1961 年 12 月日本民主青年同盟代表团访问中国，他们在访问期间看到"工人们生气勃勃，劳动热情是这样高涨，中国青年工人真是革命的乐观主义者！"他们真诚地感叹："中国工人阶级真正当家作主了，中国青年工人已成为生产上的骨干力量。……我在洛阳看到开吊车的女青年工人，看到成为五好青年的女车工，在三门峡水库工地，看到中国青年成了建设这个伟大工程的尖兵。所有这些，在今天的日本都是不可想象的。"[4] 青年有着

---

[1] 《热爱农业劳动　加强农业生产　建设美好幸福的农村人民公社》，《人民日报》1960 年 10 月 23 日，第 1 版。

[2] 《热爱农业劳动　加强农业生产　建设美好幸福的农村人民公社》，《人民日报》1960 年 10 月 23 日，第 1 版。

[3] 《知识青年下乡上山是移风易俗的革命行动》，《人民日报》1964 年 3 月 20 日，第 1 版。

[4] 佚名：《"中国青年生活在幸福中"——记和日本民主青年同盟代表团团员一席谈》，《中国青年报》1961 年 12 月 29 日，第 3 版。

建设的满腔热情和战天斗地的革命精神，但是现实中青年的发展面临诸多困难。

2. 青年对平等理念与特权现实背离的困惑

民主的前提是平等，尤其是民主的主体——人民，在政治、经济、法律权利上的平等。生产资料所有制改造结束后，毛泽东希望在中国建设一个全新的平等社会，打破职业、等级的界限，形成生活集体化、知识分子劳动化、干群一体化的新型人际关系。毛泽东这种带有乌托邦色彩的平等理想集中体现在《五七指示》中，在这个指示里，毛泽东希望全国各行各业都办成一个"大学校"，不仅学政治、学军事、学文化，又能从事农副业生产，办一些中小工厂，还能从事群众工作，批判资产阶级。通过把工人、农民、军人的代表选入政府和党的领导机构，要求工厂的管理人员到车间小组去同吃、同住、同劳动，要求干部到五七干校参加劳动等制度化的方式，消灭工农、城乡、脑体三大差别，使工农之间、干群之间形成真正的平等关系。

毛泽东关于平等社会的构想对青年是一个极大的诱惑，毛泽东在《五七指示》中还特别指出："学生也是这样，以学为主，兼学别样，即不但学文，也要学工、学农、学军，也要批判资产阶级。学制要缩短，教育要革命，资产阶级知识分子统治我们学校的现象再也不能继续下去了。"由于缺少就业机会和中学规模狭小等结构性问题，青年学生不得不在升学、就业压力下苦苦挣扎。毛泽东提出学校要办成工厂，学生通过学军、学工、学农等接触社会，不再通过残酷的考试竞争选拔人才。这对于饱受考试之苦的学生是一个新奇的刺激，大多数涉世未深的青年为此欢呼雀跃，认为从此可以获得更为公平合理的教育和就业机会。

然而平等的设想没有带来更平等的机会，在"千万不要忘记阶级斗争"的口号下，阶级出身被视为判断青年政治是否可靠、革命立场是否坚定的标准。1950年8月4日，政务院第44次会议通过了《中央人民政府政务院关于划分农村阶级成份的决定》，《决定》规定18岁以下的少年儿童和在校学生，一般不划定阶级成分，只划定阶级出身。虽然青年本身没有阶级成分，但是父辈的阶级成分直接继承给他们，成为他们的阶级出身。如影随形的阶级出身决定了青年的政治权利和社会地位，尤其是一部分红卫兵炮制的"血统论"把这种不平等推向极致。"血统论"认为红五类（工人、贫下中农、革命干部、革命军人、革命烈士）的子女是天然的革命派，而"黑五类"（地主、富农、反革命分子、坏分子、右派分子）的子女由于受家庭的毒害，自然在政治上不可信任。这种推断没有任何依据，毛泽东也极力反对这种荒谬的"血统论"，提出衡量青年革命与否关键要看个人表现。但是在"左"倾错误盛行的年代，它却为一些青年所接受和奉行。一部分家庭出身不好的青年受到赤裸裸的歧视和迫害，以家庭出身决定青年命运的荒唐做法蔓延到社会生活的各个领域。大学招生首先看出身，高考政治审查时家庭出身不好的学生即使学习成绩优秀，也常被认为不宜录取。"1973 年河北省张家口地区共选送了 616 名工农兵大学生，其中出身不好的青年只占 1.4%。不久发生了张铁生'交白卷'事件，连这可怜的 1.4% 也化为乌有。有关部门决定对已录取的青年进行复查，最后取消了 73 名成绩合格、出身不好或'政治表现不好'的青年，增补了 73 名文化考试不合格，在'三大革命'中'表现好'的青年。"① 大学生毕业分配、参军、招工都要看家庭出身，根据家庭出身不同，青年被划分为"可去机密单位""一般""不宜录取"等类型。出身不好的青年即使回到农村也普遍不能担任生产队干部，在入党入团上存在很多限制。在"左"倾错误的政治环境下，一部分青年事实上被剥夺了政治权利，他们基本的生存、发展要求受到种种不合理的限制，这与社会主义平等原则是相背离的。

　　"文革"期间，基于平等目的的教育改革事实上助长了特权现象，使不正之风在整个社会泛滥开来。1966 年 6 月 13 日，中共中央和国务院发出通知，改革高等学校招生考试办法，以推荐和选拔相结合的新办法代替分数挂帅的招生考试，关键是突出政治。不仅改革招生制度，学制、升留级制度、教育内容等也相应改革。教育改革的初衷是使高等教育的机会向劳动人民子女倾斜，然而废除高考、实行推荐上大学的招生方法事实上助长以权谋私的不正之风。在招生、招工、参军机会稀缺的情况下，领导干部利用特权为子女牟私利的"走后门"现象泛滥开来。"从 1968 年至 1973 年初这段时间里，北京军区范围的干部子女下乡的有 3524 名，先后调出农村的 1182 名，其中利用各种非法手段'走后门'的 288 名，占 24.4%。"② 每次招生、招工都成为权力的争夺战，"有些负责招工、招生人员，预先互换名单，以便关照亲友、同事们请托的子弟，即所谓'以人换人'；有的干部用国家资财换子女进厂，即所谓'以物换人'。请客送礼的行贿活动泛滥成灾。……一

---

① 刘小萌：《中国知青史：大潮（1966～1980 年）》，当代中国出版社，2008，第 209 页。
② 刘小萌：《中国知青史：大潮（1966～1980 年）》，当代中国出版社，2008，第 212 页。

些中央部门管理的企业，招工时点名要本部门干部的子女，有的单位集体地公开'走后门'。有的地方出现了专搞'走后门'交易的集团，利用各自不同的职权大搞走后门。"① 本意是促进人人平等的举措，却成为腐败的温床，不能不说是一种讽刺。1972 年 5 月 1 日，中央发出《关于杜绝高等学校招生工作中"走后门"现象的通知》，严厉批评干部利用职权，用各种不正当手段把子女送进高校的现象。尽管中央三令五申，但是这种现象依然屡禁不止。

毛泽东希望营造人人平等的社会，尤其是希望劳动人民的子女能真正拥有受教育的权利，这是维护劳动人民根本利益的崇高理想。但是，人民各项权利的实现需要大力发展社会生产力，提供更多的资源和机会才有保障。在教育资源稀缺的年代，用主观的政治态度代替客观的考试标准，只能加剧人与人之间的矛盾，为各种污浊现象的泛滥打开了方便之门。超越现实可能性的平等要求，只能造成平均主义和更大的不平等，其结果是走向事物的反面。青年以极大的热情期待教育革命能保障平等的权利，然而丑陋的现实恰恰是对平等的最大挑战，污浊泛滥的不正之风弱化了青年对制度的认同。

（二）民主不足与民主"过度"的悖论

民主不足在青年思想上的反映，体现为青年在涉及自己切身利益的领域没有发言权。无论是升学还是就业，或者是单位的工资、福利分配，青年无法表达和保障自己的权益。虽然青年可以用批评的方式表达对官僚主义的不满，但是这种批评对解决青年发展困境没有直接的效果。孙镁耀、刘书林在《选举工作手册》一书中提出社会主义国家选举制存在"彻底的民主理论和不足的民主实践"之间的矛盾，表现在："在十年动乱中，没有什么选举、民主制度。选举中不仅由领导部门提出候选人，而且投票也是等额的。这实际上就等于取消了民主选举。各地还采用所谓'群众专政'、'办学习班'等名堂，非法剥夺人的人身自由和基本权利，弄得冤狱遍及国中。"② 民主不足既有历史的原因，也有现实的因素。从历史的角度看，中国缺乏民主的传统。毛泽东认为："由于我们的国家是一个小生产的家长制占优势的国家，又在全国范围内至今还没有民主生活，这种情况反映到我们党内，就产生了民主生活不足的现象。"③ 现实中高度集中的社会管

---

① 刘小萌：《中国知青史：大潮（1966~1980 年）》，当代中国出版社，2008，第 218 页。
② 孙镁耀、刘书林：《选举工作手册》，哈尔滨出版社，1989，第 18 页。
③ 《毛泽东选集》第二卷，人民出版社，1991，第 529 页。

理体制，滋生了权力过分集中和个人崇拜现象，导致民主不足。

民主"过度"集中在政治领域，尤其是荒谬的"夺权"。许多青年认为"四大""夺权"是根据巴黎公社的原则，改善无产阶级专政的有效途径。"四大""夺权"等大民主的形式使青年错误地认为民主是无限制无边界的，青年可以批判一切、怀疑一切，也可以任意剥夺师长、领导的人身自由；青年可以随意创立新的组织形式，夺取政治权力，并对其他的团体党同伐异。民主似乎无处不在，无所不能。在民主的口号下任何个人的需求都被湮没，青年机械地按照政治正确的原则批判、塑造和改变世界。在共产党执政的情况下，希望打碎现有的国家机器以实现组织的革新是荒谬的，"伪"民主的泛滥造成社会主义民主建设的严重挫折和损失。

民主不足与民主"过度"的矛盾导致青年参与意识的内在分裂，多年来青年对民主的认识是国家权力保障下的个人权利，而现实的情景是权力的运行与个人权利没有直接相关，在长远利益的口号下，个人利益被合理地牺牲了。权力意识的膨胀和权利意识的萎缩，是这一时期青年民主意识和参与意识发展矛盾性的体现。

小　结

本章的写作回应学术研究领域的一个缺憾，对 1949 年至 1977 年青年是否有过自主的参与意识，青年的参与意识又是如何发展等问题，研究者鲜有人涉及。一些学者忽略或有意避开的理由之一，是认为这一阶段青年主要在党的领导下"动员式参与"，并未产生自主的参与意识。而本书认为这一时期青年产生了参与意识，新中国青年参与意识与以往多元复杂的参与意识最大的不同在于其指导思想是马克思主义。青年是新制度的直接受益者，他们拥有了参与经济、社会管理的权利，决定自己婚姻选择的自由等，国家为青年民主权利的实现提供了强力的制度保障和经济支持。从"反右"到"文革"，在艰难的探索中党有过严重的失误，但以毛泽东为代表的第一代领导人对民主的追求是真诚的，实践中的偏差不应该被漠视和嘲讽。这一时期的民主建设并非乏善可陈，青年参与意识有深化也有偏差，一些思想上的困惑没来得及认真解决，为后来产生偏离留下巨大的隐患。本章的主要观点如下。

（1）1949～1977 年，通过制度保障和启发自觉，青年产生了与马克思主义民主观相匹配的参与意识。青年对民主制度建构的认同感强，对自己的主人翁地位有清晰的认识。青年在执政党的引导下开始民主实践，争取自己的民主权利。国家民主建设的主要内容决定青年参与意识发展的重点、路径等。

（2）在两个阶段中，青年参与意识发展的重点各有侧重。1949~1956年侧重于民主理念的革命性变革，青年民主实践多为国家层面的选举参与；1957~1977年侧重于民主手段性的认识，青年民主实践更多地表现为个人生活场域的民主参与。

（3）这一时期青年参与意识发展的动力主要来自对社会主义制度的认同，这种认同产生的基础是青年对长远利益的期待。第二阶段由于党的指导思想出现偏差，这种认同有弱化的趋势。总体上，青年对民主制度建构的认识比较清晰，在政治压力下争取民主权利的成效不大。权力意识和权利意识发展不平衡的特征比较明显。

（4）综观改革前青年参与意识发展，基本上处于比较封闭的环境中，其影响因素主要是党的政策和宏观的政治环境。在第一阶段，青年参与意识发展的参照系是新旧社会对比，"以苏为师"；第二阶段，由于中苏交恶，苏联更多成为反对特权、防止资本主义复辟的反面教材。

第三章
偏离的震荡与理性的磨合

改革开放以后，中国的民主建设进入一个新时期。国门乍开，西方思潮的大量涌入使青年面临很大的不适应，青年参与意识的发展出现了一些偏差，但很快回到了正轨。伴随民主制度的进一步完善，青年参与意识发展也更加理性。

第一节　偏离的震荡

"文化大革命"给党和国家造成了严重的创伤，乱了制度、乱了人心。反思"文革"的起因，民主建设不到位是重要的原因。《关于建国以来党的若干历史问题的决议》指出："逐步建设高度民主的社会主义政治制度，是社会主义革命的根本任务之一。建国以来没有重视这一任务，成了'文化大革命'得以发生的一个重要条件，这是一个沉痛教训。"十一届三中全会的召开拉开了中国改革开放的序幕，1978～1989 年，改革逐渐深入政治、经济、文化等各个领域。在这一时期，民主的制度化、法律化受到高度的重视，"西风东渐"对青年群体有很深的影响，青年参与意识发展出现了偏离的震荡。

一　背景："第二次革命"

1978 年改革启动之际，国家仍然以制度化的方式掌握和支配资源，如生活必需品的票证供给制、国家统包统配的劳动人事制度、企业全包的社会福利制度、免费分配的住房制度等。这种权力主导型的青年发展路径以青年对权力的全面依赖为特征，彼德·布劳把权力依赖形成的条件归结为四点：①对方拥有满足自己需要的资源，而自己不拥有对方必需的资源；②自己无法从其他地方获取这些资源，而对方可以从多个地方获取所需要的资源；③自己无法放弃这些需要；④自己无法用强力迫使对方提供这些资源。①

（一）改革开放后青年发展模式调整

1978~1989年的改革过程中，国家掌握资源并通过行政权力分配的方式积极为青年发展提供必要的资源、实现个人价值的条件、进入社会结构的途径和政治参与的机会。

首先，国家政策调整和经济体制改革为青年发展提供必要的资源。邓小平提出优先发展教育、提高全民族的科学文化水平等一系列重要论断，促进了教育事业的大发展。1977年底恢复高考，1978年恢复研究生招生制度，1978年创办广播电视大学，1979年12月国务院批准颁布了《工程技术干部技术职称暂行规定》，1981年实行全国高等教育自学考试制度。1985年《中共中央关于教育体制改革的决定》提出实施九年义务教育制度，大力发展职业技术教育，扩大学校的办学自主权，改革高校招生和毕业分配制度。这一系列重大措施为青年获得更多的教育资源提供了条件，也为青年知识分子的成长创造了条件。同时，国家采取各种措施促进青年就业，1978年到1989年，我国始终处于劳动力资源供大于求的状态，知青大返城和新增劳动人口的就业压力"双峰叠加"使青年就业形势严峻。各级党委和政府把安置待业青年作为严肃的政治任务，一方面采取内招、顶替、下达指令性指标硬摊派的方式保障青年就业，另一方面采取劳动部门介绍就业、自愿组织就业和自谋职业相结合的就业政策，鼓励青年自己创造就业机会，解决就业难题。1986年之前，实行劳动合同制的工人只有350万，占全国工人总数的5%左右。②1986年国务院启动劳动制度改革，重点是用工、招工制度改革。改革要求国营企业对新招收的工人实行劳动合同制，取消退休工人"子女顶替"和内部招收职工子女的办法，实行面向社会，公开招工。劳动制度改革一方面要打破企业招工"近亲繁殖"的恶习，另一方面打破"铁饭碗"，把劳动者的物质利益与个人贡献挂起钩

---

① 〔美〕彼德·布劳：《社会生活中的交换与权力》，孙非、张黎勤译，华夏出版社，1988，第140~146页。
② 《劳动制度的重大改革》，《人民日报》1986年9月10日，第1版。

来，把劳动者的职业保障与企业的命运联系起来。此外，农村土地承包制的推行和城市私营经济政策放宽，使处于底层的青年拥有更多的发展机会。

其次，国家为青年提供进入社会结构的途径和政治参与的机会。"文革"造成的人才断档使政府职能部门和其他机构急需人才，邓小平在《党和国家领导制度的改革》一文中倡议废除领导职务终身制，把大批优秀的中青年干部提拔起来。邓小平认为："一定要真正把优秀的中青年干部提拔上来，快点提拔上来。提拔干部不能太急，但是太慢了也要误现代化建设的大事。现在就已经误了不少啊！特别优秀的，要给他们搭个比较轻便的梯子，使他们越级上来。这次我们提出减少兼职过多、权力过分集中的现象，目的之一，也是为了给中青年同志腾出台阶。台阶挤得满满的，他们怎么上来？台阶有了空位又不给他们，他们怎么上来？"① 1980 年 10 月 12 日，《人民日报》社论总结现阶段选拔优秀中青年干部的标准包括：①坚持社会主义道路和党的领导，坚决执行党的路线；②具有一定的专业知识和组织领导才能；③年富力强、精力充沛。② 陈云、邓小平在不同场合极力倡导干部的革命化、年轻化、知识化、专业化问题，希望消除领导干部终身制，逐步实现干部队伍的梯级结构。党的十二大把"要求努力实现干部队伍的革命化、年轻化、知识化、专业化"写进了党章。干部要青年化，党的整体就要青年化，这样青年干部才会有大量的来源。基于现实的迫切需要，中国共产党开始更加注重在青年中发展党员，党、团组织对青年的吸纳力度在不断加强。这些措施将政治参与的机会向青年倾斜，为青年从政发展创造了条件。

最后，国家鼓励青年创新，对青年个人价值、生活方式更加宽容，使青年拥有更多的实现自己价值的条件。针对青年个体户社会评价不高的社会心理，1983 年胡耀邦发表了《怎样划分光彩和不光彩》的长篇讲话，鼓励青年人破除陈腐观念，自谋职业，从事集体和个体劳动。"凡是辛勤劳动，为国家为人民作了贡献的劳动者，都是光彩的。一切有益于国家和人民的劳动都是光荣豪迈的事业。"③ 对于青年积极追求物质财富和个人发展

---

① 《邓小平文选》第二卷，人民出版社，1994，第 324 页。

② 《正确掌握标准选好优秀中青年干部》，《人民日报》1980 年 10 月 12 日，第 1 版。

③ 赵海均：《30 年：1978～2007 中国大陆改革的个人观察》，世界知识出版社，2008，第 64 页。

的心态，国家采取更加宽容和支持的态度。1983 年青年奔赴特区，提出"时间就是金钱，效率就是生命"的口号。国家鼓励企业承包制和多劳多得，规定全民所有制工业企业招收新工人全部实行合同制，开始由国家统包统配的就业路径转向双向选择为特色的劳动就业时期。1987 年乡镇企业兴起，青年劳动力开始大规模流动到东南沿海开放地区。1979 年国家恢复外派留学人员，而 1987 年掀起的自费留学高潮使青年有一种新的人生选择。1987～1991 年有大约 17 万青年奔赴世界各地留学，其中公派生 17668 人，其余都是自费生。① 这些观念的更新为青年发挥创造性和实现个人价值提供了良好的条件。

（二）青年参与改革但对改革出现的问题不满

青年是"文革"最大的受害者，无论在运动中扮演什么角色的青年，都没有得到他们原来追求的一切，却不得不承受学业中断对自身发展的后果。② 改革开放实现了从阶级斗争到经济建设的根本转向，符合青年的利益，获得了青年的热烈拥护。每一项改革政策的出台，都引起了强烈的社会反响，得到青年的热情呼应。恢复高考激发了"读书热"，人才断档激发了青年的"从政热"，干部年轻化、专业化激发了"文凭热"，就业政策的松动引发了"兼职热"和"跳槽热"。青年对改革有很高的热情和期待，带有鲜明的理想主义色彩。改革初期，青年发展与社会发展同向契合、相互促进。

随着改革的推进，权力主导型的青年发展路径面临两个困难：一是面对日益增长的青年发展需求，资源分配显得力不从心；二是权力本身出现寻租、腐败等现象，归结起来一个是腐败问题，一个是公平问题。③ 青年发展过程中的公平问题主要是指在社会资源总量不足的情况下，权力主导型的资源分配模式难以兼顾所有的青年群体。虽然国家采取各种途径促进青年就业，但是城镇青年失业率一直居高不下，最高的 1987 年失业青年占城镇失业人数的 85%，如图 3 - 1 所示。

单位为了完成就业任务接收很多冗员，造成机构臃肿。城镇单位的隐性失业现象很严重，农村也积聚了大量的青年隐性失业人口。改革以来，教育

---

① 赵海均：《30 年：1978～2007 年中国大陆改革的个人观察》，世界知识出版社，2008，第 194 页。

② 刘书林：《青年的最大利益是自身发展》，《北京青年政治学院学报》1999 年第 1 期。

③ 郑曙村：《中国共产党执政合法性的转型及其路径选择》，《文史哲》2005 年第 1 期。

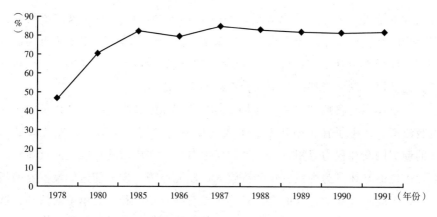

图 3 - 1　1978 ~ 1991 年城镇失业青年占城镇失业人数的比例

资料来源：本数据根据国家统计局数据整理，中华人民共和国统计局网站，http：//www. stats. gov. cn/ndsj/information/zh1/d211a。

事业快速发展，但是依然无法满足青年对教育的需求。"拿校舍来说，1965年全国高等学校的校舍容纳当时在校的 67 万余名学生已经感到紧张。可是，去年（1978 年）全国高等学校的在校生已达 85 万余人，比 1965 年增加了18 万人，而由于部分校舍被占用，至今没有全部退还，校舍总面积反而比1965 年少。这种状况与多招收学生的要求，形成了尖锐的矛盾。现在，各大学普遍感到教室不足，学生宿舍拥挤，图书、实验室不够。"① 大学生毕业分配存在许多不合理现象，主要表现为学非所用、用非所长、降格使用、人才积压等，其原因主要在于条块分割体制下毕业生分配计划存在虚、粗、繁、死的弊病。虚是国家制定的毕业生分配计划缺乏科学性和真实性，粗是不够细致，繁是程序烦琐，死是计划统得过死，缺乏灵活性。② 收入低、住房紧张、缺乏必要的劳动训练、缺乏受教育的机会等实际问题始终困扰着青年，而经济发展缓慢、通货膨胀压力和 1988 年"价格闯关"失败加剧了青年面临的实际生活困难。国家权力主导下的升学制度和就业制度，使中国社会产生了相当数量的"低层次青少年层"，他们具有四个特征：①文化水平低；②道德水准差；③社会化发展有缺陷；④对社会的发展缺乏适应能力。③ "低

---

① 《把今年的高校招生工作抓细、抓好》，《人民日报》1979 年 5 月 17 日，第 1 版。

② 杨瑞敏：《大学毕业生分配使用不合理状况亟待改变》，《中国青年报》1984 年 3 月 17 日，第 1 版。

③ 邵道生：《科学地分析 80 年代的中国青年问题——对〈对〈青年问题的制度背景〉一文剖析与批评〉的反批评》，《社会学研究》1992 年第 4 期。

层次青少年层"无法获得必要的教育、就业等必需的发展资源，产生了许多社会问题，如失业、吸毒、卖淫、童工、青少年犯罪等。就整个青年群体而言，社会资源总量不足与青年发展需求旺盛的矛盾始终非常尖锐，很多青年利益受损、发展受挫，产生社会不公的感受。

以权谋私和腐败现象进一步阻碍了青年发展。1985年正式实施价格双轨制改革，产生了在价格双轨制下大发横财的"官倒"现象，助长计划内外的倒买倒卖和权力寻租行为，导致腐败蔓延。在国家统包统配的就业模式下，单位的好坏成为衡量青年经济收入、职业声望、发展前途的最重要的指标。青年既没有职业选择的自主权，也没有随意脱离和退出单位的权利，这种刚性就业体制为一部分人以权谋私提供了方便。即使是为了谋求个人私利，也可以冠之以服从党和国家的需要这一权威性的名义。劳动就业中出现"近亲繁殖"现象，有民谚如此概括："父子室、夫妻科，外甥打水舅舅喝，孙子开车爷爷坐，亲家办公桌对桌。"这种"近亲繁殖"形成盘根错节的社会关系，成为徇私舞弊、权钱交易、裙带关系等腐败现象的社会根源。① 1985年国家不再包分配，由学校和社会挂钩，大学生和用人单位供需见面，双向选择。但在缺乏公平竞争机制和强有力的监督机制，缺乏人事制度等配套改革措施的情况下，双向选择演变为"关系"大战，成为走后门、找关系的挡箭牌，加剧了社会腐败的现象。

公平问题和腐败现象的蔓延影响青年对改革的评价和对改革的参与。青年从理想化的激情参与转向困惑、不满和反叛，从对个人生活和社会现象的不满转向对社会制度的冲击。权力主导型青年发展路径的一大缺陷是忽视和抑制青年的自主性，青年在资源分配、机会获取和政治参与上没有发言权，只能被动依赖。以青年就业为例，在岗位供不应求的年代，青年就业表现为典型的"饥不择食"，从顶替到多渠道就业，到合同工制，到优化组合。这些制度改革的本意在保障青年基本均质生活的基础上，最大限度地调动劳动者的积极性。但是这些措施没有考虑青年对工作是否有兴趣、能否发挥个人特长和实现人生目标，青年不适应不满意的情绪逐渐流露。这种忽视青年自主性的发展方式造成青年的矛盾心理，"他们对现存体制既不满又依恋其保护惰性的功能，对现代化制度既憧憬又不适应其逼迫个体不懈努力的特性，对制度变革过程既渴求又

---

① 佚名：《企业用工的近亲繁殖》，《中国青年报》1990年9月11日，第1版。

不知所措"①。青年依恋国家权力的强大保护功能，"一国营，二集体，不三不四干个体"的就业观念短期内难以消除，直到1991年，中国的就业结构显示国有单位和集体单位依然占据绝对的优势。如图3－2所示。

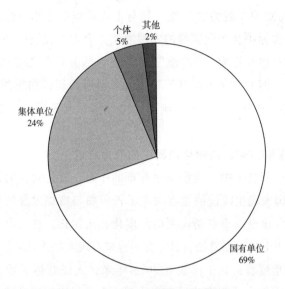

图3－2　1991年城镇就业人员分布

资料来源：根据国家统计局数据整理，中华人民共和国统计局网站，http：//www.stats. gov. cn/tjsj/ndsj/2007/indexch. htm。

随着经济、政治的波动，改革矛盾尖锐化、明朗化，青年也陷入前所未有的迷惘和矛盾境地，不明朗的前途使青年有起伏不安的情绪，盲目乐观与困惑悲观交替出现。急剧的社会变革、外来文化的冲击、经济过热、社会错误思潮、社会情绪聚焦使青年把对具体问题的不满演变为对社会制度的冲击，青年发展的主观维度演变为反叛、对立，体现为浮躁与冲动，进而由此起彼伏的学潮发展为1989年春夏之交的政治风波。青年发展与社会发展的摩擦与对立凸显国家权力直接控制的困境，正如邓小平说的"政府管了很多管不好，不该管的事情"。在改革的进程中，权力主导型的青年发展路径日益显现出不适应性，变革的时机已经来临。

---

① 谭建光：《青年问题研究的多重视野——兼与陆建华同志、邵道生同志商榷》，《社会学研究》1993年第2期。

二 内容："显流"与"潜流"

改革开放的进程促进了中国的经济发展，青年对国家民主建设的期待也随之高涨。在青年参与意识发展过程中，出现相互矛盾的"显流"与"潜流"，青年参与意识发展的"显流"是与主流意识形态相契合，认同社会主义民主，支持和拥护共产党领导的发展潮流，表现为在制度的框架内积极参与民主建设的思想和行为。"潜流"则表现为部分青年深受西方思潮影响，试图在中国建立西方式民主制度等与主流意识形态相悖的思想与言论。"显流"与"潜流"相互交织、冲突碰撞，使青年参与意识发展呈现多元对立状态。

（一）民主制度化、法律化进程中的权力意识

改革开放也开启了中国政治体制改革的序幕，青年对权力建构的改革完善充满期待，国家民主建设的重点决定了青年参与意识发展的重点。1978年以后，中国民主建设的重点是民主的制度化、法律化，这一民主发展的思路一方面来自对历史的深刻总结，另一方面也来自现实经济社会发展的需要。

从历史的角度看，新中国成立30多年来，人民获得了较为平等的社会地位，人民当家做主的制度建设基本成型，但是民主制度的建设还存在许多不完善之处。从大的历史视野来看，黄仁宇认为："今后中国的重要课题是如何在高低层结构中建立法制性的联系，使整体发展走向合理化。"① 邓小平反思"文革"的悲剧时提出："我们过去发生的各种错误，固然与某些领导人的思想、作风有关，但是组织制度、工作制度方面的问题更重要。这些方面的制度好可以使坏人无法任意横行，制度不好可以使好人无法充分做好事，甚至会走向反面。"② 邓小平认为官僚主义的产生不仅是因为官员个人的道德问题，也是社会管理体制存在弊端所致。邓小平指出（官僚主义）"同我们长期认为社会主义制度和计划管理制度必须对经济、政治、文化、社会都实行中央高度集权的管理体制有密切关系。……这可以说是目前我们所特有的官僚主义的一个总的病根。官僚主义的另一个病根是，我们的党政机构以及各种企业、事业领导机构中，长期缺少严格的从上而下的行政法规和个人负责制，缺少对于每个机关乃至每个人的职责权限的严格明确的规

---

① 黄仁宇：《中国大历史》，三联书店，1997，第281页。
② 《邓小平文选》第二卷，人民出版社，1994，第333页。

定，以至事无大小，往往无章可循，绝大多数人往往不能独立负责地处理他所应当处理的问题，只好成天忙于请示报告，批转文件"①，官僚主义等问题存在的病根主要在于制度不完善，相应的解决方法就应当用完善的制度来严格规范党员干部的行为。因此，要克服形形色色的官僚主义现象、权力过分集中现象、家长制现象、特权现象，必须从制度入手。在民主建设中，制度建设更具有根本性、全局性、稳定性和长期性。"为了保障人民民主，必须加强法制。必须使民主制度化、法律化，使这种制度和法律不因领导人的改变而改变，不因领导人的看法和注意力的改变而改变。"②

民主制度化、法律化的现实需要来自复杂利益矛盾的处理。改革开放后，民主建设遇到日益明显的社会利益分层的挑战。"这种挑战的复杂性来自两类矛盾的交叉、两种趋势的交织：一是一部分当权者逐步形成的既得利益，使其原有的理想信念日益淡薄，而对现行的社会主义基本制度心怀不满，大卫·科兹称之为'物质利益纽带断裂'。另一是广大群众虽然还愿意保持革命时期的精神状态，但是对物质利益诉求日益强烈，不断改善生活和调动积极性的内在关联日益明显。"③ 第一类矛盾处理不好容易出现特权阶层，毛泽东担心的资产阶级复辟式的"来自上层的革命"将不是危言耸听；第二类矛盾处理不好党会失去人民的信任，意味着执政党领导地位的丧失。这两类矛盾相互交织、相辅相成，满足人民的利益诉求要大力发展生产力，也要反对官僚特权，实现财富的公平分配。正确处理两类矛盾需要加强社会主义民主建设，一是加强对干部的民主监督，二是有效回应人民对利益的需求。历史经验证明，群众运动式的干部监督于事无补，要通过民主的制度化、法律化，树立宪法和法律的权威来处理社会生活的各种矛盾。

首先，通过修订宪法、制定法律规范来保障社会主义民主。民主的制度化、法律化就是把民主的本质、民主的实现、民主的保障、民主的关系等以规则、法律的方式固定下来、运转起来，使民主稳定化、规则化。1979 年11 月召开的第五届全国人民代表大会常务委员会第十二次会议，通过了《关于建国以来制定的法律、法令效力问题的决议》。建国初期颁布的与民主建设密切相关的法律法规重新生效，如《城市街道办事处组织条例》《城

①　《邓小平文选》第二卷，人民出版社，1994，第 328 页。
②　《邓小平文选》第二卷，人民出版社，1994，第 146 页。
③　侯惠勤等：《马克思主义中国化理论创新 30 年》，中国社会科学出版社，2008，第 49 页。

市居民委员会组织条例》《人民调解委员会暂行组织通则》《治安保卫委员会暂行组织条例》等。1982 年 12 月 4 日通过的第四部宪法明确规定："全国各族人民和一切组织，都必须以宪法为根本的活动准则，任何组织和个人都不得有超越宪法和法律的特权。"宪法成为社会生活的最高权威。此后，一系列法律法规的出台使民主有了更坚实的法律保障，如 1988 年通过了《村民委员会组织法（试行）》，1989 年通过了《城市居民委员会组织法》，中国的基层民主实践进入制度化的轨道。

其次，民主制度化、法律化体现在理顺党和国家的领导体制上。理顺国家领导体制，推动人民代表大会制度化是首选。这一时期完善人民代表大会制度的措施包括：扩大全国人大常委会的职权，人大代表的直接选举扩大到县一级，实现差额选举，在选举国家领导人和表决重要法律时采用无记名投票等。同时，理顺国家领导体制要规范党政关系，1980 年邓小平在《党和国家领导制度的改革》中提出要解决权力过分集中、党政不分、以党代政的问题。1982 年党的十二大通过新《党章》，强调恢复和健全党的集体领导制度和民主集中制，明确规定党必须在宪法和法律的范围内活动。

最后，民主制度化、法律化体现在干部管理和监督的制度化。要健全干部的任用和退休制度，邓小平认为："关键是要健全干部的选举、招考、任免、考核、弹劾、轮换制度，对各级各类领导干部（包括选举产生、委任和聘用的）职务的任期，以及离休、退休，要按照不同情况，作出适当的、明确的规定。任何领导干部的任职都不能是无限期的。"① 随后，党中央、国务院先后颁布了《关于建立老干部退休制度的决定》《关于老干部离职休养制度的几项规定》，对老干部的离退休年龄界限做了规定，取消事实上存在的领导职务终身制。同时，加强干部的管理和监督，使体制内的监管和社会舆论的公开监督有机结合，以制度化的监督制约权力。民主监督的重点在于如何保证干部手中的权力用于为人民谋利益，革命者自身的利益问题必须以制度化的方式解决。通过思想建设和制度建设密切配合、制度监管和舆论监督双管齐下的方式才能真正监督好手握权力的人。中纪委在"文革"后迅速恢复，1982 年开始改变过去由同级党委领导的体制，实行双重领导体制。1983 年国家审计署成立，随后县级以上行政单位成立审计机关。1986 年开始重新组建监察部，这些制度化的措施强化了党政机关的自我

---

① 《邓小平文选》第二卷，人民出版社，1994，第 331～332 页。

清洁能力。

民主制度化、法律化反映了社会主义民主建设从依靠群众运动到依靠制度建设的思路转变，对中国接下来的民主建设影响巨大。国家民主建设思路的重大转向和民主制度的完善影响青年对权力的认识，这一时期青年参与意识发展也把民主和制度紧密连接起来，对政治体制改革的期望值很高。

（二）"显流"与"潜流"交织的权利意识

中国开启民主制度化、法律化进程后，青年结合"文革"的教训，一个争取民主权利的浪潮开始高涨。青年议论的重点是争取政治权利的民主化，重新定位个人与社会的关系。在青年中影响很大的"潘晓讨论"反映了一代青年对个人权利的呼吁。面对青年权利意识的高涨，执政党意识到民主对于社会主义建设的重要意义，开始了自上而下的民主制度化的改革进程。与此同时，社会的底层也涌现出一股自下而上的要求民主改革的力量，这两种力量对于中国民主前景的设想不同。执政党民主制度化的宗旨是使政治体制内的民主因素完善起来，并使其有效运转起来，如集体领导制、民主集中制；而另一种民主改革的诉求是彻底改变国家的民主制度，实行三权分立和多党制的制度架构。两种不同的力量在"西风东渐"、利益分化的大背景下进行激烈的斗争，二者在对待社会主义民主的态度、民主参与方式、解决社会问题的对策上都存在明显的差别。这种斗争反映在思想意识领域就表现为不同立场、不同观点的对立。受此影响，青年对民主制度建设、个人权利行使等问题的认识出现分化，以是否认同社会主义民主为标志，青年参与意识发展的路径表现为"显流"与"潜流"。

"显流"表现为青年认同党和政府加强制度建设，在制度框架内通过制度化、法律化发展与完善民主的意识。国家在制度层面为青年民主参与创造了条件，农村基层民主选举使青年农民参与民主管理成为可能；工厂实行民主改革，推广和完善职工代表大会或职工代表会议制度。邓小平在工会九大的致辞，提出今后车间主任、工段长、班组长都要由群众民主选举产生，这对青年是极大的鼓舞。共青团的建设更加强调培养青年的民主意识、民主观念、民主习惯。《中国青年报》的文章指出："培养民主意识、民主习惯是时代向这一代中国青年提出的迫切要求。因此，在新的历史时期，共青团应该成为广大青年学习社会主义民主的学校。……共青团可以在自己的组织内，培养青年学会通过正当的民主渠道来反映自己的要求。……共青团可以在自己的组织内，通过实行真正的民主选举，来培养青年的民主意识。"① 学校也强调吸纳学生参与校园的民主管理，当时的国家教委副主任何东昌认为，大学生的社会主义民主意识、民主习惯，应该在学校中受到熏陶和培养，不是靠上课，而是主要通过实践。"要支持学生会发挥在学校民主管理中的重要作用。"② 当时许多高校支持学生参与校园的民主管理，如南开大学校园民主建设的成果之一是："现在，每一个食堂都有学生的兼职管理员，每一个学生宿舍都有学生的楼长、层长、宿舍长。"③在党大力提倡民主并实践民主的大环境下，青年积极参与各种层次的民主实践，培养自己的参与意识。在以经济建设为中心的战略目标中，实现四个现代化是最大的政治，对青年而言，集中精力学习、工作，做现代化建设的后备力量，也是一种间接的民主参与方式。改革开放以后，青年参与意识发展的"显流"表现为青年参加政治、经济建设的责任感和使命感，在制度化的渠道中表达意见、参与政治，成为现代化建设的中坚力量。

青年参与意识发展的"潜流"是与主流意识形态相悖的思想与言论。一部分大字报和地下刊物推崇西方民主，这股思潮和现实的反腐败要求交织缠绕，对许多涉世不深的青年产生不良影响。

"潜流"很快从地下到了地上，一些知识分子明目张胆在各种场合宣扬抽象的人的价值和人道主义，宣扬所谓的社会主义社会"异化论"，宣扬资产阶级自由民主、个性解放、个人奋斗等。

在这些极端思潮的冲击下，青年的参与意识开始偏离轨道。青年参与意识发展的"潜流"因为教育的失误演变成为汹涌的洪涛，对中国民主建设造成了很大的影响。

（三）西方民主滥觞的参照系

改革开放对青年参与意识发展最直接的影响是西方思想的大量涌入，很快，青年对西方物质文明的羡慕转化为对西方政治制度的崇拜。这一时期青年衡量民主制度优劣、品评民主权利有无的参照系是西方议会制民主。青年对西方民主的崇拜在内外夹攻的状态下，不断从高层知识分子向底层青年扩散。

从外部因素看，"民主"是一些国家向外推销价值观，进行意识形态渗

---

① 佚名：《共青团应成为青年学习社会主义民主的学校》，《中国青年报》1986 年 8 月 13 日，第 1 版。
② 佚名：《学生的民主习惯和意识主要靠实践培养》，《中国青年报》1986 年 8 月 14 日，第 1 版。
③ 佚名：《南开大学大力建设校园民主》，《中国青年报》1986 年 10 月 21 日，第 1 版。

透的主要工具。"二战"后，为了遏制共产主义制度在第三世界国家的蔓延，美国艾森豪威尔政府采取战争之外的所有手段，宣传资本主义的意识形态和生活方式，其目的是使"越来越多的国家意识到民主制度的好处"。当时的美国国务卿杜勒斯在《新外交政策》一书中提出"和平演变战略"，要以青年为主要争取对象，促使社会主义国家内部和平演变。从总体上看，西方20世纪50年代开始的和平演变战略，对处于相对封闭、独立发展系统中的中国青年的影响甚微，但是改革开放后"西风东渐"，西方的许多思想对青年的影响日渐深远。

80年代以后，东西方关系从紧张趋向缓和，不同社会制度国家之间的交往不断扩大。中国国门开放后，展现在青年面前的是一个经济发达的资本主义社会，而这些经济的成功被刻意包装成为政治民主的奇迹，这对渴望国家富强的青年很有诱惑力。房宁指出，"美国向中国推销的民主有三项内容：①民主崛起论，西方的现代化理论把市场化、民主化、世俗化作为主要的三大因素。把民主作为经济发达的前提条件。②选举民主论，把是否举行竞争性选举作为衡量一个国家是否民主、一个政权是否具有合法性的基本尺度。③自由民主论，把言论自由视为民主政治的主要特征，要把推行言论自由作为打破各种所谓'专制国家'的突破口"①。与此同时，西方一些国家强势的意识形态渗透对青年产生腐蚀性的影响。1977年，卡特总统推行人权外交，强调美国致力于维护并扩大其他国家人民的人权。卡特时期，中美正式建交，美国人权外交战略对中国青年的影响巨大。1980年，里根入主白宫，他提出要把"自由"的种子播撒到铁幕中去，要培养共产党国家内部的"民主战士"，尤其是要挑起青年对社会主义制度的抵抗情绪。为此美国国会拨出巨款建立基金会和广播电台、出版书籍杂志、扶持"民主斗士"，向社会主义国家的青年灌输西方的民主神话。

从国内因素看，在一个文化和思想极度匮乏的时代走过来的青年，面对突如其来的西方文化思潮表现出极大的不适应性。1979年香港出版的期刊《七十年代》3月号，刊登了李玉华的一篇文章。作者在美国生活了30多年，关心中国青年怎样看美国的问题。"我们担心和外界隔绝了三十年的中国人如何应付外间的这个光怪陆离的世界。老一辈的、受过欧美教育的中国人也会有困难了解现今的欧美；解放后生长的中国人，没有亲身经受过他们

---

① 房宁：《民主政治十论》，中国社会科学出版社，2007，第66~67页。

父母辈所熟知的外来压力，再加上在文化大革命中受了些挫折，难免不会对外面的优裕生活、思想和生活上的自由有所憧憬，或者因为自身的不满而夸大别人的优点。"文章特别指出："严重的是不要中了西方时髦文明的毒害，要谨慎的鉴别流行在新闻媒介里的观念和道德，更不要图感官之畅快而被好莱坞式的美国生活写照所诱惑。"① 遗憾的是，许多青年还是或多或少中了"西方文明的毒"。

三 特点：忧患中的激情

历经磨难的一代人告别了青年时代，但是他们的狂热和迷惘渗入社会生活的方方面面。曾经只有旁观资格的一代人步入青年的行列，弥漫于社会的失落、怀疑情绪左右了他们的思想、情感、选择和行为，促使伤痕文学、诗歌等的兴起。国门初开的不适应加上强烈的使命感，使青年对中国未来的发展充满强烈的忧患意识，矫枉过正的"修复"变成对西方民主的盲目崇拜。改革摸索阶段理论建设的滞后性，使这种忧患意识未能得到有效引导，基于爱国的忧患意识和青年并不成熟的思想行为相结合，形成了这一时期青年参与意识发展鲜明的特色——忧患中的激情。

（一）体制转变中的认同危机

改革使中国处于急剧的变动中，中国要发展，要现代化是共识，但什么是现代化？中国如何实现现代化？如何看待改革前的历史？是一团漆黑还是成就为主？如何看待改革？改革是社会主义制度的自我完善，还是资本主义私有化？如何看待中国未来的民主建设？是坚持人民民主还是学习西方？知识界在一些重大问题的看法上出现了尖锐的对立，并激烈交锋，他们对青年的争夺和影响使一代青年的思想意识处于不同思想碰撞的旋涡中。青年对国家发展的忧患意识是真诚的，一部分青年把忧患意识落实为学习、实践、报国的强烈的使命感和责任感。清华大学的学生喊出"从我做起，从现在做起"的口号，北京大学的学生也提出"团结起来，振兴中华"。大学生参与社会实践、研读马克思主义经典，毕业分配"好儿女志在四方"，主动选择建设边疆的道路……许多青年表现出与祖国同呼吸、共命运的强烈的爱国主义情怀。但是另一部分青年的忧患意识经历了迷惘—困惑—怀疑—颠覆的发展路径，青年的民主诉求与社会主义制度之间一度出现裂痕，在盲目崇拜西

---

① 佚名：《不要中了时髦文明的毒》，《中国青年报》1979年3月24日，第2版。

方的同时滋长的是民族自卑感和挫折心理。青年强烈的危机感、忧患意识以极端的方式表现出来，对民主的渴求成为具有批判性的激进主张，对传统文化、社会制度的反思与批判超出理论的界限，变成现实的政治力量。对社会主义产生了认同危机，表现在：①在历史评价方面，道德反省代替了政治反省；②在现实困难方面，危言耸听的情感渲染代替了客观理性分析；③在未来民主发展设计方面，理想化的一边倒拥抱西方文明代替了自我探索和自我完善的努力。

对历史的反思是忧患意识的一种表现。一部分青年以道德反省代替政治反思来评价历史，其结果是对社会主义历史的虚无主义评价。侯惠勤认为："道德反省使用的是人性善恶尺度，而政治反省则是政治原则尺度；道德反省着眼于个人与个人之间的恩怨是非，政治反省则着眼于阶级与阶级、个人与集体的政治是非；道德反省是以独善其身、自我拯救为目的，而政治反省则以特定历史使命和政治目标的实现为目的。"[1] 在激烈的外部冲击下匆忙的"内省式"解剖很容易模糊政治界限，攻击社会主义制度存在的历史正当性，是青年认同危机产生的根源之一。

青年的忧患意识还表现为对中国面临现实困难的判断。客观上摸着石头过河的经济体制改革出现了困难，尤其是严重的通货膨胀损害了青年的切身利益。在一些媒体的渲染下，改革的困难被夸大为"民族存亡的生死关头"。青年激烈地争辩当前的民族生存危机，在社会主义和资本主义的竞争比分落后的情况下，重新思考中国为什么落后？社会主义到底有没有生命力？刻意渲染的悲情凸显了一代青年对国家、民族发展的忧患意识，但是这种不成熟的激情被引导为对社会制度的攻击。

青年对西方经济、文化冲击的反应是复杂的，他们渴望民主、自由，渴望国家繁荣富强。长期正面教育下形成的对中国的制度、中国的传统的优越感在来势凶猛的西方大潮面前迅速褪色，青年有着一股夹杂着自卑与自豪、忧患与激进的情绪，渴望快速摆脱落后局面，把失去的时间夺回来。青年本身特有的浮躁情绪、易冲动、理想化的特性是青年参与意识出现偏差的个体原因。从另一个角度看，一些激进知识分子偏激的引导，无疑起了推波助澜的作用。

---

① 侯惠勤：《历史反思中的一大误区——关于"政治屠杀"的神话及"忏悔"透析》，《南京社会科学》2001年第4期。

（二）民主建设中的高期望值

这一时期总体上看是总结教训、纠偏补正、探索新路的时期，邓小平指出："在民主的实践方面，我们过去作得不够，并且犯过错误……现在我们已经坚决纠正了过去的错误，并且采取各种措施继续努力扩大党内民主和人民民主，没有民主就没有社会主义，就没有社会主义的现代化。"[①] 在总结经验的过程中，国内各阶层对民主都寄予厚望，尤其是青年知识分子阶层对中国的落后倍感焦虑。知识分子在这一时期获得解放和信任，他们渴望推进理想中的社会建设，相比工人、农民阶层而言，知识分子对民主改革的期望值更高。在不同年龄群体中，青年在新知识及新思潮的刺激下，对民主改革表现得更为积极和激进，二者的交集是青年知识分子对民主的期望值高，一些青年知识分子、大学生是民主发展最大的推动力量。青年对民主的期望值过高，即对民主本身的价值和民主实现的可能性估计过高，表现在高层、高速、高效三个方面。

高层是指青年的民主实践力图直接参与最高决策和影响国家的大政方针。青年关注国家的前途和命运，虽然客观的社会结构限制青年直接参与国家级的政治事务，青年的政治参与多表现为直接而具体的生产、生活场域，如学校、工厂等，但是青年参与意识的总体指向上还是宏大的国家发展、民族前途，关注的焦点是国家宏观层面的权力体系建构。青年民主权利的行使也直指权力，罢课、学潮、游行向政府施压，但较少在小范围内、基层层次参与和适应民主。青年的民主诉求与个人的利益没有直接的关系，更多的是理想化的社会设计，是对社会危机感的激烈反应。部分青年对民主建设的艰巨性认识不足，似乎高层的权力架构符合民主的标准就能给全社会带来民主。

高速是指青年期望政治体制改革在短期内立竿见影，对民主建设的长期性认识不足。民主是上层建筑的一种，其运行需要许多因素的配合，如法制、权威的形成，公民思想的培育。民主作为一种社会制度，需要在长期的实践中摸索完善，民主作为一种观念和价值更需要长期的培育和发展，不可能雷厉风行、立竿见影。这一时期青年对民主的理解比较笼统和肤浅，他们向往民主主要是对所谓的"专制"不满，青年把中国尽快崛起的希望都寄托于政治体制改革，期待一步到位的民主改革解决中国社会存在的诸多问题。青年对民主实现的可能性估计过高，忽视民主实现的限制性因素。

---

① 《邓小平文选》第二卷，人民出版社，1994，第168页。

高效是指民主被赋予玫瑰色的理想化色彩，似乎解决当前存在的官倒、特权、腐败、分配不公、社会秩序混乱的积弊，只要民主一到马上能一扫而光。改革形成明显的利益分化，青年的诉求是落实政治民主和实行法制，"即要求以民主的方式对社会利益重组过程实行监督并保障改革过程的公正性"[①]。青年要求在民主和公正的基础上改革，遏制官僚集团以权谋私、城乡差距扩大等新的社会矛盾，而现有的决策体制不能有效接纳人民的需求。1986 年 7 月，万里在全国软科学研究工作座谈会上谈到要在决策过程中"采用民主和科学的方法"，"我们至今仍然没有建立起一整套严格的决策制度和决策程序，没有完善的决策支持系统、咨询系统、评价系统、监督系统和反馈系统"。恰在此时，西方式民主被描绘为抵制腐败的良药，是公平的利益博弈机制，这种论调使青年产生了一种只要实行西方式民主就能解决问题，而且是能很快解决问题的假象。杨清（刘书林）认为："这个时期出现的青年学生参与的'民主运动'，最终都导致了与政府的对立和冲突。这里除了青年中存在的极端思潮、接受西方引导的原因之外，也包含着他们对现实中某些决策过程不够民主的反弹。这里反映的是人民群众民主参与的权利要求与执政党决策高度集中、缺少民主渠道的一种矛盾。"[②] 青年对民主的期待建立在国家发展落后的忧患意识上，带有明显的急躁情绪。由于阅历不足，青年争取民主的行为表现得更为激进，对民主作用的有限性、民主发展的艰巨性认识不足。

（三）教育失误下的定位偏差

邓小平说"文革"十年最大的失误是教育，尤其是对青年的思想教育。青年经历了"文革"之后的迷惘和困惑，迫切需要社会的引导和慰藉，一时间"青年导师"成为青年追捧的对象。然而"青年导师"的引导方向截然不同，一部分教育者试图以理想主义重新点燃青年的激情，但是这种靠激情支持的教育方法无法持久，也没有得到青年的真正认同。1988 年初，李燕杰等人在深圳与蛇口青年座谈，引发思想观念的冲突，这场冲突被称为"蛇口风波"。"蛇口风波"从一个侧面反映了青年教育面临的困境。另一部分"青年导师"试图通过文化批判的方式对青年进行"理性启蒙"，他们犀利的言辞和忧患的激情吸引了大量的青年。这种批判的思路以全盘否定的方

---

① 汪晖：《去政治化的政治：短 20 世纪的终结与 90 年代》，三联书店，2008，第 109 页。
② 杨清：《中共执政方式的转变与公民权利的发展》，《政治学研究》2007 年第 1 期。

式看待历史，在青年中引起了思想上的混乱。

两种思路的青年教育都未能使青年找到正确的方向，而正统的思想政治教育也存在软、懒、散等现象。邓小平批评一部分思想战线上的理论工作者和文艺工作者，很少站在党的积极的革命的立场上提高青年的认识，激发他们的热情，坚定他们的信心，而是发表错误的观点和描写阴暗、灰色的，甚至胡编乱造、歪曲革命的历史和现实的东西。对少数人的错误言行缺乏有力的批评和必要的制止措施，使青年对民主的认识出现偏差，主要是怀疑、否定社会主义民主和共产党的领导。"在革命胜利以后的顺利环境中生长起来的一代，是朝气勃勃的，但是也有弱点。这就是他们中间不少人往往把事情看得很容易，往往害怕困难，不愿吃苦耐劳，或者在改善物质条件方面提出过高过急的要求。"① 由于教育失误，青年一方面滋长了强烈的精英意识，有着指点江山舍我其谁的使命感，青年的民主参与意识高涨，这种热情溢出制度的框架成为社会的破坏性力量；另一方面青年在横向的比较过程中产生强烈的自卑感，对个人的发展感到迷惘，对国家的前途信心不足。这种自卑感和精英意识糅合在一起，形成一代青年非常矛盾的自我定位。

青年对民主的认识为政治激情所左右，有强烈的使命感和责任感。在一个鼓励创新的时代，敢闯敢冒险的青年成为各行各业的主力。在人才紧缺的年代，青年知识分子被赋予了承上启下的重任，特别是处于干部年轻化、人才断档时期的大学生，被誉为"天之骄子"，其社会地位迅速提高，青年的自我期许也随之高涨。他们自认为对中国的民主发展有清楚的认识，对西方自由民主的崇拜在新与旧的二元对立中获得了当然的合理性。

与此同时，青年大学生争取民主的过激行为遭到社会的强烈批评，学潮也造成社会对大学生的低评价。中国青年报连续发表文章批评大学生中存在的丑陋现象：《躺在汇款单上高消费》《图书馆里的"梁上君子"》《一屋不扫，何以扫天下》《慵懒散漫误终身》。1988 年第 11 期《大学生》杂志发表了《唉，"天之骄子"！》一文，激烈批评大学生的五大症状："无聊""空虚""厌学""悲观""粗野鄙俗"，引起很大的反响。② 一部分大学生认为这种批评入木三分地描绘了大学生中存在的问题，大学生总是"指责社会的过失，宽容自己的不足"。经历了残酷的高考后许多大学生满怀憧憬进

---

① 《邓小平文选》第一卷，人民出版社，1994，第 278 页。
② 文哲：《唉，"天之骄子"！》，《大学生》1988 年第 11 期。

入大学,但是缺乏竞争压力的大学生活使一部分大学生失去目标和方向,无聊、混、迷惘等心态蔓延。国家包分配的方式使大学生的学习与自身的发展没有直接关联,一些大学生眼高手低,对社会的要求比较高,但对个体的要求不高。"霹雳舞热""气功热""麻将热""经商热"此起彼伏,大学的课桌上赫然刻着:"'厌学风'浓,混一纸好学历;'麻将热'盛,捱四年苦光阴"等调侃语句。1987 年化名郎郎的大学生给《中国青年》杂志写信,反映大学生中存在的问题。1987 年北京、上海高校的一些毕业生被用人单位退回。脑体倒挂的社会大环境下知识急剧贬值,大学生厌学和退学的人增多。"据上海高教部门提供的材料表明,华东师大、上海师大、中国纺织大学、华东化院等 35 所高校,去年(1988 年)上半年退学人数就有 386 名。上海冶金专科学校去年(1988 年)有 16 名学生相继退学。"① 大学生群体因为自身的许多缺点遭到社会的批评,社会在反省这一代大学生出了什么问题。

青年自身也经历了从拯救众生的"救世主"到被社会批评的"废材"的失落感和焦灼感,感到非常的迷惘和困惑。他们认为自己出于爱国的目的,希望加快推动民主进程的目的才上街游行,而他们的行为却被全盘否定。他们"指点江山,舍我其谁"的自我期许在社会的批评声中不断崩塌。1989 年之后,青年也在不断反省自己行为的价值,思考自己在未来民主建设中的角色定位,是做批评挑剔社会的局外人还是参与民主建设的局内人?什么是实现民主理想的正确方法?学潮之后,海外学人闻迪指出:"中国需要建设性的、理性的、沉稳现实的、精明全面的思想和行动,我们亟须减少破坏性的、肤浅的、浮躁浪漫的、轻率片面的臆断和盲动。"② 这一言论在大学生中引起了很大的共鸣,也反映了许多经历过幼稚激情曲折之后青年不断成熟的参与意识。

从总体上看,这一时期青年参与意识发展表现出强烈的矛盾性和曲折性,青年参与意识呈现权力认同和权利意识双弱化的趋势。

第二节 理性的磨合

20 世纪 90 年代以来,中国推行市场经济改革,现代化进程快速推进,

---

① 梅建华:《厌学——一股席卷校园的旋风》,《大学生》1989 年第 2 期。
② 闻迪:《社会主义能够救中国》,《人民日报》1990 年 1 月 15 日,第 1 版。

信息社会改变了青年的生活和思维方式。由于社会经济成分、组织形式、物质利益多样化的趋势不断加深，贫富差距日益扩大。高校学费的提高对青年产生了普遍的压力，大学扩大招生规模也带来了大学生就业难度的增加，信息技术的广泛应用扩大了青年自由表达的空间，导致青年对自身权利要求持续增长，物质利益在青年参与意识中的作用不断凸显。青年关注的焦点从宏大的国家转向微观的个人，青年参与意识的重心从权力建构转向权利保障，青年参与意识发展总体上更为理性，即对自己的最大利益有明确的认识，并设法去实现它。

一　背景：多元冲突

（一）多元利益冲突的政治环境

苏联解体和东欧剧变之后，一些人对中国能否坚持社会主义制度存在怀疑。邓小平在同中央负责人的谈话中指出："对于国际形势，概括起来就是三句话：第一句话，冷静观察；第二句话，稳住阵脚；第三句话，沉着应付。不要急，也急不得。要冷静、冷静、再冷静，埋头实干，做好一件事，我们自己的事。"[1] "中国的社会主义是变不了的。中国肯定要沿着自己选择的社会主义道路走到底，谁也压不垮我们。只要中国不垮，世界上就有五分之一的人口在坚持社会主义，我们对社会主义的前途充满信心。"[2] 执政党以保持社会稳定促进经济发展的思路逐渐清晰，国家与社会的紧张关系开始缓解，中国要发展这一共识的形成使执政党找到了重新凝聚人心的起点。邓小平指出："中国的问题，压倒一切的是需要稳定。没有稳定的环境，什么都搞不成，已经取得的成果也会失掉。"[3] 党对青年加强社会主义教育，坚持依法治国，消除各种不稳定的因素。

在改革不断推进的过程中，中国社会日益复杂和多元，各种利益关系和社会矛盾进入多发时期，贫富差距拉大、腐败现象蔓延、弱势群体出现。个别化的具体矛盾由于得不到有效的解决不断酝酿、升级，演变成激烈的骚动、群体性事件。各种冲突激烈的"群体性事件"涉及社会的各个阶层，农民抗议低价征地，城市居民抗议暴力拆迁，工人抗议企业改制，而诸如环

---

[1]　《邓小平文选》第三卷，人民出版社，1993，第321页。

[2]　《邓小平文选》第三卷，人民出版社，1993，第320～321页。

[3]　《邓小平文选》第三卷，人民出版社，1993，第284页。

境污染、司法不公等牵涉面广泛的问题引发大众争取利益的集体行动。这些新的问题无法在传统的"敌—我"理论框架内得到解释，因为这些矛盾的指向是利益协调而不是政治对抗。其逻辑前提是对公共权力的信任，将公共权力作为可以理性沟通和平等协商的对象。但是人民对权力的公正性和有效性充满不信任，这种不信任源于利益表达渠道不畅通和权利实现的合法途径非常狭窄。如何实现多元利益主体之间的理性沟通？执政党需要在制度建构和意识养成上有新的思路，政府要从刚性的权力行使逐渐转向柔性的权利保障。在制度设置上更为开放和多元，建构多层次的"减压阀"，形成基层调节、行政仲裁、法律诉讼、举报上访等多层次的解决方式；政府要对利益分配不公正进行校正，使利益摩擦导致的社会紧张得到一定的缓解；政府要正视群体性事件出现的常态性并积极应对，形成真实、有效的社会意愿表达机制，为群体性的利益表达提供合法的途径，避免在解决冲突时的失措和无力，出现自杀、自伤、玉石俱焚等极端的方式。

多元的利益冲突对民主建设提出更高的要求，而"无利益冲突矛盾"的出现反映了社会心理的变化。"无利益冲突矛盾"是指许多参与者与事件本身没有直接的利益相关，参与就是目的，要表达的是一种长期积聚的情绪。"无直接利益相关者"参与突发性群体事件，在法不责众的匿名性参与中借机发泄，使小规模的冲突急剧升温放大，破坏性更强。"无利益冲突矛盾"一方面反映底层权利意识高涨，另一方面反映社会矛盾长期积累之后社会不满情绪的酝酿，利益受损者对政府不信、不满、不服。"无利益冲突矛盾"的大量出现反映了社会心态的失衡，人与人之间的宽容度在降低，对公权力的不信任感在加剧。《瞭望新闻周刊》用很生动的语言反映这种社会现象："现在老百姓在马路上不小心摔一跤，不是自嘲一声'倒霉'、起来拍拍灰土继续走路，而是骂'他妈的干部腐败，修的豆腐渣马路'。"①

无论是利益相关的冲突还是无利益相关的冲突，都要求社会治理模式的转变，要求执政党吸纳人民的民主诉求。目前我国公民表达民主诉求的正式途径主要是通过人大代表反映情况，但是客观上这种方式的效果有限。在正式渠道未能有效缓解社会压力的情况下，通过其他形式和途径如网络、传统媒体、公民组织、信访等渠道表达利益成为社会新的"减压阀"。2009年人

---

① 钟玉明、郭奔胜：《社会矛盾"新警号"》，《瞭望新闻周刊》2006年10月16日。

民论坛杂志社在人民论坛网、人民网、新浪网、腾讯网开展了"什么是社会最有效的'减压阀'"的问卷调查，当问及"在维护社会稳定的过程中，您认为哪方面所发挥的作用最大时，72.6%的受访者选择'减压阀'（如网络、传统媒体、公民组织、信访等渠道），仅有12.6%的受访者选择'灭火器'（如武警、公安等专政工具）。由此可见，大多数民众认可'减压阀'在维护社会稳定中所起到的重要作用"①。公众认为"减压阀"起作用主要是因为："'减压阀'在于通过强化公众知情权、表达权、参与权、监督权的制度保障，通过建立日常化的、有序的程序，使公众的诉求、公众的意见、公众的不满得以经常性地表达和释放，从而在源头上保障一种稳定的、和平的社会讨论和社会交涉模式。它将管治重心从个案性应对转向制度化预防，将管治手段从刚性对抗转向柔性合作，将管治理念从权力行使转向权利保障。……通过权利的制度化落实，公众作为公共治理主体和参与者的角色就有了保障，有序参与就可以'落地'变成实实在在的制度。"②

目前，多元的利益冲突和无直接利益矛盾形成的主要原因，在于公权力谋私利的腐败现象和社会分配不公正，并未形成利益集团分庭抗礼的局面。这一特性决定中国民主建设的路径不是形成利益集团之间的斗争，而是执政党要加强执政能力建设，加强自律、加强监督、"党要管党"。在长期的摸索中，党认识到经济发展是中国政治发展的根本性决定力量，民主建设是协调解决社会矛盾、保障社会公平正义的重要前提。民主建设必须适合中国的国情，要积极稳妥推进。1993年，时任全国政协主席的李瑞环强调，解决经济问题必须从深化改革中找出路，民主要有中国特色，符合中国的情况乃至考虑到中华民族的文化传统、道德观念、思维方式等，要积极稳妥推进，匆匆忙忙搞民主会变成"民苦"。③ 完善民主的制度建设，积极稳妥推进民主成为青年对民主理性的期待。

（二）市场经济和"全球化"的经济环境

1992年邓小平南方谈话和党的十四大之后，中国开始建立社会主义市场经济体制，物质利益取代精神激励成为社会发展的主要动力，青年有强烈

---

① 人民论坛"千人问卷"调查组：《网络PK信访：什么是最有效的"减压阀"?》，《人民论坛》2009年第8期。

② 人民论坛"千人问卷"调查组：《网络PK信访：什么是最有效的"减压阀"?》，《人民论坛》2009年第8期。

③ 佚名：《李瑞环谈民主与"民苦"》，《中国青年报》1993年5月22日，第1版。

的致富、竞争和危机意识。房宁在一次访谈中提出："市场经济因素对我国政治体制以及民主政治建设的影响具有两面性。一方面，市场经济对民主政治发展有积极作用，主要表现在促进权利意识以及多元化的利益格局产生民主政治的制度需求；但另一方面，市场经济因素对社会主义民主政治也会产生消极影响。这种消极影响主要表现：一是市场经济因素导致社会分化，消解经济平等，而经济平等正是社会主义民主政治的物质基础，这方面的问题已经在我国社会生活中逐步暴露出来，富有的阶层与普通人民群众在利益诉求以及政治参与意图、能力等许多方面已经出现了明显的区别与差异。二是市场经济因素对权力产生腐蚀作用。市场经济要求政治体制与之相适应，政治体制也要规范市场经济、制约市场经济中的消极因素，这些就导致了政治体制改革和民主政治建设的又一方面的需要，主要在降低行政成本和遏制腐败。"[1] 市场经济对青年参与意识发展有着深刻的影响。

市场经济体制初步建立和经济发展水平提高为民主发展提供了有利的经济条件。一些学者认为计划经济与高度集权的政治体制模式对应，而市场经济体制为民主发展开辟了更广阔的道路。[2] 罗伯特·达尔提出："民主和市场资本主义就像两个被不和谐的婚姻所束缚的夫妻，尽管婚姻充满了矛盾，但却牢不可破，因为没有任何一方希望离开对方，用植物世界来做比喻就是，二者是敌对的共生。"[3] 李普塞特、亨廷顿等都认为经济富裕与民主发展存在很明显的正相关性，如亨廷顿认为："经济发展的程度与民主之间存在着一种全面的相关性。"[4]

在经济领域，对青年参与意识影响重大的因素还包括全球化时代的来临。汪晖认为："1989，一个历史性的界标。将近一个世纪的社会主义实践告一段落。两个世界变成了一个世界：一个全球化的资本主义世界。中国没有如同苏联、东欧社会主义国家那样瓦解，但这并没有妨碍中国社会在经济领域迅速地进入全球化的生产和贸易过程。中国政府对社会主义的坚持并未妨碍下述结论：中国社会的各种行为，包括经济、政治和文化行为甚至政府

① 李庆英：《怎样推进我国民主政治的发展——访中国社会科学院政治学研究所副所长房宁教授》，《北京日报》2007年10月29日，第18版。
② 陈炳辉：《当代中国民主的条件分析》，《马克思主义与现实》2006年第5期。
③ 〔美〕罗伯特·达尔：《论民主》，李柏光、林猛译，商务印书馆，1999，第174页。
④ 〔美〕塞缪尔·亨廷顿：《文明的冲突与世界秩序的重建》，周琪译，新华出版社，1998，第74页。

行为，都深刻地受制于资本和市场的活动。"① 2001 年中国加入经济全球化的重要组织载体——世界贸易组织，中国开始全面融入全球化的进程。但是应该看到，经济全球化是西方发达国家主导和推动的，被动性是中国卷入全球化过程的典型特征。张旭东认为："从被动者的角度，人们看到的往往是一个'客观'的、'普遍'的趋势，一种新的国际文化；但从主动者的角度看，它却总是服从于特定集团的利益和价值观，总带有现实的、具体的、政治性的考虑。"② 由于经济全球化无法阻挡，随之而来的"普世价值"很快从经济领域渗入政治、文化领域，西方国家借助经济的强势把自己的政治模式和意识形态推广到世界各地。对于这种全球化的负面效应，张旭东认为："我们对当代西方自以为是的'普遍价值'的态度，必须坚持一种具体思维和实质性立场，要不断地提醒自己，无论全球资本主义的新形式外表上看多么自由、民主、平等和普遍，它都不可能摆脱其内在的政治逻辑，都必然在其权力内核中具有一种同质性和实质性。这种同质性和实质不可能是我们自己的政治形式所赖以存在的同质性和实质，我们既不应该也没有可能指望别人把我们包容在他们政治生活的同质性和实质平等里面。"③ 俄罗斯抛弃社会主义制度仍然没有融入西方文明的主流就是个鲜活的例子。但是中国还有许多一门心思要与国际接轨的人，他们的思想和言行对青年有很大的影响。

（三）"权利主导型"的青年发展

伴随中国改革开放由"行政导向"转向"市场导向"，青年发展路径完成从权力主导型到权利主导型的转变。其中的转折点是 1992 年邓小平南方谈话和十四大确立的市场经济体制，1997 年十五大提出依法治国的基本方略，进一步确立青年发展的权利导向。权利主导型的青年发展路径为青年与国家建构需求—服务的新关系模式：国家权力不再直接控制青年发展的资源，而是通过法律、政策等手段为青年发展提供制度保障和必要的服务；青年也不再单纯仰赖国家权力获取发展资源，市场经济体制的建立和网络社会的崛起为每个个体拓展出大量的横向空间，青年发展与社会发展在新的平台上整合促进。

---

① 汪晖：《当代中国的思想状况与现代性问题》，2005 年 4 月 11 日，北大中文论坛，http：//www. pkucn. com/viewthread. php? tid = 140600。
② 张旭东：《全球化时代的文化认同——西方普遍主义话语的历史批判》，北京大学出版社，2005，第 1 页。
③ 张旭东：《施米特的挑战——读〈议会民主制的危机〉》，《开放时代》2005 年第 2 期。

　　国家确认和尊重青年的权利，为青年发展提供制度保障和必要的服务。权利主导型青年发展路径的一个特征是，青年不再需要通过单位或集体的中介与国家发生联系，而是以公民的身份享受权利和履行义务。

　　首先，国家保障青年受教育的权利。国家投入更多的资源和采取更强硬的措施保障《义务教育法》的实施，推进高教改革，保障青年获得更多和更公平的教育机会。以1990年为例，当年15～29岁的青年人口总共有350187120人，而当年初中（包括职业中学）以上在校学生数为3423.4万人，只占青年人口的9.8%。① 1992年，我国高等教育开始较大范围地推行招生收费制度改革，1994年《中国教育改革和发展纲要》规定高校招生不再有计划外指标，不再分公费和自费，而是改为缴费上学。1999年实行扩招政策以来，高等教育的发展规模实现了历史性的突破，中国高等教育逐步迈入大众化发展阶段。1992年以来中国初中（包括职业中学）以上在校学生数有了快速的提升，如图3-3所示。

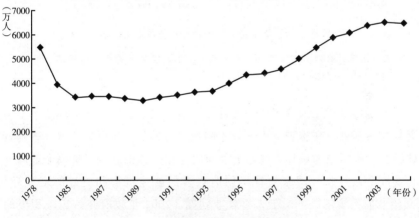

图3-3　中国初中以上在校学生数

　　资料来源：根据国家统计局数据整理，其中1978年的数据为前面12届学生的总和。中华人民共和国统计局网站，http：//www.stats.gov.cn/tjsj/ndsj/2007/indexch.htm。

　　2005年政府提出把农村义务教育纳入公共财政保障范围，在全国农村实现免费义务教育的重大举措，为农村青年获得更多的教育资源和更公平的教育机会奠定了基础。

───────────

　　① 根据中华人民共和国统计局网站（http：//www.stats.gov.cn/ndsj/information/zh1/d211a）人口普查数据和各级各类学校在校学生数计算得出。

其次，国家保障青年的劳动权利，市场经济体制建立后，城市个体经济、私营经济等新经济组织不断涌现，大量农村青年涌入城市，青年就业观念上倡导破三铁：铁饭碗、铁交椅、铁工资。青年拥有越来越多元化的就业选择权和更高的经济收入，如图 3-4 所示。

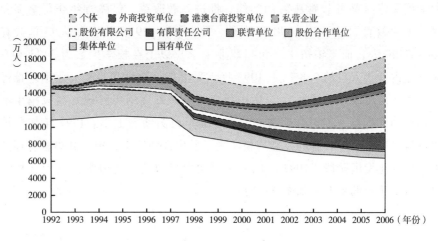

图 3-4　中国城镇不同性质企业就业人数表

资料来源：根据国家统计局数据整理，中华人民共和国统计局网站，http：//www. stats. gov. cn/tjsj/ndsj/2007/indexch. htm。

国家不再直接干预青年的职业选择，而是建立各种行业的职业标准，实行资格准入制度，在宏观上引导人才的流向。如公务员资格考试、教师资格考试、会计师资格考试等，在充分尊重青年自主性的基础上提高职业服务水平和发挥个人特长。国家为青年创造更多的就业机会和更好的就业环境，1999 年政府努力解决下岗工人再就业问题。2002 年政府开始实施积极的就业政策，同年共青团中央设立各级青年就业服务中心，促进青年就业和再就业。2003 年政府启动"大学生志愿服务西部计划"。2005 年政府发布了《关于引导和鼓励高校毕业生面向基层就业的意见》，引导大学生到农村服务和创业。2008 年起实施的新《劳动合同法》，注重保护劳动者的劳动权利，《就业促进法》提出建立健全劳动预备制度。这些法律和政策进一步明确政府在促进青年就业中的重要职责，使国家更有效地促进和引导青年就业。与劳动权利密切相关的还有福利制度的改革与社会保障制度的建立。市场化改革后国家改变原来低工资、高就业、高补贴、高福利，国家包企业、企业包职工的统包政策。1995 年中央决定实行社会统筹和个人账户相结合的养老保险制度。1998 年中央决定停止实行福利性或准福利性分房制度，推动住房商品化。1999 年开始推行城镇职工医疗保险制度改革，2002 年中央提出要建立新型农村合作医疗制度。这些改革措施都与青年的利益直接相关，为青年发展提供更为坚实的制度基础。

最后，国家保障青年经济、政治、文化、社会参与的权利。政府拓宽青年政治参与的制度化途径，通过公务员考试、司法考试等形式吸纳青年英才进入国家的权力中心，通过选调高校毕业生到基层工作，培养党政领导干部后备人选。青年经济参与的途径不断拓展，随着就业渠道多元化，青年拥有了更多的就业和创业机会，青年的收入呈逐渐上升趋势。网络经济、知识经济催生了一大批青年财富英雄，土地承包制度长期不变的政策、城镇化改革思路、减免农业税、社会主义新农村建设目标的提出为农村青年的发展提供了制度化的保障。青年社会参与的途径越来越多元化，1994 年在共青团中央的指导下成立了中国青年志愿者协会，1995 年世界妇女大会在中国召开催生了中国的 NGO 组织，这些组织为青年的社会参与提供了很好的途径。2008 年活跃在奥运赛场的青年志愿者展现了新时期中国青年积极、自信的新面貌。文化的繁荣给予青年更多自我表达的平台，网络和大众传媒的发展为青年提供了丰富的文化娱乐方式，青年引领社会时尚，创造属于青年群体的亚文化，通过文化参与展现青年的风采。

青年发展面临一些问题，风险社会的竞争压力向下倾斜，青年内部的分化明显，一部分青年成为"啃老族"、"蚁族"、失业人员。青年失业问题不仅意味着人力资源的浪费，而且是多年的投入和积累无法获得回报的挫折感。这种挫折感有可能使他们对社会体制产生敌意，青年失业问题和贫困化问题是政治领域的隐忧。政府必须为现代化进程提供稳定安全的环境，必须为青年的发展提供机会。青年问题不只是青年群体的问题，而且可能转化为社会问题，转化为青年发展与社会发展是否同向的问题，转化为青年对制度的认同问题。

二　内容：完善制度与维护权利

这一时期，青年参与意识发展的重点是权利而非权力，权利意识的增长反过来推动民主建设。西方民主迷信伴随着亚洲民主样板的坍塌和阿富汗、伊拉克重建的艰难逐渐破灭，青年开始思考民主更深层次的内涵和实现的艰辛与漫长。现实利益的考虑有效减少政治领域的冲动和盲目性，民主建设渐进式的自我完善成为共识，青年的思想和行为变得更为温和和理性。青年参与意识从寻找民主建设的"万灵药"，转向就特定问题寻求特定的解决方式。房宁认为："首先，要看到权利意识增长对民主政治建设提出了新要求。民主观念本质上是一种权利意识。改革开放以来，中国人民的权利意识普遍增长，这中间也包括了公共权利意识的增长。从计划经济转向市场经济，促使经济社会结构发生深刻改变，人民群众中不同的阶级、阶层、群体之间的利益关系发生改变。权利意识增长和利益关系的变化，从主客观两个方面推动了当代中国社会新的利益矛盾与冲突的出现。贫富矛盾、劳资矛盾、城乡矛盾以及地区差距导致的矛盾，成为当代中国社会主要矛盾的具体表现。"[1] 与之相适应，这一时期青年参与意识发展的主要内容围绕权利保障进行。

（一）民主制度自我完善下的权利意识

青年对权利的认识主要来自这一时期国家民主建设的主题。在社会矛盾多发期，中国民主发展面临的真正挑战是什么？当前中国民主建设的迫切任务不是寻找或造就利益集团，为他们提供政治博弈的舞台，而在于人民的需求如何合理、合法表达，执政党如何整合人民的需要形成制度和政策引领中国发展。当前中国民主发展的困境是制度的自我完善问题，而不是重起炉灶的问题。执政党意识到中国面临的复杂局面并自觉地担当起领导的责任，民主作为手段被赋予新的内涵。党的十六届四中全会提出了加强党的执政能力建设，其中一项重要的能力是民主执政能力。胡锦涛提出构建社会主义和谐社会的总目标，包括民主法治、公平正义、诚信友爱、充满活力、安定有序、人和自然和谐相处等六个方面，民主法治是第一目标。这一目标是"民主是社会主义的本质"的现实化和具体化，体现了当代中国共产党追求民主政治的坚定意志，是长期目标和具体目标的统一。

中国民主建设一方面要加强制度的自我完善，实现"社会主义愈发展，民主也愈发展"的良性互动；另一方面要回应人民日益增长的民主需求，整合人民的利益，保障人民的权利，走扩大参与、加强协商和有效监督的道路。前者解决国家政权的构成和运行问题，后者解决人民的权利保障和实现问题。林尚立认为国家的政治发展在国家和社会两个领域同时展开："国家

---

① 李庆英：《怎样推进我国民主政治的发展——访中国社会科学院政治学研究所副所长房宁教授》，《北京日报》2007年10月29日，第18版。

领域的政治发展，体现为制度和程序的创新和发展；在社会领域展开的政治发展，体现为价值和组织的转换与发展，前者以权力为核心展开；后者以权利为核心展开。"① 个体民主权利的获得需要公共秩序的支持和保障；反过来，公共权力的服务指向是群体和个体的发展，是实现公正、自由、民主的发展。在这个意义上，个人与国家之间、权利和权力之间不是简单的对立关系，而是共生互益的关系。

民主法律化、制度化、程序化建设的成效显著，党的十五大明确提出："一切政府机关都必须依法行政"。从 1979 年至 1999 年的 20 年间，"从中央层次立法看，除现行宪法外，全国人大及其常委会制定法律 250 个、通过有关法律问题的决定 106 个，国务院制定行政法规 830 个"②。人事制度、公务员制度、问责制度、听证制度、公示制度等一系列制度的完善和实施进一步推进政府的职能转变。执政党内部通过党代会制度、集体领导制度、党内选举制度、党内监督制度实现党内民主。尤其是借助信息技术的进步，民主监督有了新发展，新闻媒体、网络监督、信息技术成为制约权力的有力武器。1993 年政府开始推进电子政务建设，以政务公开制约权力。2007 年国务院正式颁布了《政府信息公开条例》，保障公民的知情权和监督权，以公民权利制约权力。

在中国的民主发展进程中，许多措施不是以民主的名义进行的，如下放权力、开放搞活、放松管制、增强人的自由度等。燕继荣把这些总结为"不以民主为标榜的发展模式"，"假如要问中国式民主的最大特点是什么，不以民主为标榜的民主化模式可能就是它的最大特点了"。③ 他认为政府用特殊的方式来化解民主化的压力：①用"自由"来释放民主的压力；②用良好的经济绩效来缓解民众需求的压力；③用基层民主试验来启动民主化的程序；④用制度和政策创新来确立民意的回应机制。④ 燕继荣进一步认为："中国的经验表明，社会的发展和政治的进步不一定是通过设计全新的民

① 林尚立：《民主的成长：从个体自主到社会公平——解读 2005 年中国政治发展的意义》，载黄卫平、汪永成主编《当代中国政治研究报告》（第五辑），社会科学文献出版社，2007，第 3 页。
② 《政府机关必须依法行政》，《人民日报》1999 年 7 月 7 日，第 1 版。
③ 燕继荣：《论中国民主政治的发展模式》，载黄卫平、汪永成主编《当代中国政治研究报告》（第六辑），社会科学文献出版社，2009，第 11 页。
④ 燕继荣：《论中国民主政治的发展模式》，载黄卫平、汪永成主编《当代中国政治研究报告》（第六辑），社会科学文献出版社，2009，第 11～12 页。

主方案、通过公开推行民主改革、通过移植现成的民主制度、通过民主革命等方式来实现的，而更主要的是在政府和民间社会的互动和博弈过程中通过政府创新来实现的。"① 无论是以什么名义进行的民主进程，其宗旨是人民民主的自我完善。执政党对民主建设的清醒认识，决定了青年参与意识的发展不能迷失政治方向，政治方向是青年参与意识发展的灵魂。如果没有深刻的历史洞察力和现实把握能力，青年很容易被"普世"的标准所吸引。

民主制度自我完善和经济发展符合青年利益，增强青年对制度的认同感。经历政治风波后的青年认识到国家的政治、社会稳定对自己的发展最有利，尤其是苏联的前车之鉴使青年对改革的心态变得冷静和理智。经济发展也给青年带来难得的发展机遇，市场经济造就了利益的高度分化，青年从各种集体的束缚中解脱出来，获得了追求个人利益的正当资格，青年的地位、作用得到不断挖掘和重视。青年是改革开放最大的受益群体，在知识经济时代，他们拥有较高的教育水平、掌握新技术，多元社会为他们的成功创造了良好的条件。中国青少年研究中心课题组的调查显示，2004 年，在国有单位，专业技术人员总数达到 2774 万人。其中，35 岁以下的专业技术人员占总数的 46.8%，非公有制企业 35 岁以下的管理人员和专业技术人员达到 490 万人，占总数的 55.4%。高新技术产业从业人员达 470 万人，35 岁以下青年职工占总数的 70% 以上，成为 IT 行业发展与创新的中坚和骨干力量。……在非政府组织成员中，35 岁以下的青年占 50% 以上，成为其中坚和主体力量。②

不断增长的社会资源总量为青年教育、就业、健康、文化活动提供了良好的基础，同时，经济的成功和个人自由的增加增强了青年的政治忠诚和对制度的向心力。党提出的全面小康社会、和谐社会的奋斗目标为青年所认同，青年以更加自信和理性的方式积极参与民主建设。青年关注国家发展，对政府在一系列重大政治事件中的表现给予很高的评价，如抗击非典、抗震救灾、奥运会等。青年对中国社会主义制度的认同不断提升，加入党团组织

---

① 燕继荣：《论中国民主政治的发展模式》，载黄卫平、汪永成主编《当代中国政治研究报告》（第六辑），社会科学文献出版社，2009，第 13 页。
② 中国青少年研究中心课题组：《"十五"期间中国青年发展状况与"十一五"期间中国青年发展趋势研究报告》，2007 年 1 月 13 日，中青网，http://vweb. youth. cn/cms/2006/syx/jygd/xsbg/200701/t20070113_510663. htm。

是青年政治认同的一个标志。"中共中央组织部的统计数据表明，2005 年全国共发展党员 247 万名，其中 35 岁以下的青年党员达到 198 万人，占总数的 80.1%。申请入党的总人数达到 1767 万人，其中 35 岁以下的青年有1337 万人，占申请入党总人数的 75.7%。2005 年通过团组织推优入党的总人数也达到 91.63 万人。据团中央组织部的统计，2005 年全国团员总数为7215 万人，比 2000 年的 6805 万人增加了 410 万人，'十五'期间平均每年加入团组织的青年人数超过了 80 万人"①。

民主制度自我完善增强了青年对社会主义民主发展的信心，但是现实的民主建设与青年对权力建构的期待还有一定的差距。科恩提出以民主的广度、民主的深度、民主的范围作为衡量民主的尺度。② 民主的广度是数量问题，即参与的比率。民主的深度是由社会成员参与是否充分，由参与的性质来确定的。民主的范围是评价民主的重大问题，在何种问题上人民的意见起决定作用，对人民意见的权限有哪些限制。对照这一标准，中国民主的制度供给与青年的民主需求之间还存在较大的差距，二者的矛盾体现在：①选举的真实有效性，一些青年对各种民主选举的参与程度和代表的有效性质疑，我有没有参与选举？他如何代表我的利益？②参与决策的面还不广，重大决策的广泛参与还不足，许多大的项目仍然是"拍脑袋工程"，听证会走过场，被操控等。③民主监督的渠道不畅，贪腐现象依然非常严重，政府和执政党对监督意见的反馈不及时。④民主管理的领域在缩小，尤其是经济民主在许多私营企业名存实亡，青年参与公共事务管理的途径比较狭窄。这些矛盾和问题客观存在，这是中国民主发展自我完善的动力和方向，党和政府也没有讳疾忌医，而是积极改进。

（二）制度框架内维权的权利意识

青年对人民民主制度的认同度不断提升，其参与意识发展从过去关注宏观的权力建构逐渐转向个体的权利保障。青年的维权意识与法律意识相结合，强调行动的合法和有序，在制度框架内进行利益协调，体现了对理性和秩序的尊重，是青年政治成熟的表现。高教改革后，青年大学生成为教育的投资者和消费者，他们关注自己的教育权利实现，而青年农民工强烈希望政

---

① 中国青少年研究中心课题组：《"十五"期间中国青年发展状况与"十一五"期间中国青年发展趋势研究报告》，2007 年 1 月 13 日，中青网，http://vweb.youth.cn/cms/2006/syx/jygd/xsbg/200701/t20070113_510663.htm。

② 〔美〕卡尔·科恩：《论民主》，聂崇信、朱秀贤译，商务印书馆，1988，第 12 页。

府和国家保障其生存、健康、发展、平等的权利。① 权利必须有义务承担者，政府是青年发展义务最重要的承担者，国家和执政党一如既往地关注青年发展，但关注和帮助的方式不再是"为民做主"式的权力主导，而是"以人为本"式的权利主导。不同层次的青年群体的权利意识不断觉醒。

当青年利益受损时，他们不再以激情和反叛的方式表达不满，而是在制度框架内通过法律的渠道维护自身的权益。典型的如 2003 年张先著"中国乙肝歧视第一案"、2004 年湖南公务员考试需要双乳对称的体检标准等严重侵犯青年权益的例子。2003 年张先著"中国乙肝歧视第一案"发生后，国家在新制定的《公务员录用体检通用标准（试行）》中，把乙肝病毒携带者大小三阳均列为合格，浙江、四川、福建、广东等省已经修改了当地公务员录用禁止乙肝病毒携带者的有关规定，相当多的乙肝病毒携带者重新获得了公平就业的机会。2004 年陈丹状告湖南公务员考试需要双乳对称的体检标准，促使湖南省公务员录用体检标准做出六项修改。

另外由青年发起的"公益诉讼"源于私人利益，但又超越私人利益，反映了青年主动性增强和权利意识的发展。如 1998 年河南的葛锐为 3 角钱公厕费将铁路部门告上法院；2000 年 5 月 17 日，四川大学 1998 级在校学生李红卒、王勇、陈青松三人因餐厅标价公务员和非公务员有区别，起诉该餐厅对非公务员消费者的歧视，侵犯了公民的平等权；2001 年 12 月，四川大学法学院学生蒋韬起诉中国人民银行成都分行在招录行员时有身高歧视；2005 年清华大学法学博士生诉天津市市政工程局收取"进津费"，诉上海市政工程管理局对外埠车辆收取"进沪费"。2005 年下半年，广西平南县 5 名女代课教师参加全县招考聘用小学教师考试，因为身高不足 1.5 米而遭淘汰。她们认为自己受到身高歧视，遭受了不平等的公民待遇，遂将县政府告上法庭。② 其中尤为典型的是"孙志刚事件"终结了收容遣送制度。2003 年 3 月 17 日，27 岁的大学生孙志刚在广州市的一家收容所被故意伤害致死，这一惨剧在青年中激起了强烈的反响，他们通过多种渠道表达了自己的意见。正是由于青年的积极参与和推动，2003 年 6 月国务院废止了原来的《城市流浪乞讨人员收容遣送办法》。从以上事例可以看出，青年维护权利

---

① 谭利：《需求凸显权利：青年农民工的权利意识觉醒》，《广东青年干部学院学报》2007 年第 5 期。

② 东方公益法援律师事务所：《有关平等权的公益诉讼案例》，2007 年 8 月 24 日，http://www.imlawyer.org/? action - viewnews - itemid - 83。

的视野已经超出了个体、青年群体的局限，进入社会公共利益的广阔领域，直接指向社会存在的不公正现象或侵害个人或公共权益的行为。权利意识是这一时期青年参与意识发展的核心，这种针对具体问题的权利保障和侵权矫正，是社会发展的积极建设性力量。

青年权利的获得是无数个细微进步的累积过程，需要青年的积极参与。通过法律而不是用街头暴力的方式表达自己的需求和维护自己的权益，本身就标志着青年对社会发展的信心。权利主导下的发展路径并没有导致青年与国家的疏离与隔阂，相反，青年的参与意识更加理性，青年对人民民主的态度从怀疑走向理解，从激情走向理性，从淡漠走向担当。

（三）多维视角的参照系

这一时期青年参与意识发展开始打破对西方民主的迷信。潘维认为："冷战后的民主迷信有两个表征：一是把专制或法治的所有成就归于民主，二是把民主社会里的所有弊端说成民主程度不够。"[①] 西方的自由民主一度被认为是文明社会的一种标志，罗伯特·达尔在《论民主》一书中总结了民主的诸多好处，包括：避免暴政、基本的权利、普遍的自由、自主的决定、道德的自主、人性的培养、保护基本的个人利益、政治平等、追求和平、繁荣等。[②] 即便是不认同西方民主具有多种好处的人，也认为它至少是目前能够采取的最不坏的制度。这很容易导致简单的误读："既然找不到更好的，那它就是最好的。事实正是如此，无论在西方还是在发展中国家，民主毫无疑问成为'最好的'制度。"[③] 这种对西方民主的迷信曾经对中国青年产生了强大的吸引力，如今这种迷信在青年感性观察和理性分析中逐渐消解。

青年对西方民主的认识采取了更客观的态度。1989 年政治风波后西方国家扬言制裁中国，而一些"民主精英"也因为积极呼吁西方国家制裁中国露出狰狞面目失去青年的信任。1993 年西方国家联手打压中国申办奥运会，使北京以 2 票之差败给悉尼；1993 年美国在公海上公然拦截并搜查中国货轮，引发"银河号事件"；1999 年美国轰炸中国驻南联盟大使馆，造成外交史上的奇闻；2001 年中美撞机事件等一系列的摩擦激发青年的爱国

①　潘维：《法治与"民主迷信"——一个法治主义者眼中的中国现代化和世界秩序》，香港社会科学出版社有限公司，2003，第 8 页。

②　〔美〕罗伯特·达尔：《论民主》，李柏光、林猛译，商务印书馆，1999，第 52～53 页。

③　黄万盛：《正在逝去的和尚未来的》，《开放时代》2004 年第 4 期。

主义情绪和民族主义情感，也促使青年严肃反思西方自由主义话语。那种欺压凌辱别国、武装干涉主权国家内部事务的制度形态真的会成为"历史的终结"？靠别人的恩赐和扶持中国能真正实现民主和富强？在"中国威胁论""中国崩溃论"诸多论调中轮番遏制中国的国家真的能给中国带来福音？

青年一度把民主解读为西方自由民主，而自由民主就是发达资本主义国家的民主，其榜样是美国式民主，美国的经济成功证明了民主的效能。这种逻辑曾经让青年渴慕不已，但是放眼世界，在某一波民主化浪潮中投入西方民主怀抱的国家是否得到了他们渴望的自由和幸福？亚洲的菲律宾曾经是美国式民主的样板，如今却是经济凋敝、腐败大增、政府失效、黑恶势力开始染指民主进程。菲律宾的民主选举形成了独具特色的家族政治王朝、金钱、暴力和明星等交织于一体的选举大战，当地的观察家戏称菲律宾的选举为"3G"选举，即枪（Gun）、暴徒（Goon）、黄金（Gold）。① 一位菲律宾学者说："菲律宾原来只有一个马科斯，而今却有了一整个议会的马科斯。"② 2009年11月23日，菲律宾南部棉兰老岛发生了地方选举中政敌屠杀政治对手，造成57人死亡的惨剧。

自由民主没有带来自由，潘维认为："在缺少法治的后进国家，民主选举未能消灭针对言论自由而使用的暴力，也未能取消关于使用暴力的言论自由。换言之，民主制要求四大自由（言论、出版、结社、集会的自由），却不提供四大自由，甚至经常以'人民多数'的名义侵犯四大自由。"③ 美国式民主在伊拉克没有开出发展的果实，反而激化民族矛盾，种族之间的流血冲突不断。美国扶持的阿富汗卡尔扎伊政府也没有给阿富汗人民带来自由，反而存在严重的腐败问题。自由民主不会自发制衡权力，带来政府的善治。许多不发达国家选举的自由和激烈程度不亚于发达的资本主义国家，但是民主并没有使政府善待人民，而是民生凋敝、腐败盛行。2002年，联合国确定了50个最不发达国家，世界银行把最不发达国家中的10个国家列为全球

---

① 佚名：《菲律宾地方选举充满金钱暴力 杀死政敌成本低廉》，2009年11月25日，中国网，http：//www.china.com.cn/international/txt/2009-11/25/content_18950622.htm。
② 潘维：《法治与"民主迷信"——一个法治主义者眼中的中国现代化和世界秩序》，香港社会科学出版社有限公司，2003，第16页。
③ 潘维：《法治与"民主迷信"——一个法治主义者眼中的中国现代化和世界秩序》，香港社会科学出版社有限公司，2003，第10页。

最穷国家，这些国家年人均国民生产总值在 200 美元以下，文盲比例最高的占全国人口的 82%。① 其中绝大多数都是实行资本主义民主制度的国家。自由民主也没有能力遏制腐败，选举制度下当选者使用的大量经费来自捐献，对给予自己支持的集团以政策性回报是一目了然的。选举也未必能真正选出廉洁奉公的议会，却让许多有黑道背景的"民意代表"理直气壮地为自己的利益集团谋利益，一些不发达国家民选的政客借人民之名肆无忌惮地贪污腐败。印度的地方议会里大约有 60% 的议员有强奸和谋杀之类的"重案记录"，在联邦议会里则约有 30% 的议员有此类记录。② 2009 年 1 月 25 日，英国《星期日泰晤士报》报道，他们的记者"卧底"调查后发现，4 名上议院工党议员愿意按照"客户"的需求修改法律，以收取对方上万英镑的好处。③ 许多民主化国家失败的例子证明自由民主不是救世的良药，自由民主没能实现清除腐败和提升发展的良好愿望，缺乏法治传统和民主心理基础的国家的民主制度非常脆弱，甚至可能成为专制者轮流坐庄的合法外衣。青年对西方民主的崇拜和迷信在现实中逐渐清醒。

东欧剧变后的民主现状也给青年参与意识发展提供了鲜活的反例。苏联的许多改革者迷恋自由主义的思想，顺从地采纳西方的标准，把自由民主作为拥抱西方文明的标志，并把它包装成唯一可行的方案。俄罗斯的 O. T. 博戈莫洛夫在《俄罗斯的过渡年代》一书中指出："当时许多评论员作出的结论之一归结为：苏联现存的制度无法变革，必须更换。我们只有取消国有制的垄断、共产党的领导地位，放弃马克思主义学说的统治，不再利用人们的恐惧感作为管理社会的工具，真正的民主改革才是可能的。只要不拆除这些基础，就很难指望我们回到人类文明的轨道上。"④ 长期以来，苏联东欧的社会问题被描绘成社会主义制度的原罪，"专制"的制度缺乏民主使苏联陷入困境。在民主化的旗帜下，苏联的青年成为推翻社会主义制度的急先锋。剧变之后的俄罗斯实现了民主和富强吗？事实证明，在社会主义制度被

---

① 佚名：《世界最不发达国家——莫桑比克》，2005 年 8 月 2 日，百度贴吧，http：// tieba. baidu. com/f？kz = 28259419http：//tieba. baidu. com/f？kz = 28259419。

② 潘维：《法治与"民主迷信"——一个法治主义者眼中的中国现代化和世界秩序》，香港社会科学出版社有限公司，2003，第 16 页。

③ 杨舒怡：《英国 4 名上议院工党议员受贿帮人修改法律》，2009 年 1 月 26 日，腾讯网，http：//news. qq. com/a/20090126/000411. htm。

④ 〔俄〕O. T. 博戈莫洛夫：《俄罗斯的过渡年代》，张驰译，辽宁大学出版社，2002，第 76 页。

瓦解后，俄罗斯许多的社会问题并没有随之消失，反而以畸形的方式变本加厉凸显出来。俄罗斯的经济规模在 1991～1998 年下降 50%，恶性的通货膨胀掠夺了人民的财富，1992～1996 年，俄罗斯物价上涨 600 多倍，2000 年俄罗斯 30% 的人生活在贫困线以下。苏联时代饱受诟病的特权阶层摇身一变成为寡头和富豪，明目张胆化公为私，叶利钦炮轰议会也创造了"民主"的奇闻。叶利钦在其自传《午夜日记》中这样写道："我想请求你们的原谅，因为有许多我们共同的愿望都没有实现。我请求你们原谅我，因为我没有实现某些人的愿望，他们相信我们可以轻易地从灰色，停滞，极权的过去，一跃而进入光明，富裕，文明的未来。"盛行一时的"制度原罪论"在现实面前破产，青年对西方式的民主也有了更真实的感受。

在直观感受的基础上，学术界对全盘西化观念的学理反思有助于青年对西方民主进一步祛魅。黄万盛总结学界对西方民主的反思经历了两个阶段："当代社会对民主的反思可以根据批评的观点和范围的不同划出两个重点不同的时段，第一阶段是上个世纪的六十年代后期到九十年代，这个阶段的特征主要是从现代民主长期的实践过程中所出现的各种负面后果，批评民主理论和民主制度的弊端，这些反思还是把民主当作民族国家的基本的政治制度；第二阶段是上世纪九十年代至今，由于'冷战'的突然终结，全球化的市场经济仿佛从天而降意外地蓬勃起来，但是各种各样严峻的问题也接踵而至，以民族国家的民主作为处理全球事务的原则，不仅没有解决问题，反而因为'民主的霸权'，使世界变得更加紧张、更加灾难，这一新情况的出现大大扩展了民主反思的理论空间。综合这两个阶段，举凡民主所及的一切方面无不经受批评的考验。无论是民主作为一种价值理念，还是民主被当作'工具理性'，民主作为选举制度的合法性，或是民主体现的'程序的正义'，民主是社会历史的真理，还是民主是人民权利的保障，等等，民主的一切，从定义到原理，从实践到制度，从手段到信仰都在经历烈火浴生的洗礼，或者涅槃再生，或者灰飞烟灭。"①

西方有良知的知识分子对西方民主的普世论也产生了怀疑，2008 年美国《外交》杂志 2008 年 3～4 月合刊刊载了胡佛研究所高级研究员拉里·戴蒙德（Larry Diamond）的文章。文章指出，虽然 1974 年以来已有 90 多个国家"过渡到民主政体"，但"民主俱乐部的大多数成员（还有一些老

---

① 黄万盛：《正在逝去的和尚未到来的》，《开放时代》2004 年第 4 期。

成员）都表现不佳"①。在一些国家，"精英们的行为无所顾忌，为所欲为。如果举行竞争性选举，那选举就会变成血腥的零和争斗，各方都孤注一掷，谁也输不起。普通百姓不是真正的公民，只不过是有权有势的地方首脑的依附者，那些地方首脑又是更加有权有势的庇护人的依附者。权力和地位的极端不平等造成了垂直的依附链条，它的稳定性通过庇护关系、胁迫和在选举中对种族的自豪感和偏见的煽动而得到保障。官员以政府为攫利财源，强势者榨取弱势者"②。

对西方民主反思的重点还在于西方民主是否具有普适性。潘维以民主和法治两个要素把世界上的政体分为四类，比较它们的优劣："①有法治有民主——这是几乎所有西方发达国家的制度，表现优异；②有民主缺法治——这是多数发展中国家的制度，表现最差；③缺法治少民主——这是少数发展中国家的制度，表现普遍优于有民主缺法治的制度；④有法治少民主——当今只有中国香港和新加坡采用。"③ 汪晖认为："议会民主面临双重困境：一方面是社会共同利益难以界定，另一方面是议会与市场之间的关系愈趋紧密。就前者而言，公司或利益团体对公共政策的影响远远大于公民个人；议员的投票取向主要取决于资助者或资助者所隶属阶级的需要和福利，而不是所谓人民或共同利益——除非某项动议不涉及选情的情况下，政党才会允许议员按照自己的良心投票。就后者而言，议会成为一种市场化的、经常是黑箱操作的利益博弈机制，人民与他们的代表之间严重脱节，从而产生了民主政治的'沟通危机'和公共领域的'重新封建化'。"④ 学者们的基本观点是中国不能亦步亦趋照搬西方的民主制度，房宁认为："中国要在自己的实践基础上建立起自己的民主理论和话语系统。"⑤ 黄万盛也认为："中国的制度转型可以而且也必须从当代世界的制度反思开始，而不是亦步亦趋重复现在已经一目了然的西方民主的失误，再考虑如何改进，这个代价太大

① Larry Diamond, *Developing Democracy: Toward Consolidation*, The Johns Hopkins University Press, 1999.
② 庞卓恒：《凭什么说西方式民主具有"普世价值"》，《中国社会科学报》2009 年 1 月 6 日，第 11 版。
③ 潘维：《法治与"民主迷信"——一个法治主义者眼中的中国现代化和世界秩序》，香港社会科学出版社有限公司，2003，第 21 页。
④ 汪晖：《去政治化的政治：短 20 世纪的终结与 90 年代》，三联书店，2008，第 9 页。
⑤ 房宁：《民主政治十论》，中国社会科学出版社，2007，第 1 页。

了。"①

今天，西方民主迷信的破灭增强了青年对中国民主发展的信心。青年期待执政党和政府能够支持和保障人民的基本权利，对社会发展出现的问题也保持更为克制和宽容的态度。尤为可贵的是，青年并不是被动地等待和依赖社会进步惠及青年群体，而是以积极的主人翁态度参与社会的建设，以具体问题的解决为基础推动制度的完善。大多数青年认同中国的民主发展模式，认为民主要与中国具体的政治、经济、文化、社会相结合，走自主创新的道路。

当然，在文化多元的时代，不同的声音都在争夺话语权，不同政治立场的观念都会对青年产生影响。当前以现代性、后现代主义、文化批评等为代表的观点，用西方的理论观点和学说来分析和解读中国的历史和现实问题，对青年具有思想上、理论上的诱惑力和冲击力。一些观点以学理化、客观化的幌子推崇西方的民主政治。时至今日，对西方民主的迷信虽不占主流，但也有很大的市场，而且经常改头换面出现。如近期关于"普世价值"的争论，其潜台词依然是中国特色与模仿西方的道路之争。西方的自由民主仍然被一些人认为是"普世"的，中国没有理由以特殊性抵挡"人类文明"的浩荡洪流。一些学者以讽刺性的口吻嘲讽道："岸上有路，河上有桥，偏要摸着石头过河"，质疑中国建立自己特色民主制度的必要性。这些思想以形形色色的面貌出现，通过多种传播渠道争取青年，青年参与意识发展仍然存在一些混乱和冲击制度的隐忧，对这种趋势我们不能不保持警惕。

三　特点：理性务实

这一时期青年参与意识发展的特点与青年本身的特点密切相关，青年作为社会最敏感的群体，社会的变化很快影响到青年的思想和行为。青年的自我意识更加强烈，他们有着对自由和愉悦的追求、对权威的抗拒和消解、对物质利益的渴慕和追求。青年拥有更多的自主权，能够对自身的行为和目的做出判断，在多种可能性中，选择最符合自身利益和意志的选项。更重要的是，青年以往把权力与权利对立起来的观点有了很大的改变，相比20世纪80年代个人主义盛行，这一时期的青年更愿意把个人发展和国家发展相结

---

① 黄万盛：《正在逝去的和尚未到来的》，《开放时代》2004年第4期。

合，维护国家利益、尊重他人利益。青年试图在平等的基础上协商、讨论乃至妥协，在制度的框架内解决冲突，通过权力建构的不断完善来实现权利保障，实现了个人权利和国家权力的双赢和良性互动。总体上看，青年参与意识发展更为理性务实。

（一）理性是青年参与意识发展的典型特征

理性是在既定的现实条件下，用最有利的手段解决问题，达到目标。理性反映的是一种合理的状态，以及认识和达到这种状态的能力。20世纪90年代之后，青年参与意识发展的典型特征是理性，表现在青年对民主建设现实条件的客观分析和青年对民主实现手段的认识两个方面。

与20世纪80年代青年对民主的高层、高速、高效的高期待相比，90年代的青年对民主建设的现实条件的认识更为客观理性。民主建设的现实条件包括经济发展状况、政治稳定状况、社会公平状况和文化素质状况等。马克思主义认为经济基础决定上层建筑，民主发展需要以经济发展为前提和指向。邓小平指出："就我们国内来说，什么是中国最大的政治？四个现代化就是中国最大的政治。"[1] 关于民主与经济发展的关系是许多西方学者研究的重点，1959年，李普塞特发表论文《民主的社会条件：经济发展和政治合法性》，文中提出"经济发展与民主政治的稳定之间存在正相关"假说。这一假说成为许多后续研究的出发点，许多学者修正或者发展了李普塞特的这一观点。亨廷顿在《第三波》一文中也指出："在相当大的程度上，始于1974年的民主化浪潮是前二十年经济成长的产物。"[2] 虽然关于民主的制度设计东西方存在本质的差异，但是关于经济发展与民主建设的联系二者有共同之处。

2014年，中国人均GDP达到6700多美元，但是从总体上看中国的地区差异、贫富差距很大，仍然处于社会主义初级阶段，经济社会发展还比较落后。中国首要的任务是发展经济，实现稳定、快速、科学发展，民主建设必须围绕社会发展主题和解决社会主要矛盾，服务于经济和社会发展的多元需求。在经济快速发展的战略机遇期，中国的民主发展更需要头脑清醒、行动谨慎，不能轻易破坏来之不易的稳定发展局面。对此，青年有比较清醒的认

---

[1] 《邓小平文选》第二卷，人民出版社，1994，第234页。

[2] 〔美〕塞缪尔·亨廷顿：《文明的冲突与世界秩序的重建》，周琪译，新华出版社，1998，第71页。

识，青年对中国的经济发展和国力强盛有很强的自豪感，对中国发展面临的困难也有比较清醒的认识。《人民论坛》杂志 2009 年第 7 期 "中国崛起何其艰难" 调查显示，如果把美国 "国家崛起难度系数" 设定为 100，比照之下，69.95% 的受访者选择中国崛起难度系数在 150 以上，只有 5.66% 的人选择 50 以下。① 大多数网民都是青年，青年的这一选择反映了青年意识到中国崛起之路将充满艰辛，并愿意为之付出加倍的努力。

民主建设需要稳定的政治环境，亨廷顿认为："政治稳定这一概念占主导地位的是两个因素：秩序和持续性。第一个因素意味着政治体系相对来说不存在暴力、武力、高压政治和分裂。第二个因素认为稳定意味着政治体系的关键成分相对来说不发生变化、政治发展不发生中断、社会不存在希望政治体系来个根本改变的重要社会力量和政治运动。"② 中国维持了 60 多年的稳定局面，虽然遭遇过一些挫折，但是大局基本稳定。1989 年政治风波过后，邓小平在总结经验教训时指出："中国人这么多，底子这么薄，没有安定团结的政治环境，没有稳定的社会秩序，什么事也干不成。稳定压倒一切。"③ 当前中国也面临政治不稳定的许多隐患，突出表现为社会冲突加剧、群体性事件频发，甚至出现暴力的打砸抢烧事件。2009 年年底，公安部副部长杨焕宁指出："西方反华势力的西化、分化图谋，国家间的磨擦、争端，各种敌对势力的捣乱破坏活动，日益复杂多样的人民内部矛盾，各种传统的、新型的社会治安问题等等，仍然是影响我国家安全和社会稳定的主要因素。"④ 没有稳定的政治环境，民主建设无从谈起。

与 20 世纪 80 年代青年此起彼伏的街头政治相比，当代青年是维护稳定的积极的支持性力量。在西藏 3·14 事件、新疆 7·5 事件这些涉及国家核心利益和政治稳定的重大是非面前，青年态度鲜明。2008 年西藏 3·14 事件后，西方媒体集体对中国进行歪曲和偏向性报道，年仅 23 岁的饶谨于 2008 年 3 月 18 日迅速建立 Anti – CNN. com 网站，网站得到青年的迅速响应，网站日访问量达到 50 万以上，许多青年志愿者报名参与网站的

---

① 人民论坛 "千人问卷" 调查组：《中国崛起 "难度系数" 调查》，《人民论坛》2009 年第 7 期。

② 〔美〕塞缪尔·亨廷顿、乔治·多明格斯：《政治发展》，载〔美〕格林斯坦、波尔斯比编《政治学手册精选》（下卷），竺乾威等译，商务印书馆，1996，第 155 页。

③ 《邓小平文选》第三卷，人民出版社，1993，第 331 页。

④ 杨焕宁：《公安部：把握网上网下两个战场全力维稳》，2009 年 12 月 18 日，网易新闻，http://news.163.com/09/1228/07/5RJR9NN7000120GU.html。

资料收集整理、翻译、技术支持等工作。2009 年新疆 7·5 事件之后，"世界维吾尔代表大会"捏造大量维吾尔族人死亡的谎言，与会的中国留学生出示照片当场反驳。青年以自己的实际行动揭露西方媒体刻意歪曲和误导受众的险恶用心。

民主建设需要公平的社会基础。当前，中国的贫富分化日趋严重，掌握大量经济资源的强势利益集团与弱势群体力量悬殊。在社会矛盾多发期，中国的民主建设尤其要防范利益集团对民主的侵蚀，使民主免于成为少数群体谋取私利的工具。房宁认为："扩大竞争性的民主道路在当前社会矛盾多发期比较危险，竞争性的制度安排易于强化社会分歧，加剧社会矛盾，甚至引发社会动荡。"① 20 世纪 80 年代青年对民主理念的认知差异，原因在于西方民主话语先入为主的强势地位，民主的是与非都以西方为参照系。当前，青年对民主的制度建构和权利保障的认识都经历了对西方民主迷信祛魅的过程，今天鼓吹西方民主是"普世价值"的理论遭到青年的冷遇，青年希望在制度的框架内通过法律的途径消除不公正的社会现象，通过权利保障的点滴积累促进社会的公平正义。

民主建设需要较高的文化素质，在"为民作主""清官崇拜"的基础上无法产生现代民主。马克思在《哥达纲领批判》中也曾表达了社会主义民主的实现需要具备一定的政治条件、经济条件和文化条件的思想。马克思认为，劳动人民要对国家进行监督，就需要他们具有一定的主体意识并达到一定的成熟程度。马克思批评拉萨尔提出的"劳动人民的人民当权的监督"，认为："何况所说的是这样的劳动人民，他们通过向国家提出的这些要求表示，他们充分意识到自己既没有当权，也没有成熟到当权的程度！"② 列宁提出："我们深深知道，俄国文化不发达是什么意思，它对苏维埃政权有什么影响；苏维埃政权在原则上实行了高得无比的无产阶级民主，对全世界做出实行这种民主的榜样，可是这种文化上的落后却限制了苏维埃政权的作用并使官僚制度复活。"③ 毛泽东、邓小平也多次提到中国人民文化素质不高限制了民主的发展。邓小平指出："因为我们有十亿人口，人民的文化素质也不够，普遍实行直接选举的条件不成熟。"④ 今天的青年是文化素质相对

① 房宁：《民主政治十论》，中国社会科学出版社，2007，第 5 页。
② 《马克思恩格斯选集》第三卷，人民出版社，2012，第 372 页。
③ 《列宁选集》第三卷，人民出版社，1995，第 766 页。
④ 《邓小平文选》第三卷，人民出版社，1993，第 220～221 页。

较高的群体，1977 年 10 月，国家正式恢复了高考，当年录取人数仅 27 万人，录取率为 4.7%。2007 年，全国青壮年文盲率进一步下降到 3.58%，高中阶段教育入学率达到 66%，比上年提高 6.2 个百分点，全国 15 岁以上人口平均受教育年限超过 8.5 年，比世界平均水平高 1 年。① 在青年文化素质普遍提高的基础上，他们对民主有比较清楚的认识。1999 年中国青年研究中心的调查结论是："对我国政治体制改革关注程度的高低与青年文化程度的高低是成正比的。"② 通过合法的渠道维护自己的民主权利成为青年的一种常态，以往被忽视的细节或者被漠视的权利被重视。随着青年素质不断提升，他们将越来越倾向于使民主的制度法律化、民主的权利具体化。

从以上分析可以看出，青年对民主实现的现实条件能够更加客观地分析。与此同时，青年对民主实现手段的认识也更加理性化。20 世纪 80 年代，青年争取民主的手段主要是对抗性的"地下"批判或公开反抗，进入 90 年代以后，青年更多采取借助法律在制度内抗争的方式争取民主。竞争性民主不再是唯一的手段，协商民主等新的方式在不断摸索过程中。青年意识到民主制度的完善是一个长期而艰巨的过程，民主权利的实现需要许多点滴进步的积累，没有一步到位的民主制度，也没有立等可就的民主权利。青年的民主参与更加理性化，关于这一部分内容在上一节关于青年权利意识发展中有详细的论述，这里不再赘述。

（二）利益是青年参与意识发展的重要动力

利益是通过社会关系表现出来的不同需要，主体的需要、客体的现实状况以及利益的实现和制约机制是构成利益关系的基本要素。马克思主义认为，人们奋斗所争取的一切，都同他们的利益有关。不同的社会制度以及与此相联系的意识形态斗争，都以物质利益为基础。马克思、恩格斯在《神圣家族》一文中指出："'思想'一旦离开'利益'，就一定会使自己出丑。"③ 对利益的追求，形成人们行为的动机，邓小平认为："革命精神是非常宝贵的，没有革命精神就没有革命行动。但是，革命是在物质利益的基础上产生的，如果只讲牺牲精神，不讲物质利益，那就是唯心论。"④ 利益不

---

① 李亚杰：《改革开放以来中国青年受教育权得到较充分实现》，2008 年 12 月 31 日，中国教育新闻网，http://www.jyb.cn/china/gnxw/200812/t20081231_232734.html。
② 郗杰英主编《新状态：当代城市青年报告》，中国青年出版社，1999，第 36 页。
③ 《马克思恩格斯文集》第一卷，人民出版社，2009，第 286 页。
④ 《邓小平文选》第二卷，人民出版社，1994，第 146 页。

仅仅是经济问题，更多的是由经济带来的政治和道德问题。利益从主体范围的角度划分，包括整体利益和个体利益。个体利益是个体的，或者是某一群体、某一地域的人们的利益；整体利益则是全体人民的利益或称国家利益。青年参与意识发展从权力和权利的角度看，都与利益密切相关。

从整体利益的角度看，青年逐渐意识到人民民主制度符合人民的长远利益。马克思和恩格斯在《共产党宣言》中指出："过去的一切运动都是少数人的，或者为少数人谋利益的运动。无产阶级的运动是绝大多数人的，为绝大多数人谋利益的独立的运动。"[①] 民主发展的基础动力与人民的利益获取和保障联系在一起，利益是民主发展的基础，人民只有在经济发展的基础上解决生存需要并获得一定程度的教育，才有可能参加政治活动。毛泽东指出："新制度所以应该采取，就是因为比旧制度有利得多，不是只对少数人有益处，而是对全国人民都有益处。"[②] 利益是民主发展的动力，人民为民主奋斗的主要动机是依靠民主的力量保障自己的利益和提高自己的社会地位。邓小平指出："社会主义现代化建设是我们当前最大的政治，因为它代表着人民的最大的利益、最根本的利益。"[③] 利益的获取和保障是检验民主真实程度和实际发展水平的标志。共产党坚持人民利益高于一切，把维护和实现人民的利益作为执政党的宗旨和性质的集中体现。人民民主制度的出发点是维护和保障绝大多数人民的利益，经过近 60 年的发展，围绕"如何组织人民正确行使自己手中的权力"的问题，人民民主制度不断完善，在更广泛的意义上维护人民的利益。青年是改革开放最大的受益者，青年对国家的向心力在不断增强。

在全球化的环境中，利益的角逐不仅在国内进行，在宽广的国际舞台上经济战争也在无声进行着。1995～1998 年爆发的亚洲金融危机，许多国家损失惨重，政府处理危机软弱无力，中国在多米诺骨牌的效应下保持人民币不贬值，表现出负责任大国的形象。2008 年席卷全球的金融风暴，在国家利益面前，许多号称自由的国家和组织纷纷举起贸易保护的大旗。如 2009 年 7 月 28 日，欧盟委员会对产自中国的无缝钢管征收为期 5 年的正式反倾销税，税率高达 24%；2009 年 9 月 12 日，美国决定对中国轮胎特保案实施

---

① 《马克思恩格斯选集》第一卷，人民出版社，2012，第 411 页。
② 《毛泽东文集》第六卷，人民出版社，1999，第 499 页。
③ 《邓小平文选》第二卷，人民出版社，1994，第 163 页。

为期 3 年高达 35% 的限制关税。商务部统计数据显示，自 1979 年欧盟对华发起第一起反倾销调查至今 30 年时间里，欧盟共对华发起 140 余起反倾销调查，是对中国发起反倾销调查最多的世贸组织成员之一。① 美国贸易代表办公室（USTR）2009 年 12 月 22 日公布了一份报告，报告中指出，2009 年美中就解决贸易摩擦取得积极进展，但报告也在知识产权保护、美国农产品出口等方面对中国加以指责，并称如果必要，将"毫不犹豫地"在世界贸易组织采取行动。② 在不合理的国际政治经济秩序中，在赤裸裸的利益面前，何来民主？没有国家的强大和经济实力的增强何来"普遍利益"？没有政治自信而奢求与他国平等只能是一厢情愿。这进一步证明了在全球的经济竞争中，民族国家是保护羽翼未丰的国内市场、为公正的国际经济秩序奋斗的重要机制。国际利益的纷争进一步打破青年的民主迷信，从国家利益出发，青年希望中国的民主建设在经济发展、社会公平、政治稳定的基础上进行。

从个人利益的角度，青年对民主的认识也发生了很大的变化。相对于 20 世纪 80 年代青年"身无分文，心忧天下"的理想主义激情，90 年代开始，青年对物质利益的追求超出对政治利益的追求，青年行为的重点从要求政治改革的"公共行动"转向追求私人利益为主的经济活动。今天的青年把改善自己的经济地位放在首位，对民主的追求从理想化的民主制度建构转向现实的利益分配和利益保障。郑永年认为："邓小平南巡开启了中国从在意识形态基础上建构社会秩序向以利益为基础建构社会秩序的转变，从政治社会向经济社会的转变。"③ 青年权利意识也多与现实的公平分配、弱势救济相联系，有直接的经济内容。

风险社会使个体更加脆弱，青年要面对未来的不确定性和高度的不安全感，贝克精辟地概括了风险社会对人的影响："阶级社会的推动力可以用一句话来概括：我饿！风险社会的驱动力则可以用另一句话来概括：我怕！"④ 风险社会中机遇和风险并存，社会在赋予青年更多选择机会的同时，也使他

---

① 朱菲娜、严卿：《欧盟接连发难　中欧贸易摩擦升级》，《中国经济时报》2009 年 8 月 4 日。
② 佚名：《美报告谈中美贸易摩擦　称必要时将"毫不犹豫"采取行动》，2009 年 12 月 23 日，http://stock.cnnb.com.cn/content/channel/tglj/c160/2009/1223/2384461066.shtml。
③ 郑永年：《全球化与中国国家转型》，郁建兴、何子英译，浙江人民出版社，2009，第 65 页。
④ 〔德〕乌尔里希·贝克：《自由与资本主义》，路国林译，浙江人民出版社，2001，第 137 页。

们的未来充满着不确定性，并由此引发恐惧、焦虑、担忧和渴望的情绪。以就业为例，2007 年全国应届高校毕业生为 495 万，2008 年为 559 万，其中未就业的应届毕业生有 168 万，2009 年预计应届毕业生达到 611 万，2009 年需就业高校毕业生达 780 万左右，总量压力持续增加。而据国家统计局、国家人力资源和社会保障部相关统计调查，2009 年全国需要安排就业的人数是 2400 万，全年解决 1200 万人就业，缺口为 1200 万。青年面临严峻的就业压力。[①] 在风险社会激烈的竞争中，青年既表现出寻求安全感的共性，也表现出个人取向的差异性。由于受教育程度、社会支持系统、机遇、能力等的差异，青年之间的差异逐渐扩大。在严峻的就业形势下，青年的精英意识逐渐消解，取而代之的是对物质利益的渴望。青年更为理性务实，他们并不奢求社会给予更多的关爱和照顾，而是希望得到平等的机会，包括更公平的受教育机会、就业机会，他们希望国家和社会能提供安全感和归属感。

　　青年希望通过什么方式和组织保障利益？一些学者认为公民社会是限制政府权力、保障公民民主权利的重要机制。邓正来和景跃进认为："市民社会乃是指社会成员按照契约性规则，以自愿为前提和以自治为基础进行经济活动、社会活动的私域，以及进行议政参政活动的非官方公域。"[②]（"市民社会"和"公民社会"的概念许多时候交叉使用，其内涵基本一致。本书在同一意义上使用两个词。）两位学者认为国家要把经济权力归还社会，公民社会在获得更大经济自由之后逐渐从"私域"扩张到"公域"，保护社会自由、反抗国家控制、发展社会多元性，通过公民社会抑制和平衡国家权力，促进公民的政治参与，以形成国家与社会之间的"良性互动"。通过公民社会（NGO组织）来组织和凝聚社会力量，争取群体合法权益的思想在中国有很大的影响力，青年也是各种 NGO 组织积极的行动者。据民政部统计，1999 年中国的非政府组织总数为 17 余万个；到 2005 年底，在民政部正式登记注册的非政府组织数量已达到 31.5 万个，如果加上未注册的非政府组织，实际总数已超过300 万个。在注册的非政府组织中，青年 NGO 组织达到 30% 以上，而草根青年 NGO 组织为 90 万 ~ 120 万个。在非政府组织成员中，35 岁以下的青年占50% 以上，成为其中坚和主体力量。清华大学的一项调查表明，"1998 年之

---

① 根据多方统计数据整理合成。
② 邓正来、景跃进：《建构中国的市民社会》，载罗岗、倪文尖编选《90 年代思想文选》（第2 卷），广西人民出版社，2000，第 8 页。

前，我国非政府组织的领导成员年龄普遍偏大，30 岁以下的领导者数量很少。近年来涌现出一大批非常年轻的非政府组织领导者，年龄普遍在 30 岁左右"①。青年对非政府组织的认同度越来越高，这种趋势的影响目前还很难定论，但是越来越多的 NGO 组织成为公民维权的组织基础。

利益对青年参与意识的催化作用具有两面性，它既可能是民主发展的活力源泉，也可能是剧烈变革的前兆。由利益推动的青年参与意识发展，其方向既取决于冲突的性质也取决于社会是否采取有效的冲突协调方式。当前中国的利益冲突有尖锐化趋势，青年的政治参与意识也因此不断活跃。民主建设要与这种不断增长的政治参与积极性相适应，通过制度创新满足青年政治参与的需要。青年是否能够发展出符合主流意识形态的参与意识，认同和支持人民民主的社会制度，关键在于利益冲突是否能在制度框架内有效协调，执政党是否能够始终坚持"权为民所用、情为民所系、利为民所谋"，这是中国未来民主发展的严峻挑战。

小　结

改革开放后，青年参与意识发展经历了激烈的变革，1989 年是个分水岭，青年开始从迷信西方到理性探索。本章的主要内容包括以下几方面。

（1）国家民主建设的主题塑造青年参与意识的重点，在这个意义上，青年参与意识发展是被塑造和被教化的过程。改革开放初期青年参与意识出现短暂的震荡，但很快回到正轨。1990 年后，苏联的教训以及全球化背景下国家利益冲突使青年清醒地认识到国家民主建设无法简单模仿，需要结合本国实际不断完善。

（2）青年参与意识发展的核心内容经历了从权力逐渐转向权利的过程，1978～1989 年在忧患意识的驱动下，青年参与意识发展倾向于制度重构，对西方民主的迷信加剧了这一倾向。1990 年后，青年更注重在制度的框架内通过法律的渠道维护自己的权利，重视参与方式的合法、有序。中国民主的进步来源于权利保障的点滴积累。

---

① 中国青少年研究中心课题组：《"十五"期间中国青年发展状况与"十一五"期间中国青年发展趋势研究报告》，2007 年 1 月 13 日，中青网，http://vweb.youth.cn/cms/2006/syx/jygd/xsbg/200701/t20070113_510663.htm。

（3）青年参与意识发展的动力从认同转向利益，并在利益的基础上形成新的认同。与改革前动力主要来自认同不同的是，1978 年后青年参与意识发展的动力主要是利益。青年不仅关注个人利益，而且关注公共利益。青年参与意识发展表现出与主流意识形态不断趋近的倾向。

（4）改革开放后，青年参与意识发展的影响因素多元而复杂，青年经历了对西方的迷信到以多维的视角看待各国民主发展，同时给中国民主更为准确定位的变化。从迷信到祛魅是一代一代青年不断成熟的过程。

（5）综合第二章和第三章的内容，60 多年来不同时期青年对权力和权利认识的高低强弱各异，展现出鲜明的特征，如图 3 - 5 所示。

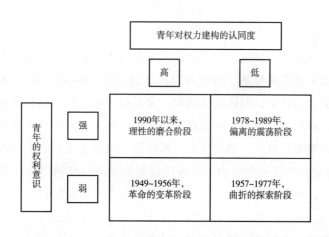

图 3 - 5　青年参与意识的阶段划分与特征

第四章

网络时代的青年参与意识

网络技术的快速发展为青年参与意识发展提供了全新的技术平台，形成新的公共领域和传播领域。网络对民主的促进不仅表现为技术的进步，更重要的是改变了青年的生活、思维和行动方式。从 1994 年 4 月中国与国际互联网全功能接入以来，网民的知情权、参与权、表达权、监督权这四权有了重要保障，网民参与影响了公共政策的走向，其民主意愿表达和权利诉求以病毒传播式聚集并放大，拥有从众，形成巨大的现实压力。不仅参与，甚至"围观"也能产生巨大的压力。政府以崭新的姿态回应网络时代青年参与意识的新发展，电子政府、官方微博、官方微信等开拓新的信息沟通渠道，网络问政、网络问责、网络反腐等成为常态，互联网上思想交锋激烈、利益诉求多元、舆论生态复杂，使网络不仅成为一个平台，一定意义上还成为影响现实生活的"最大变数"。通过网络，青年对公共事务的参与、表达、监督更便利和更快捷，并由此形成新的公共精神和公共价值。网络时代青年参与意识的发展也因此呈现出新的特色。

第一节 网络时代的"众神狂欢"

信息技术的快速发展为青年参与意识发展提供了新的平台和重要推动力。2005 年，中国政府通过了《国家信息化发展战略（2006 ~ 2020）》，把网络的发展和利用提到国家发展战略的高度，政府通过开设网站、信息公开等方式进一步推进民主建设。我国互联网最大的用户是青年，中国互联网络信息中心（CNNIC）《第 34 次中国互联网络发展状况统计报告》显示，到 2014 年 6 月，中国网民数量达到 6.32 亿，29 岁以下的网民占总数的

63.7%，网络成为青年日常生活的重要平台。从 2010 年至 2014 年网民规模和互联网普及率都在快速上升，如图 4 - 1 所示。

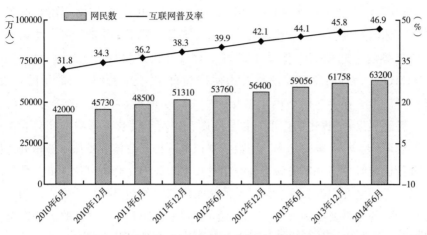

图 4 - 1　2010～2014 年网民规模和互联网普及率

资料来源：中国互联网络信息中心《第 34 次中国互联网络发展状况统计报告》，2014 年 7 月 21 日，http：//www.cnnic.net.cn/hlwfzyj/hlwxzbg/hlwtjbg/201407/t20140721_47437.htm。

在网民的年龄结构中，20～29 岁的青年网民所占比例高达 30.7%，在整体网民中占比最大。

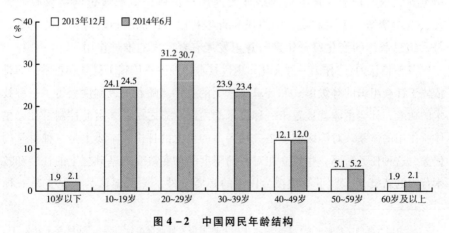

图 4 - 2　中国网民年龄结构

资料来源：中国互联网络信息中心《第 34 次中国互联网络发展状况统计报告》，2014 年 7 月 21 日，http：//www.cnnic.net.cn/hlwfzyj/hlwxzbg/hlwtjbg/201407/t20140721_47437.htm。

中国网民的人均周上网时长达 25.9 小时，各类网络应用的使用上，排前三位的即时通信的使用率达到 89.3%，搜索引擎使用率达到 80.3%，网络新闻的使用率达到 79.6%。① 中国手机网民规模达到 5.27 亿，占比为 83.4%，手机成为第一大上网终端设备。手机网民以年轻用户为主体，年龄为 30 岁及以下的手机网民在总体网民中占比达 60%。② 网络运用中电子商务类、休闲娱乐类、信息获取类、沟通交流类的使用率快速增长，生活网络化的趋势越来越明显。伴随着微博、微信等快速发展，中国进入新型的"微时代"，信息的发布和获取更为便捷和自主。从青年网民数量的角度，我们可以推论青年是网络民主参与的主力，由此推动民主参与的广度的扩大。科恩提出："民主的广度是数量问题，决定于受政策影响的社会成员中实际或可能参与决策的比率。用数字来衡量一种社会体制虽然不够精确，但在进行比较时，还是不失为一种有用的尺度。我们完全可以说，如其他情况相同，百分之九十的公民参加投票的选举所取得的结果比百分之六十的公民参加投票的选举要更为民主。"③ 但是网络民主不仅限于数量的优势，更为重要的是它促进主体的平等性、参与的互动性和效果的有效性。

一 网络促进参与主体的平等性

信息技术产生了电子化的公共领域，互联网成为继广播、报刊、电视之后的第四大媒体，为民主的普及和发展提供了新的渠道，促进了政治参与从精英到大众的转变。青年是网络最大的用户群体，他们通过网络议政、参政、表达情绪、民主监督，网络成为青年利益表达机制和政治参与的主要渠道，信息载体的变化对青年参与意识发展有着巨大的推进作用。

芬伯格认为："作为一种文化，现代技术合理性不依赖于科学和哲学，而是依赖于社会组织的等级形式和计算机这类的技术。随着等级制度获得了一种技术的功能，社会主体就被置于一种技术的内部状态之中，并由此控制了社会主体所作用的体系。对等级制度是一种天命的信念的抨击，本质上是一种哲学的任务，这种任务需要一些建立在对人的限度的彻底接受的基础之上的社会和技术行为的新概念。"④ 平等被视为民主的必要条件，戈德温认为：民主是一种

---

① 中国互联网络信息中心：《第 34 次中国互联网络发展状况统计报告》，2014 年 7 月 21 日，http：//www. cnnic. net. cn/hlwfzyj/hlwxzbg/hlwtjbg/201407/t20140721_47437. htm。
② 中国互联网络信息中心：《2013～2014 年中国移动互联网调查研究报告》，2014 年 8 月 26 日，http：//www. cnnic. net. cn/hlwfzyj/hlwxzbg/ydhlwbg/201408/t20140826_47880. htm。
③ 〔美〕卡尔·科恩：《论民主》，聂崇信、朱秀贤译，商务印书馆，1988，第 13 页。
④ 〔美〕安德鲁·芬伯格：《可选择的现代性》，陆俊、严耕等译，中国社会科学出版社，2003，第 273 页。

管理制度，根据这一制度，每一个社会成员都被认为是同样的人，谁也不比谁更多什么。① 詹姆斯·博曼也提出："持续性不平等同民主协商具有不相容性，协商中的政治平等是判断民主合法性的批判性标准。"② 正是技术的进步，使青年平等参与的理想不断变成现实。青年曾经被认为政治上不成熟而一般被作为政治参与的后备军存在，很少有机会在这一年龄阶段受到足够的重视。网络为青年的平等参与提供了新的平台，网络的匿名性使青年的表达更自由，青年在各种讨论群体中交流和辩论，不同观点之间的交锋以一种和平的方式进行。原本因为现实的受教育程度、职业、社会身份、地域等差异造成的青年的分隔，因为网络而消失，抹去现实差异的"网民"身份使青年拥有了真正意义上的一致性。网络时代的民主议题更开放，参与更广泛，网络问政的深度、广度不断拓展。尤其是自媒体时代的到来，进一步打破了传统的精英、草根的分野，青年拥有全新的话语平台，真正以"平等"的身份和姿态参与民主的进程，青年热情、敏感、疾恶如仇的特性使其成为互联网上最活跃的群体。

二　网络促进参与过程的互动性

通过信息技术，领导者与被领导者建立了直接的联系。2008 年 6 月 20 日，胡锦涛通过人民网与网友在线交流，指出互联网是"做事情、做决策，了解民情、汇聚民智的一个重要渠道"。2009 年 2 月 28 日，温家宝在中国政府网与亿万网民对话。执政党的高层领导重视和使用网络形成很好的示范效应，越来越多的中央和地方党政领导关注并重视网上民意，通过开设留言板、邮箱、博客，设立网络新闻发言人等多种形式与网民沟通。领导者通过这种"网络问政"的方式吸纳普通人参与，大到立法，小到修桥铺路，青年的意见能够更快捷、更有效地被接纳。据人民网统计，"仅 2014 年一年，《地方领导留言板》就刊发网民留言近 16 万件，全国省市县三级党政'一把手'通过这一平台对 11 万余件网友留言作出公开回应，留言总量、回复量均比去年增加 30% 以上。历史回复总数在 2014 年年末又上了一个新的台阶，累计突破 30 万件"③。如图 4-3 所示。

---

① 〔意〕萨尔沃·马斯泰罗内：《欧洲民主史——从孟德斯鸠到凯尔森》，黄华光译，社会科学文献出版社，2005，第 39 页。
② 〔美〕詹姆斯·博曼：《公共协商：多元主义、复杂性与民主》，黄相怀译，中央编译出版社，2006，第 107 页。
③ 《一块留言板一年解决 11 万件网友诉求　累积回复量超 30 万》，2014 年 1 月 9 日，人民网，http://leaders.people.com.cn/n/2015/0109/c178291-26354153.html。

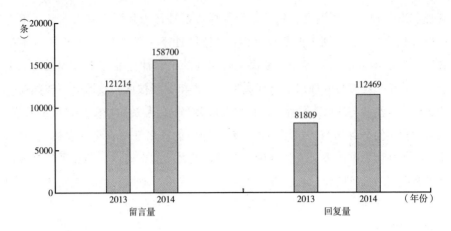

图 4 - 3　地方领导留言板数据统计

资料来源：《一块留言板一年解决 11 万件网友诉求　累积回复量超 30 万》，2014 年 1 月 9 日，人民网，http：//leaders. people. com. cn/n/2015/0109/c178291 - 26354153. html。

在立法，开人代会、党代会等关系全局的重大政治事件中，网民的及时参与和互动以最快的速度体现和反映民情民意。清华大学媒介调查实验室 2009 年发布的监测数据显示：2009 年全国"两会"期间，人民网等六大网站新闻频道日均流量突破 1.7 亿、日均独立用户数超过 1800 万，分别比 2008 年同期增长 33% 和 22%，网民选择通过网络媒体关注"两会"的比例高达 94.5%。[1]　该实验室《2014 年全国两会网络媒体传播价值调研报告》显示，高达 90.2% 的网民首选综合门户网站关注"两会"报道。[2]　人民网举办的 2014 年两会线上调查显示，有 335 万人次投票，排在热门关注词前三项的分别是"社会保障""反腐倡廉"和"食品药品安全"。[3]　重大的法律、法规出台都有广泛的民众参与，公众参与立法的形式也从单一的公众讨论发展为听证会、座谈会、论证会等多种形式并存，网络技术为公民参与立法提供了更为便捷的手段。国务院法制办的官网上有最新的法律征求意见函，并定期邀请专家以在线互动的方式与网民交流。全国人民代表大会的官

---

[1]　王水兴：《网络参政议政：地方人大扩大公民有序政治参与的新途径》，《人大研究》2009 第 10 期。

[2]　《大事件时期更显实力　凤凰网影响力持续提升》，2014 年 4 月 2 日，凤凰网，http：//tech. ifeng. com/internet/detail_2014_04/02/35389406_0. shtml。

[3]　《2014 两会热点调查线下结果出炉：住房最受关注》，2014 年 3 月 3 日，人民网，http：//jx. people. com. cn/n/2014/0303/c186330 - 20688955. html。

网——中国人大网，也以开设专家在线访谈的方式吸纳网民的参与，如《社会保险法》于 2008 年 12 月 28 日开始向社会公开征求意见，仅仅 3 天，中国人大网就收到意见近 3 万条，这在历次法律草案公开征求意见中非常罕见，这是公众参与立法的一个缩影。① 此后，立法向社会广泛征求意见成为常态，在中国人大网的"法律草案征求意见"板块，有正在征求意见和已结束征求意见的数据统计，如 2014 年 11 月 4 日至 12 月 3 日对《刑法修正案（九）》（草案）征求意见，参与人数达到 15096 人，意见条数达到 51362 条。《食品安全法》（修订草案）参与人数为 2468 人，意见条数达到 8877 条。② 网络的互动性使其成为青年参政议政和监督政府的重要渠道。

三　网络促进参与效果的有效性

青年的民主参与如果得不到回应，很容易导致青年产生政治的无力感，进而导致政治冷漠，网络无疑是最快捷和最有效的参与方式。中国社科院发布的《2010 年中国社会形势分析与预测》，把互联网称为"杀伤力最强的舆论载体"，该书引用人民网舆情监测室对 2009 年 77 件影响力较大的社会热点事件的分析表明，其中由网络爆料而引发公众关注的有 23 件，约占全部事件的30%，互联网已逐渐成为新闻舆论的独立源头。该书还指出，根据对五大门户网站热点事件跟帖数量的统计，跟帖过万份的热点事件有 5 项，分别是：湖北巴东县邓玉娇案、重庆打黑风暴、云南晋宁县"躲猫猫"事件、上海交通管理部门"钓鱼执法"、网瘾标准与治疗。③ 正是由于互联网能在最快的时间汇集舆论热点，形成压力，网络成为青年进行民主监督的首选。中国青年报社会调查中心进行的一项在线调查显示，71.5% 的人表示自己"会参与反腐"，而反腐的首选方式是"网络曝光"，选择此项的人数达到 75.5%。④2009 年，网民曝光了戴名表抽天价烟的南京市江宁区房产局原局长周久耕，锲而不舍地追踪广州市海事法院院长公费出国旅游事件，愤怒指责上

---

① 刘姝宏：《二十余部法律草案实施全民参与公开立法　中国步入民主立法新时期》，2009 年 11 月 14 日，http：//www.zsfzj.gov.cn/Application/FramePage/CommonArticle.jsp? ArticleID = 485&nodeID = 412。

② 中国人大网，http：//www.npc.gov.cn/npc/flcazqyj/node_8176.htm。

③ 《社科院：互联网成最具杀伤力舆论载体》，2009 年 12 月 21 日，网易新闻，http：//news.163.com/09/1221/10/5R24E6DQ000120GU.html。

④ 《调查显示公众最愿意通过网络曝光参与反腐》，2009 年 10 月 27 日，浙江·温岭人大，http：//www.wlrd.gov.cn/show.asp? sid = 6050。

海浦东新区城市交通管理行政执法大队对驾驶员孙中界"钓鱼"执法事件……这些事件被公众曝光后，当事人很快受到调查并得到公正的处理。2014 年，政府加大对互联网的管理力度，打击网络谣言等，对一些传播谣言的微博"大 V"进行打击，加大政府及主流媒体的话语权，"在突发事件中，政务微博发声成为政府新闻发布的'标配'，中央级媒体和各级党报纷纷开设法人微博，经常成为事态演变的重要变量"①。网络传递正能量的功能开始加强，网络谣言、恶意爆料社会负面现象的行为有所收敛，而对于反腐败、不文明行为、突发事件、司法审判等信息的关注程度在上升。尤其是自媒体等的运用，使网络成为新闻曝光的重要平台。《2013 年中国互联网舆情分析报告》提出："互联网为大众提供了信息互动平台，不断成长为新闻曝光、舆情发酵与传播的主要渠道。"② 2013 年网络自媒体首发的热点舆情，如表 4 - 1 所示。

表 4 - 1　2013 年网络自媒体首发的热点舆情

时间	地区	事件/话题	最先爆料者	主要载体
2013 年 5 月 12 日	北京	国家发改委副主任刘铁男案	罗昌平	微博、网站
2013 年 5 月 24 日	江苏	埃及千年神庙刻"到此一游"事件	空游无依	微博、博客
2013 年 1 月 16 日	全国	"光盘行动"	徐侠客	微博、图片网站
2013 年 1 月 10 日	辽宁	东港市 80 后女副市长履历事件	记者刘向南	微博
2013 年 5 月 6 日	北京	复旦大学投毒案"唤醒"朱令案	一毛不拔大师	微博、网站
2013 年 12 月 26 日	河南	郑州"房妹"事件	赵某	论坛、微博
2013 年 2 月 12 日	山东	山东潍坊地下水污染传闻	多啦 A 梦 YU	微博
2013 年 3 月 8 日	上海	黄浦江水域发现大量死猪事件	少林寺的猪 1986	微博
2013 年 4 月 3 日	海南	三亚"海天盛宴"事件	曹思阳	微博、图片网站
2013 年 5 月 7 日	湖南	网传湘潭 27 岁副县长事件	湘潭爆哥 007	微博
2013 年 5 月 8 日	北京	京温商城安徽女孩坠亡事件	彭某	微博
2013 年 5 月 24 日	云南	昆明 PX 项目遭遇抵制事件	本人是临时工	微博
2013 年 5 月 31 日	陕西	延安城管双脚踩商户头部事件	狂奔 di 蚂蚁	视频网站
2013 年 6 月 7 日	福建	厦门公交车起火事故	不详、陈水总	视频网站、微博
2013 年 7 月 3 日	北京	北京"黑导游"刀逼购物事件	山中珍宝	视频网站
2013 年 7 月 12 日	湖南	长沙曾成杰案	曾成杰之女	微博

---

① 《2013 年中国互联网舆情分析报告》，2014 年 3 月 18 日，人民网，http：//yuqing. people. com. cn/n/2014/0318/c364391 - 24662668. html。

② 《2013 年中国互联网舆情分析报告》，2014 年 3 月 18 日，人民网，http：//yuqing. people. com. cn/n/2014/0318/c364391 - 24662668. html。

续表

时间	地区	事件/话题	最先爆料者	主要载体
2013 年 8 月 4 日	上海	上海法官涉嫌集体嫖娼案	陈某	微博、视频网站
2013 年 8 月 10 日	山东	平度陈宝成抗拆事件	陈宝成	微博、论坛、博客
2013 年 9 月 17 日	甘肃	张家川初中生发微博刑拘事件	杨某	微博
2013 年 9 月 24 日	陕西	"房姐"龚爱爱案	不详	论坛、微博
2013 年 10 月 14 日	浙江	余姚干部因视察被背照片而免职	哈桑其	微博

资料来源：《2013 年中国互联网舆情分析报告》，2014 年 3 月 18 日，人民网，http://yuqing.people.com.cn/n/2014/0318/c364391 - 24662668.html。

许多青年虽然不是事件的直接亲历者，但是他们作为网民和观察者表达自己的态度，一些群体性事件在网络上动辄达到上百万的点击率。网络在舆论监督的深度和公众参与的广度上有独特的优势，许多网络热点事件涉及公民权利保护、公共权力监督、公共秩序维护和公共道德伸张等，是民主建设的重要领域，青年的积极参与促进中国民主更快发展。

网络的独特优势为青年民主参与提供了新的平台，网络成为青年宣泄情绪、党政干部了解民情的窗口。借助这一现代化的科技手段，许多不合理的事情有了曝光的平台，官员的不法行为也有了更广泛的监督，网络虚拟空间的舆论压力聚集代替了现实生活中的街头政治。在这个意义上，青年参与意识发展更为积极主动，也更为理性务实。与此同时，在网络世界里青年也往往表现出鲁莽和偏激的缺点，网络也可能成为谣言、谎言的温床，青年参与意识发展容易出现偏差和不稳定。

第二节　当前青年参与意识发展调查

为更具体了解网络时代青年参与意识发展情况，我们设计调查问卷，在福建省内展开调查。调研对象为 18～30 岁的青年，包括学生和已经就业或者待业的青年群体，调研区域选择 4 个样本城市，分别是福建省内的福州市、厦门市、泉州市、宁德市，本次调研共发出问卷 900 份，回收有效问卷 796 份。从调查对象性别构成来看，男性占 34.3%，女性占 65.7%；其中在校学生占 58.5%，已就业青年占 39.5%，待业青年占 2.0%。过去主要生活在农村的占 58.3%，生活在城市的占 41.7%。从政治面貌上看，共青团员占多数，达到 62.9%，普通群众为 19.6%，共产党员为 15.5%，民主党派占 2.0%。

一 青年对民主的基本认识

在网络众声喧哗的时代，青年如何看待民主？在调查中，多数青年认为民主主要是人民参与政治、经济、文化活动，把民主视为当家做主，大家都有表达意见的权利和一种政治理念，如表4-2所示。

表4-2 您对于"民主"的理解

选项	频率（人）	百分比（%）
政治概念,现代社会常常提倡的一种理念	362	45.48
多数人决定事情	206	25.88
大家都有表达意见的权利	388	48.74
人民参与政治、经济、文化活动,当家做主	485	60.93
不知如何表达,学术高深的一个词	55	6.91
充满虚伪、欺骗和谎言	57	7.16
其他	20	2.51

青年对社会主义民主本质的认识有没有差异？在调查中，青年对社会主义民主本质的认同比较理性。认为社会主义民主的本质是人民当家做主的占68.29%，如图4-4所示。

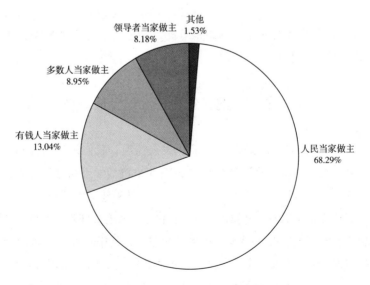

图4-4 您认为社会主义民主的实质是什么

在关于"人民当家做主"的认识的进一步调查中，青年倾向于认可"更多地让人民参与、协商"，青年认为中国特色社会主义民主的特质主要表现为"符合国情和现实需要""发展道路光明"等，如图4-5、图4-6所示。

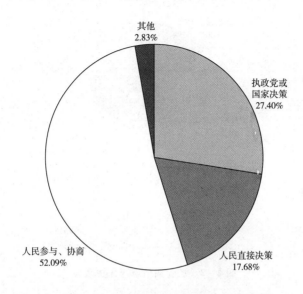

图4-5　您比较认同下列哪些观点

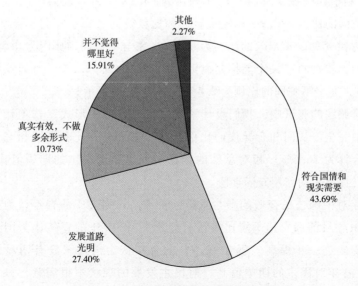

图4-6　您觉得中国民主的特质表现是什么

青年的民主参与以积极主动为主，自觉主动参与和在组织下积极参与的合计比例达到68.41%，如图4－7所示。

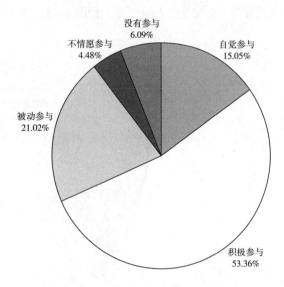

不情愿参与
4.48%

没有参与
6.09%

自觉参与
15.05%

被动参与
21.02%

积极参与
53.36%

图4－7　您会如何参与民主活动

青年对于"民主"作用发挥的期望比较高，如完全赞同和比较赞同"民主有利于社会稳定发展"的比例达到95.2%，有异议的比例为2.9%，完全不赞同的比例为0.9%；完全赞同和比较赞同"民主有利于经济发展"的比例达到95%，有异议的比例为4.5%，完全不赞同的比例为0.5%；完全赞同和比较赞同"民主能抑制腐败"的比例达到92.5%，有异议的比例为5.1%，完全不赞同的比例为2.4%，如图4－8所示。

在对照题的测试中，我们设计"民主都是虚假的形式"选项让青年判断，其中完全不认同和有异议的比例合计为73.4%，比较赞同和完全赞同的比例合计为26.6%。相对悬殊的数据表明青年对民主的期望值比较高，对民主发挥其正向作用充满期盼。

青年对中国公民普遍的参与意识评价不高，44.3%的青年认为国人的参与意识"目前和发达国家比较还有差距"，37.4%的青年认为国人的参与意识需要进一步提高。还有10.7%的青年认为国人"没有明显的参与意识"。青年对民主的期望值高，对民主发展的现状不很满意，二者之间的落差是形成青年参与意识发展的张力，也是中国民主发展的压力和动力来源。

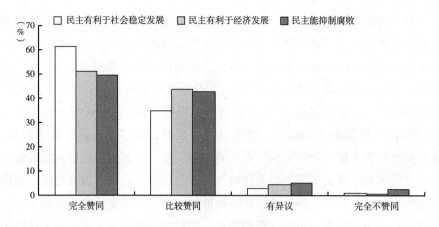

图 4 - 8　您对民主功能的看法

青年对自己的权利认识评价比较积极，有 5% 的青年认为自己非常了解自己的权利和义务，58.1% 的青年认为基本了解自己的权利和义务。而且青年有强烈的行使民主权利的意愿，其比例达到 80.81%，如图 4 - 9 所示。

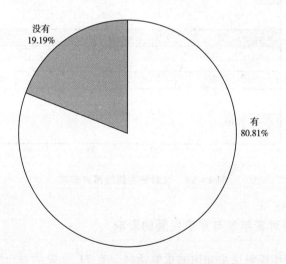

图 4 - 9　您有行使民主权利的意愿吗

虽然青年有强烈的行使民主权利的意愿，但是只有 51.3% 的青年实际行使过自己的民主权利，48.7% 的青年认为自己没有行使过民主权利。青年行使民主权利的意愿高，实际行动低的反差说明青年参与意识和民主实践上还存在一定的知行矛盾，也说明青年民主参与的途径受到一定的限制。

青年对民主的态度呈现分化的趋势。在社会快速发展的背景下，当代青年有明显的娱乐化、功利化倾向，他们对严肃的政治命题不感兴趣，追求个人发展和幸福生活。复旦大学发布的《中国网络社会心态报告》显示："90后很少参与网络抗议行动，超过90%的90后用户上网是为了'记录生活'、'分享心情'、'消遣娱乐'，在他们当中，只有3.4%的人认为自己生活得'不幸福'。"[①] 随着中国经济、政治的快速发展，青年成为最大的受益者，他们拥有较为丰裕的物质生活，安宁的社会环境，尤其重要的是他们有着对未来发展比较乐观的预期。与此同时，高企的房价、高昂的教育与医疗费用等也使青年感受到生活的压力，年龄越低的群体，感受生活的压力越大，一定程度上冲淡了青年对政治议题的关注。因而部分青年对沉重的政治话题不感兴趣，在调查中，青年对民主话题是否感兴趣的人数可谓势均力敌。感兴趣的占49.75%，不感兴趣的占50.00%。

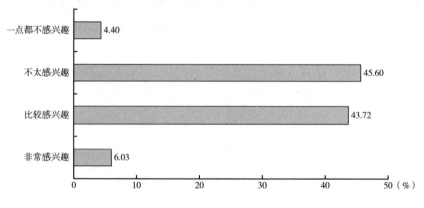

图4-10 您对民主话题感兴趣吗

二 网络对青年参与意识发展的影响

网络是青年接触民主知识的重要途径。有71.36%的青年赞同网络是公民参与意识表达的重要平台（见图4-11）。

在关于接触民主渠道的多项选择中，青年选择网络信息接触的比例仅次于学校课程、讲座的影响（见表4-3）。

---

① 《复旦大学网络心态报告：90后最幸福，60后最愤怒》，中国广播网，http://finance.cnr.cn/gs/201410/t20141023_516652396.shtml。

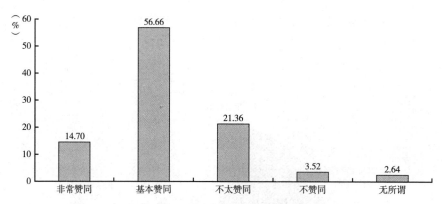

图 4 - 11　您是否认同网络是公民参与意识表达的重要平台

表 4 - 3　您一般通过什么样的渠道接触 "民主"

选项	频率（人）	百分比（%）
家庭教育观念影响	184	23.12
学校课程、讲座等	466	58.54
报纸书刊的专题文章	312	39.20
电视节目	337	42.34
社会实践经验	198	24.87
网络信息接触	395	49.62
其他	23	2.89

　　由于青年的生活经验有限，大多数青年的民主实践是参与校内的选举，除此之外，值得注意的是，青年参与网络评议政策的比例高于其他项目，而参与其他类型的民主实践的数量较少（见表 4 - 4）。

表 4 - 4　您参与过什么类型的民主活动

选项	频率（人）	百分比（%）
校园的班委、班干、主席团选举	589	73.99
人大代表的选举	106	13.32
参加听证会	68	8.54
对话校长、市长、人大代表、政协委员等	59	7.41
写建议信、反馈信	118	14.82
网络评议政策	171	21.48
其他	47	5.90

青年最希望通过网络的方式参与民主。当问及"您愿意主动参与什么类型的民主政治活动？"希望参与网络活动的比例上升，如图 4－12 所示。

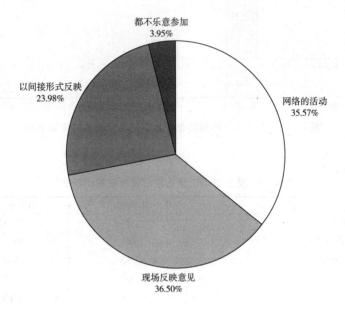

图 4－12　您愿意主动参与什么类型的民主政治活动

青年认为对其参与意识影响最大的是学校教育，但也有一定比例的青年认为网络媒体对其参与意识影响较大（见图 4－13）。

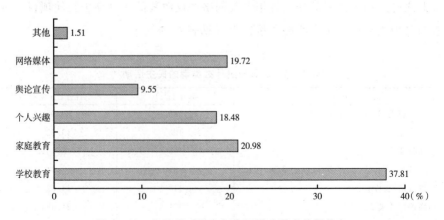

图 4－13　您认为对您参与意识影响最大的是什么

青年希望网络成为培养参与意识最重要的手段，在调查中，有 54.92% 的青年认为要通过网络、社交媒体的渗透式宣传来培养参与意识，如图 4 – 14 所示。

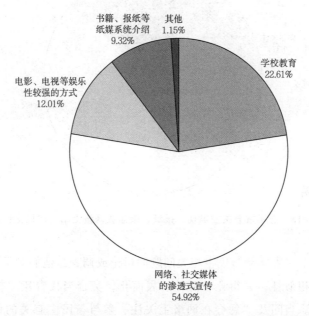

图 4 – 14　您觉得未来哪一种方式将成为培养参与意识的主要手段

青年对民主议题的网络参与也契合当代青年的主要特点，有强烈的参与欲望，喜欢轻松的话题，对沉重严肃的理论探讨兴趣不大，希望以娱乐化或社交圈的方式表达（见表 4 – 5）。

表 4 – 5　您会关注网络上什么形式的"民主"主题活动

选项	频率（人）	百分比（%）
投票	393	49.37
微博微信形式的轻话题讨论	434	54.52
漫画图解或科普	255	32.04
系统而长篇大论的文章	115	14.45
社交网站上的自由谈论	236	29.65
其他	67	8.42

青年在网络上对民主信息的关注比较随性，多数青年选择顺便看看或者偶尔关注，很感兴趣的比例仅占 13.44%（见图 4 – 15）。

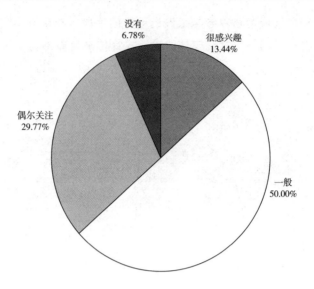

图 4－15　您平常会关注电视、报纸、杂志或网络上相关的民主信息吗

在网络上，青年参与民主相关问题的讨论或调查与他们对民主的关注程度有很强的相似性，显得比较随性、表面化，契合当代青年"标题党"的心态和做法。当问及"您会在网络上关注、参与与民主有关的话题或调查吗"，选择随性参加的比例最高，达到 61.7%，选择只看标题的人数达到 19.9%（见表 4－6）。

表 4－6　您会在网络上关注、参与与民主有关的话题或调查吗

选项	频率（人）	百分比（%）
很感兴趣的,会主动搜索	92	11.6
一般,随性参加	491	61.7
不怎么喜欢,一般只看个标题就不再深入	159	19.9
完全无感,直接跳过	54	6.8

第三节　网络时代青年参与意识发展的特点

网络为青年在国家权力之外孕育出新的公共空间，为参与意识的发展提供了平台和资源。网络民主参与不是互联网与民主参与的简单叠加，而是结构、功能、性质和表现形式都迥异的新形态。网络时代青年对权力运行过程的监督更为快速便捷，也彰显了青年集体行动的群体力量；青年的权利意识不仅表现为对自身权利的认识和追求，由于网络还孕育出新型的公共责任意识，对于公义、公利的追求更为迫切，其参与意识发展呈现出新的特点。

一　青年民主参与的领域进一步扩大，虚拟公共领域成为重要平台

在现实的社会中，青年被嵌入科层制的社会结构。在现实社会的公共空间里，青年参与政治，需要通过对话、沟通、协商、辩论等方式进行，人们平等对话、参与行动受到诸多限制，群体的社会分工、身份地位、活动区域、影响力等都是制约公民民主参与的因素。人们要成为积极参与的行动者比较困难。哈贝马斯将"公共领域"界定为"介于私人领域和公共权威之间的一个领域，是一种非官方公共领域。它是各种公众聚会场所的总称，公众在这一领域对公共权威及其政策和其他共同关心的问题做出评判"。"即他们可以自由地集合和组合，可以自由地表达和公开他们的意见"①。哈贝马斯将参与成员平等性、讨论议题的开放性、参与成员的广泛性作为"公共领域"的三要素。网络作为虚拟的公共空间，颠覆了现实科层制的束缚，弱化了个人身份等影响，消解权威，这一领域真正具备了哈贝马斯关于"公共领域"三要素的界定。网络的广泛运用，孕育出新型的虚拟公共空间，每个人都可以通过网络参与对话、沟通、协商、辩论，而多数人的参与很快形成社会舆论对现实社会产生影响，甚至关注、"围观"本身也是一种参与。一定意义上，在网络虚拟的公共空间中，真正实现了人与人的平等，也使民主参与的对象急剧扩大。尤其是自媒体时代，典型地体现了草根的狂欢与平民的喧嚣，传统的精英与底层、专业与业余等界限都已消失，通过网络，形成政府与青年新的协商和沟通机制，网络问政、网络问责、网络反腐等成为常态，网络中青年对公共事务的参与、表达、监督，形成新的公共精神和公共价值。

虚拟公共空间最典型的特点是同气相求，一呼百应。网络虚拟公共空间，打破了现实社会公共空间中的阶层序列结构，隐去个体的身份，弱化其现实影响，形成虚拟的共同体和认同感。在虚拟的公共空间中，人们剥离了所有社会身份之后，心理自我与现实自我呈现很大的差异。现实世界

---

① 〔德〕哈贝马斯：《公共领域的结构转型》，曹卫东等译，学林出版社，1999，第65页。

差异巨大的阶层在网络上拥有了类似的心理定位，基于相同或相似自我感受的人在网络上迅速同声相应，表达对和自己有相似感受的人与事件的支持或声援，形成汹涌的网络民意。与此同时，网络民主参与不再依赖人为组织，而是按照自己的意愿，随机、随性参与，体现了最大限度的自由和相对的平等，摆脱传统政治控制和现实条件束缚，构建了青年民主参与的新范式。

虚拟公共空间中，点对点、多点对多点的传播特点，为弱势青年群体的民主参与提供了条件。手机上网的普遍发展，尤其是低收入、低学历青年不断加入网民行列，青年作为一个整体的民主参与变得更普遍，覆盖面更广。尤其是微博、微信等自媒体的出现，实现了"人人都有麦克风"，青年在网络环境中的参与更加开放、多元和自由，扩大了青年尤其是弱势青年群体的话语权和影响力。当权利受到侵害时，网络求助、引发围观、形成热点议题、政府回应、解决问题成为一个基本模式，形成新的诉求—回应机制。现实世界中，青年在参政议政方面处于相对弱势的地位，网络拓宽了青年民主参与的渠道，放大了青年表达利益诉求的声音，也增强了青年意愿表达的真实性。通过网络发帖、网上评论、网上投票、网上选举、网上信访等方式，青年可以有效影响公共权力运行和公共政策制定。因为匿名的保护和法不责众的心理，网民对权力的批评也更为直接和尖锐。青年网民关注的领域，从国家大政方针、法律制定等宏观领域，到关注民生改革、个体权利保护和司法不公等具体事件，网络的民意成为政府了解青年需求的窗口，汹涌的"网络扒粪运动"，使陕西"房姐"龚爱爱，合肥"房叔"方广云等无处遁形，真正实现了全民监督的民主氛围。2013 年以来，涉及年轻干部选拔任用的网络热点案例渐多，如广东省揭阳市的"父子接棒"，安徽安庆 22 岁团县委书记，湖南衡阳雁峰区副区长参加工作 10 个月后"火箭提拔"等，在网上引起热议。相比于传统的科层制下青年与政府的互动方式，网络形成扁平化的、发散性的信息传导与反馈系统，网络成为民主参与、民主监督的新场域。

二 网络民主打破青年对"选举民主"的迷思，促进"参与民主"的实现

在网络技术大规模运用之前，在西方强势话语的引导下，青年对民主的认识主要是以选举为主要手段的代议民主，以三权分立为代表的民主形式一

度成为民主的典范甚至是普世价值。选举或选票是否就是民主的本质？西方
民主理论家的回答是肯定的，如熊彼特直言："民主政治只能是人民有机会
接受或拒绝将来要统治他们的人的机会。"[①] 民主不过是统治者以获得多数
选票的方式确认其统治合法性的手段。亨廷顿在《第三波》一书中明确提
出："自第二次世界大战之后，主流的方法几乎完全根据选举来界定民
主。"[②] 如果公民都具有投票权，而且执政者是通过公平、定期、竞争性的
选举产生的，这一政体就被视为民主政体。罗伯特·达尔将当前西方式代议
民主的本质界定为利益集团之间相互妥协的产物，民主"不是一个许多人
在特定政策上联合起来向政府庄严进军的过程，而是一个相对较小的集团之
间的稳步的妥协过程"[③]。选举从作为民主的一种实现形式，变成民主的本
质，民主也随之窄化为"选举民主"。当"选举民主"成为衡量民主有无标
准的同时，民主也就定格为西方式代议制民主。在网络社会，以投票为主要
手段的代议民主受到越来越多的质疑，"人们甚至把它称为'虚假的民主'、
'稀薄的民主'、'断点的民主'、'没有公民参与的民主'"。[④] 2011 年 10 月
9 日，斯拉沃热·齐泽克发表支持"占领华尔街"行动的演讲，宣称"资本
主义与民主的联姻已经终结"，强调反对资本主义的前提是必须打破资本主
义与民主联姻的幻象。[⑤] 打破对西式民主的迷恋并不是否定代议民主本身，
而是反对将某种形式的代议制民主形式直接等同于民主本身。至少在今后相
当长的时间内，代议制民主仍然会在现实世界中起主导作用。网络民主的出
现，使得直接民主或者参与式民主有了更广阔的实现平台，有学者认为：
"未来的民主形式既不是单纯的代议民主，也不是单纯的直接民主，将会是
两者之间新的结合。"[⑥] 网络民主可以综合直接民主和间接民主的优点，塑
造更新型的民主。

　　网络民主是由于网络技术进步衍生的新现象，网络提供平台，改变观

① 〔美〕约瑟夫·熊彼特：《资本主义、社会主义与民主》，吴良健译，商务印书馆，1999，
第 415 页。
② 〔美〕塞缪尔·亨廷顿：《第三波——20 世纪后期民主化浪潮》，刘军宁译，上海三联书店，
1998，第 5 页。
③ 〔美〕罗伯特·达尔：《论民主》，林伯光、林猛译，商务印书馆，1999，第 86 页。
④ 郭小安：《超越抑或拯救代议民主：网络民主价值辨析与合理定位》，《公共行政评论》
2010 年第 4 期。
⑤ 张飞岸：《论民主的"去社会主义化"》，《政治学研究》2011 年第 5 期。
⑥ 郭小安：《超越抑或拯救代议民主：网络民主价值辨析与合理定位》，《公共行政评论》
2010 年第 4 期。

念，促进参与，但民主不是伴随网络技术自发产生的。网络民主最大的特色是广泛的参与，是对传统代议民主的补充、修正和深化。佩特曼认为参与是民主的核心，"全国层次上的代议民主的存在不是民主的充分条件，因为要实现所有人的最大程度的参与，民主的社会化或社会训练必须是在其他领域进行"①。网络为青年的民主训练提供了重要的平台。巴伯认为网络民主将带来更多直接参与的"强势民主"，"强势民主的坚定支持者力图建立一个强大的公民社会，拥护者们兴奋地发现以计算机为基础的信息通讯技术（Information and Communication Technology，ICT）将是他们最杰出的盟友"。②网络参与的实现需要具备两个主要条件：一是受教育程度提高，青年能够熟练运用网络；二是社会开放宽容鼓励青年的网络民主行动。今天中国网络民主发展的重要基础已基本具备，青年受教育程度不断提高，2014 年全国高校毕业生总数达到 727 万，如图 4 - 16 所示。

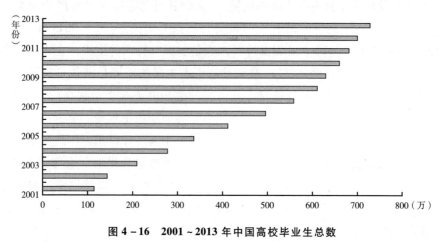

图 4 - 16　2001～2013 年中国高校毕业生总数

资料来源：《2001～2014 年全国高校毕业生人数》，中国教育在线，http：//career. eol. cn/kuai_ xun_ 4343/20131210/t20131210_ 1050496. shtml。

青年在掌握和熟练运用先进的信息通信技术方面有天然的优势，网络成为青年民主训练、民主参与的重要场域。阿尔蒙德的研究也证实受教育程度与民主参与、政治态度之间存在重要的正相关关系。"个人越是自认为主观

① 〔美〕卡罗尔·佩特曼：《参与和民主理论》，陈尧译，上海世纪出版集团，2006，第 43 页。
② 〔美〕本杰明·巴伯：《强势民主》，转引自邹卫中《自由与权力：关于网络民主的政治哲学研究》，中央民族大学博士学位论文，2013。

上有能力的人，他在政治方面似乎就表现得越积极。"① "我们拥有的数据显示，教育水平对政治态度拥有最重要的人口统计上的影响。"② 中国网络民主发展的事实也验证了阿尔蒙德的分析，随着青年受教育程度的提升，他们对网络技术的熟练运用，他们通过网络来表达自己、参与政治的意愿和能力也在不断提升，尤为重要的是，自由而多元的网络参与对青年参与意识的培育有着重要的作用。"对于发展中国家，网络民主的作用主要表现在培育民主意识，聚集民主力量上。……网络民主在发展中国家带来的最大的变化是通过网络培育民主参与意识，进而建立和完善代议民主制度，因为网络能够消除某些现实障碍，激活民主的潜藏因子，重现民主活力。"③

政府对青年的网络参与采取越来越积极的态度，建设人民民主和网络民主相结合的更为合理的民主治理架构。目前政府机关已初步构建舆情监测网络，通过对网络舆情的观测了解青年的需求，回应青年的诉求。虽然在网络上，网民对政府和公权力的批评直接而尖锐，但在现实世界，青年与党和政府的关系处于良性循环状态，政党和政府将青年视为可依靠和可造就的力量，信任和倚重青年；青年信任政党、政府，对制度、道路和理论的自信在上升。青年参与意识发展显得更为理性和有建设性。通过网络，青年可以更好地参与中国的民主进程，实现对权力的监督和个体或公共权利的诉求，政府的良性回应强化了青年对中国民主发展的信心。从期待"选举民主"到实践"参与民主"，不同时期的青年经历了不同的思想历程。在上文的调查中，青年认为中西方民主形式各有适合的国情，选票并不等同于民主。对权力的约束除了选票还有其他机制，权利的获得和保障也不仅限于利益集团的博弈，个体参与进而动员、唤醒群体，形成社会新的压力来源，能够实现民主参与。参与式民主不仅以权力制约权力，还要实现以社会制约权力。曼海姆提出："词义的变化与每一概念的多种含义，反映了在含义的细微差别中包含了相互对抗的生活方式的对立。"④网

---

① 〔美〕加布里埃尔·A. 阿尔蒙德、西德尼·维巴：《公民文化》，徐湘林等译，华夏出版社，1989，第264页。

② 〔美〕加布里埃尔·A. 阿尔蒙德、西德尼·维巴：《公民文化》，徐湘林等译，华夏出版社，1989，第413页。

③ 郭小安：《超越抑或拯救代议民主：网络民主价值辨析与合理定位》，《公共行政评论》2010年第4期。

④ 〔德〕卡尔·曼海姆：《意识形态与乌托邦》，黎鸣、李书崇译，商务印书馆，2000，第84页。

络时代，青年对民主的认识不再纠结于中西之争，而是能回归民主的本意，那就是人民充分的、自由的、有效的参与，真正实现当家做主。虽然目前网络民主并不能实现青年所有关于民主的期待，但是其开辟了一条新路，提供了新的参与方式，激活了青年的民主参与热情，消解了现实的阶层束缚，对青年参与意识的发展有着巨大的促进作用。

三　网络民主中青年理性参与和情绪宣泄相互交织

网络民主虽然为青年参与提供了新的参与平台，一定程度上改变了中国的民主生态，但在其发展过程中也出现很多问题，一些问题与民主制度建设不完善有关，一些问题与青年思想不成熟有关，还有些问题与网络行为不规范有关。总体上表现为青年理性参与和情绪宣泄相互交织，具体表现为两个方面：一是网络民主参与的层次浅；二是出现网络暴政等行为失范。

（一）青年的网络民主参与层次较浅，浮于表面

从网民和网络事件关注和参与的数量上看，青年的网络民主参与具有一定的广度，但是其参与的深度不够，看似热闹喧嚣，仔细分析，其关注的焦点多为表面现象。赵云泽、韩梦霖分析了网络媒体与传统媒体在舆论聚焦点的区别，提出多数公共事件由新媒体率先曝光，新媒体对权力阶层的批判更尖锐，新媒体在议题设置上的能力不断加强的特点。传统媒体具有覆盖面广、受众数量更大，公信力更高，满足公众对信息深度解读需求，更能促进政府层面反应等特点。[①] 从目前的发展来看，网络新媒体具有自发性、草根性等特色，在对新闻舆论聚焦点选择上与传统媒体具有深度上的差距，如表4 -7 所示。

表4 -7　网络"围观"初期和传统媒体跟进后舆论聚焦点的区别

	网络"围观"初期的舆论聚焦点	传统媒体跟进后新形成的舆论聚焦点
郭美美事件	◎对郭美美和红十字会关系的猜测 ◎对红十字会的质疑	◎媒体无底线炒作的反思 ◎检讨慈善管理的制度漏洞 ◎对"富二代"炫富行为的反思 ◎慈善事业健全信息公开机制

---

① 赵云泽、韩梦霖：《从技术到政治：中国网络公共空间的特性分析》，《国际新闻界》2013年第11期。

续表

	网络"围观"初期的舆论聚焦点	传统媒体跟进后新形成的舆论聚焦点
杨达才事件	◎曝光名表及其他奢侈品 ◎呼吁纪检部门调查	◎网络反腐现象的探讨和启示 ◎官员财产公开的制度呼吁 ◎体制内反腐不力的反思
"7·21"北京特大暴雨	◎灾情信息、发布有关求救与救援的信息 ◎为被困人群祈福通过网络传递爱心	◎暴雨中显现的"北京精神" ◎对灾害应对机制、城市排水系统与城市规划的质疑 ◎人口过度集中引发的大城市综合征

资料来源：赵云泽、韩梦霖《从技术到政治：中国网络公共空间的特性分析》，《国际新闻界》2013年第11期。

从青年参与意识的角度，其民主参与深度不足有历史积淀的原因。陈伯礼、徐信贵提出："历史上曾经存在封建制度的历史意识在亚洲形成了一种与民主政治不太契合的心理沉积。"[①] 这种心理沉积表现为在政治生活上习惯于循规蹈矩，缺少个体的自主和自我意识，对政治权威的服从。历史心理积淀的影响和现代商业文化的侵蚀相互作用，使青年缺乏对严肃理论问题的探究欲望，他们对网络事件的关注主要基于义愤或感性，缺乏深度。

网络一定程度上隐去或弱化现实身份的影响，给不同阶层的青年相对公平的参与机会。但是不同阶层的网络话语权仍有差异。赵云泽、付冰清2010年对浏览数量在前500名的网帖，共1500条进行内容分析，通过其表述的话语反推其代表的阶层。研究结果发现，占人口总数33.13%的中间阶层掌握着68%的网络话语权；占人口总数2.4%的社会上层掌握28%的网络话语权，而占有中国人口总数64.8%的"产业工人""农业劳动者""无业失业半失业人员"社会下层只拥有12%的网络话语权。[②] 在网络社会中，传统权威如教师、家长等影响弱化，而"大V"、意见领袖等对青年的影响力大。据谢耘耕、荣婷对新浪微博2011~2012年30起热点事件的舆情统计，被转发量在500次以上的微博热帖只有7548条，而生产这些热帖的微博用户仅有2158个，也就是说影响新浪微博舆论导向的只有2000个左右的意见领袖。而这些意见领袖中，28%是名人，不加V的普通用户占21%，

---

① 陈伯礼、徐信贵：《网络表达的民主考量》，《现代法学》2009年第4期。
② 赵云泽、付冰清：《当下中国网络话语权的社会阶层结构分析》，《国际新闻界》2010年第5期。

草根加 V 的占 14%，媒体从业者占 13%，政务微傅占 1%，传统媒体官方微博占 6%，网络媒体官方微博占 7%，事件当事人占 2%，其他类型机构微博占 7%。① 其他学者的研究也证实，微博、微信的用户总体上是青年居多，但其收入和学历相对较低，公共事件中左右舆论导向的仍是少数意见领袖，青年对复杂政治的判断和理解能力有限，容易被影响和左右。大多数青年是作为"参与者"而非"主导者"参与网络民主。

（二）存在网络暴政等行为失范

民主本应是平等的协商，是在宽容的基础上对多数意见的尊重，同时也强调对少数权益的保护。凯尔森提出："多数与少数之间的自由讨论之所以对民主是必不可少的，就因为这是创造有利于多数和少数之间妥协气氛的一个途径；而妥协则是民主本性的组成部分。妥协的意思就是用这样一个规范来解决冲突，它既不完全符合一方的利益但也不完全违背另一方的利益。"② 但是在网络中，情形却恰恰相反，多数暴政的现象屡见不鲜。托克维尔曾这样描述多数暴政的情景："多数在思想的周围筑起一圈高墙，在这圈墙内，作家可以自由写作，而如果他敢于越过这个雷池，他就要倒霉了。这不是说他有被宗教裁判所烧死的危险，而是说他要成为众人讨厌和天天受辱的对象。"③ 网络上部分人对社会不良现象的声讨和谴责带有强烈的个人偏见，对公权力不信任演变为天然的"有罪推定"，加上部分官员的傲慢与张狂，使网络对权力的挞伐无情而又尖锐，一定意义上体现了对权力、权威的不信任和逆反。充满情绪化的"网络审判"和"网民口水"强化了网络上网民的弱者心态，对假想中的公权力的反叛与攻击被赋予"正义"的色彩，使置身其中的青年既有参与的快感还有道义上的优越性。多数网民接受的信息碎片化严重，并容易被片面和不实信息所蒙蔽，往往基于义愤不加分辨地赞同和支持，"先骂再说"的网络式参与很快形成带有明显情绪宣泄色彩的舆论共鸣，形成群体极化，将某种观点的偏向推向极致，并由此压制不同声音的出现。而其他网民为了避免因自己的态度信念与他人有异而被孤立的困

① 谢耘耕、荣婷：《微博传播的关键节点及其影响因素分析：基于30起重大舆情事件微博热帖的实证研究》，载谢耘耕主编《中国社会舆情与危机管理报告（2013）》，社会科学文献出版社，2013，第350页。
② 〔奥〕汉斯·凯尔森：《法与国家的一般理论》，沈宗灵译，中国大百科全书出版社，1996，第319～320页。
③ 〔法〕托克维尔：《论美国的民主》（上卷），董果良译，商务印书馆，1988，第293页。

境，在网络舆论明显偏向某一边时，会选择放弃或隐藏自己的理性或不同的声音，成为"被淹没的少数"，形成"沉默的螺旋"。这种因为群体极化和沉默的螺旋导致的网络暴政不仅对当事人是严重的伤害，同时对民主参与而言也是有害的。

网络民主的本意是对权力的制约和权利的保障，正如张灏所言："人性中还有一些阴暗面，因此民主是必需的。这是警觉性的民主观。每个社会都要有政治，没有政治就会垮，有政治就会有权力，有权力就有极大的危险性，民主就是冲着框住权力来的。"① 把权力关进制度的笼子，通过民主来制约和监督权力是理性的政治设计，也应当成为青年民主实践的主要指向。但是在网络空间，因为各种原因出现的民主暴政现象，使得对网络具体事件的评论很容易引向对某一群体甚至制度本身的批评与冲击，有溢出制度框架的危险。而青年的参与意识，也可能因为网络中群体无意识、偏激、情绪宣泄等冲击，偏离理性的轨道，这是未来网络社会中青年参与意识培育需要高度警惕的问题。

小　结：网络时代喜忧参半的参与意识

客观地说，网络民主离完善还有很大的距离，但可贵的是它激发了青年的参与热情，培育了网民的参与意识，推动了中国的民主进程。参与改变社会，参与创造公正，青年对于民主的最深的信念，是权力源于平等的人民，权力的行使要接受最广泛的监督；权利源于制度的保障，但是不能等待恩赐，而是需要我们切实地参与来争取、捍卫和维护。权力的正当运用及权利的切实保障是网络民主中青年最关注的问题，对社会丑陋现象的愤怒与鞭挞源于青年对更公正、更透明、更民主社会的热望。也正是通过网络，青年意识到自己的参与具有改变社会的能量，在历史心理积淀和商业娱乐社会的双重夹击下，青年的网络民主参与推动中国的社会进程，显得尤为可贵。

网络时代重塑了青年民主参与的方式，改变其思维，形成新的行动模式。青年从体制内的正式参与到开放的、多元的参与，举手之间，本与民主无直接关联的事件具有了里程碑式的意义，如孙志刚案等。建设社会主义是一个漫长的过程，新中国成立以来对民主的艰辛探索过程中，青年是执政党

---

① 卫毅：《张灏：民主要有幽暗意识》，《南方人物周刊》2011 年 4 月 25 日。

可信任和可依靠的群体，但是他们在不同的历史时期被嵌入不同的历史环境，他们被启发、引导，在体制内的轨道上或积极投入或消极被动，青年或热血沸腾，或倍感悲凉，或轻松愉悦地参与，不断形成具有时代特色和群体烙印的参与意识，他们对权力和权利的认识在不断进步。网络提供了新的技术，开辟了新的场域，尤为重要的是创造了平等的身份。青年渴望公平正义，致力于推动社会发展的热情在网络时代有了宣泄的平台和呼应的机制。他们从单纯的后备力量，成为可以改变社会的现实力量。他们更为客观地看待中西方民主的差异，以更理性的态度参与。

青年的参与意识逐渐超越个体利益的狭隘视野，进入新的公共领域，从而具有新的公共价值。对民主的参与，不是为了一己之私利，而是对社会公正的追求，是对美好生活的期望。

第五章
青年参与意识发展的历史经验

意识没有独立的历史，它总是与一定时期的政治、经济、文化的发展密切相关。纵观 60 多年来青年参与意识发展的历史轨迹，这是一代又一代青年与国家互动关系的一个窗口，有成功的经验，也有失败的教训。青年处于承上启下的关节点上，是民主建设关键性的后备力量，关系到社会主义事业能否持续发展。从宽广的历史视野和国际视角看，我们需要认真总结青年参与意识发展的历史经验，结合青年思想意识发展的新特点，加强青年的教育引导。

第一节　保持制度稳定是青年参与意识健康发展的前提

分析青年参与意识发展的历史经验，首先要确定其发展的原点，分析其影响因素，在古今、中外四个维度的坐标中定位青年参与意识的发展历程。中国青年参与意识发展的坐标系以 1949 年新中国成立为原点，社会主义经济、政治制度的建立奠定了青年权利意识的发展基础，社会的生产力水平和生产关系性质决定了青年权利意识的性质和发展程度。经济基础决定上层建筑，只有稳定的经济基础才能产生稳定的与之相适应的思想意识，保持制度的稳定性是青年参与意识健康发展的前提。

一　坚持中国共产党的领导是制度稳定的核心

中国共产党是中国民主建设的领导核心，坚持中国共产党的领导才能保证人民民主专政制度的稳定发展，才能保证青年参与意识发展与国家民主建设同向互动。

（一） 中国共产党的领导保证中国民主发展的方向

一切革命的根本问题，归根结底是国家政权问题。中国共产党领导人民进行反帝、反封建革命斗争的根本目的，就是要建立一个由中国人民自己当家做主的新国家。革命胜利之后，"无产阶级将利用自己的政治统治，一步一步地夺取资产阶级的全部资本，把一切生产工具集中在国家即组织成为统治阶级的无产阶级手里，并且尽可能快地增加生产力的总量。"① 新中国建立的是工人阶级领导的、以工农联盟为基础的人民民主专政制度，这一国体反映了各阶级在国家中的地位，这是中国区别于其他国家的质的规定性。中国共产党的领导保证了中国民主制度的社会主义性质，彻底否定了"少数人所得而私"的资产阶级民主，中国民主政治建设最根本的原则是坚持中国共产党的领导、人民当家做主和依法治国的有机统一。

中国共产党的领导是人民当家做主和依法治国的根本保证，中国共产党的执政地位维系着社会主义制度的安危。中国共产党与资本主义国家政党不同的是，资本主义国家的政党是在阶层或者团体利益基础上形成的政治利益集团，他们的主要目的是赢得选举，通过和平竞争的法定程序进入国家制度体系，按照法律的授权和制度安排来行使自己的职权。他们不需要论证资本主义制度的合法性，不担负政治社会化的功能，其执政绩效和执政合法性没有必然的关联。中国共产党的领导地位无法简单套用政党概念来理解，中国共产党的政治基础不是某种阶层或者团体的特殊利益，而是整个国家和民族的利益，不是眼前利益，而是长远利益。中国共产党担负着中国独立、富强、民主的政治使命，这一政治使命的完成必须坚持社会主义道路，必须在人民中实行民主，对少部分敌人实行专政，以团结和领导最广大的人民群众共同奋斗。中国人民民主专政的国家政权，是在中国共产党的领导下建立和巩固的，政党的政治理想和国家的制度紧密结合。因而，在国家制度层面的权力建构首先要坚持中国共产党的领导，才能保证民主的中国特色和社会主义性质，这是由历史经验和现实需求决定的。青年拥护共产党的领导与认同社会主义制度是一致的。

（二） 中国共产党实行民主的决心和行动推进民主建设

旗帜鲜明、方向明确，中国的政治制度才能稳定；社会稳定、经济发展，社会主义民主才能稳步推进。中国共产党把民主作为社会主义事业的题

---

① 《马克思恩格斯选集》第一卷，人民出版社，2012，第421页。

中之义，民主不仅是跳出治乱循环的历史周期律的有力武器，还是社会主义本质的体现，民主关系到社会主义事业的成败。中国共产党的执政过程也是推进中国民主建设的过程。杨清（刘书林）提出："从宏观的角度观察，共产党的执政意识经历了一个根本性的大转变。这就是从人民大革命胜利，利用政权普及人民权利、兑现民主权利的阶段，转变为强化社会主义民主，通过社会主义民主建设，及时听取广大人民群众的呼声，进而不断吸取人民群众的民主营养，通过制度化的渠道，不断丰富人民群众民主权利的新的阶段。"①

几代领导人都表达了推进社会主义民主的坚定决心和意志。抗日战争胜利前夕，毛泽东在与黄炎培的谈话中指出："我们已经找到新路，我们能跳出这周期律。这条新路，就是民主。只有让人民来监督政府，政府才不敢松懈。只有人人起来负责，才不会人亡政息。"② 以毛泽东为核心的党的第一代领导人，领导中国建立了人民民主专政的国家制度，共和国的第一部宪法贯穿着社会主义和人民民主两大原则，为中国发展奠定了根本政治前提和制度基础。毛泽东提出把民主作为处理人民内部矛盾的主要手段，通过民主建设来调动人民建设社会主义的积极性。毛泽东用朴素的语言表达了人民最根本的需求："人民考虑的，不外是一个饭碗，一张选票，有饭吃不会死人，有选票可以当家作主，说文明点就是一个工作岗位和一个政治地位。"③ 中国共产党要回应和满足人民的需求，使经济建设与民主建设相辅相成。毛泽东还强调我们不能把人民的民主权利问题，理解为国家只由一部分人管理，人民在这些人的管理下享受劳动、教育、社会保险等权利。他认为管理国家的权利，是社会主义制度下劳动者最大的权利，最根本的权利，中国的民主建设就是要让最广大的人民当家做主。

邓小平把民主作为社会主义的本质，提出"没有民主就没有社会主义，就没有社会主义的现代化"④。在总结"文革"经验教训的基础上，邓小平提出民主制度化、法律化的思路，强调民主和集中不可偏废，民主建设要坚持社会主义方向等问题。随着中国改革开放的进一步深入，在深化改革和制度创新的基础上，中国的民主事业蓬勃发展。杨清认为："中国社会进

---

① 杨清：《中共执政方式的转变与公民权利的发展》，《政治学研究》2007 年第 1 期。
② 逄先知、金冲及主编《毛泽东传（1949－1976）》（上），中央文献出版社，2003，第 16 页。
③ 《毛泽东文集》第六卷，人民出版社，1999，第 491 页。
④ 《邓小平文选》第二卷，人民出版社，1994，第 168 页。

入执政党通过民主渠道听取人民群众权利呼声、不断丰富人民群众权利的阶段。人民群众经过了由享受革命成果的权利转变到通过社会主义民主渠道争取进一步获得权利发展的过程。"① 在坚持四项基本原则的基础上，中国共产党把人民的愿望、诉求，综合成为人民的整体利益和共同意志，转化为国家的政策和法律，推进中国的民主建设。江泽民在党的十六大报告中指出："发展社会主义民主政治，建设社会主义政治文明，是全面建设小康社会的重要目标。"在党的十七大报告中，胡锦涛指出："人民民主是社会主义的生命。发展社会主义民主政治是我们党始终不渝的奋斗目标。"党的十八大报告提出，"民主法制建设迈出新步伐。政治体制改革继续推进。实行城乡按相同人口比例选举人大代表。基层民主不断发展"。十八届三中全会通过的《中共中央关于全面深化改革若干重大问题的决定》提出，全面深化改革的总目标是完善和发展中国特色社会主义制度，推进国家治理体系和治理能力现代化。"紧紧围绕坚持党的领导、人民当家作主、依法治国有机统一深化政治体制改革，加快推进社会主义民主政治制度化、规范化、程序化，建设社会主义法治国家，发展更加广泛、更加充分、更加健全的人民民主。"十八届四中全会通过的《中共中央关于全面推进依法治国若干重大问题的决定》，将依法治国提到新高度，通过"良法"与"善治"的有机结合，为全面深化改革保驾护航，推进民主治理和社会主义民主制度建设。2014年9月，习近平在庆祝中国人民政治协商会议成立65周年大会上的讲话强调，"人民民主是社会主义的生命"，"社会主义协商民主，是中国社会主义民主政治的特有形式和独特优势，是中国共产党的群众路线在政治领域的重要体现"。实行人民民主，保证人民当家做主，要求我们在治国理政时在人民内部各方面进行广泛商量。"在中国社会主义制度下，有事好商量，众人的事情由众人商量，找到全社会意愿和要求的最大公约数，是人民民主的真谛。"②

中国共产党对推进社会主义民主建设的意志始终如一，就是要坚持民主的制度属性，代表和整合人民的利益，按照人民的意愿规划社会发展的远景，使社会主义民主制度体现出优越性。社会主义民主要保障原先受剥削压

---

① 杨清：《中共执政方式的转变与公民权利的发展》，《政治学研究》2007年第1期。

② 《习近平：有事好商量　找到最大公约数是民主真谛》，新华网，http://news.china.com/domestic/945/20140922/18804300_all.html。

迫的最底层人民的利益，必须以无产阶级政党掌握政权为前提。社会主义民主的实现不会是一帆风顺的自发过程，它需要中国共产党掌握和巩固政权，通过执政来实现和满足人民的愿望，通过教育和引导促进青年一代的政治社会化，进行政治关系的再生产，培养自己政治理念的接班人。坚持中国共产党的领导才能使青年参与意识发展有正确方向，马克思和恩格斯在《共产党宣言》中指出，"思想的历史除了证明精神生产随着物质生产的改造而改造，还证明了什么呢？任何一个时代的统治思想始终都不过是统治阶级的思想。"①

二 客观评价中国民主成就是制度稳定的关键

青年该如何评价 60 多年来中国民主建设的成就？如何看待中国民主发展过程中的失误？在批评打压中国的"大合唱"中，青年是否有勇气发出自己的声音？客观评价中国的民主成就，实事求是纠正偏差，关系到制度稳定，也关系到青年对社会主义民主的自信心和自豪感。

（一）正确选择评价中国民主成就的尺度

我们该如何分析中国的民主规范、关注中国的民主实践、评价中国的民主成就？刘德喜等认为："倘若将民主理解为美国式的以多党制、三权分立、军队非政治化为基础的民主，或照搬其他西方国家那样的政治体制，那么这类民主，中国不仅现在没有，将来也很难有；假如将民主等同于全国普选国家领导人，那么尽管中国现在没有，但将来一定会有；如果把民主视为尊重公民自治、接受并尊重人民当家作主的原则，并为实现这一原则构造相应的政治、经济和社会体制，那么中国不仅有，而且近百年来中国人民一直把实现这种民主视为奋斗目标之一。"② 评价一个国家的政治制度、民主程序和民主实质不能凭主观的想象或者理论的预设，而是看其是否符合国家的现实需要和保障人民的实际利益。邓小平认为关键看三条："第一是看国家的政局是否稳定；第二是看能否增进人民的团结，改善人民的生活；第三是看生产力能否得到持续发展。"③ 按照这一标准，我们有理由为中国的民主成就而自豪。

---

① 《马克思恩格斯选集》第一卷，人民出版社，2012，第 420 页。
② 刘德喜等：《全球背景下的中国民主建设》，重庆出版社，2005，前言第 2 页。
③ 《邓小平文选》第三卷，人民出版社，1993，第 213 页。

新中国成立以来，中国实现了几代人梦寐以求的国家统一、民族独立和人民解放，建立了自己的民主制度和民主规范，保持了制度的延续性和稳定性。在中国共产党的领导下，人民团结凝聚起来，在一个人口众多、地区差异悬殊的国家，在一穷二白的基础上，调动一切积极因素，集中力量和智慧一心一意谋发展。中国的政治运行避免了许多不必要的内耗，保持了高效的运转，邓小平指出社会主义政治制度优势之一就是能"充分发挥我们的优势，集中力量办大事"。在政治稳定的基础上，中国的经济建设取得了举世瞩目的成就，特别是改革开放以来，中国创造了国内生产总值年均增长 9.4% 的经济奇迹，人民生活总体上达到小康水平。中国的国际地位不断提高，成为世界政治舞台上举足轻重的政治力量。中国在短短的几十年时间里在许多领域实现了跨越式发展，取得了两弹一星、南水北调、载人航天、举办奥运等重大成就，走完了别国用几十年甚至上百年时间才能走完的路。中国的经济发展还有无限的潜能，在社会稳定的基础上，按照现在的发展速度，中国一定能够实现全面小康社会的奋斗目标。

青年如何评价中国的民主成就将直接影响他们对制度的认同，正确评价中国的民主成就关系到社会主义制度的稳定，也关系到青年是否对中国的民主发展有足够的自信。今天，更多的青年能够客观评价中国的民主成就，珍惜中国稳定和发展的环境。

（二）实事求是总结中国民主发展的经验教训

民主发展是一个不断提出和解决问题的过程，也是执政党不断完善执政方式保障人民权利的过程。从权力构成的角度看，社会主义是人类历史上全新的社会制度，没有现成的经验可循，需要在实践中不断摸索和完善；从权利保障的角度看，人民的权利需要不断发展，实现和保障权利的方式也需要不断完善。李捷认为："民主作为政治诉求往往是理念的、抽象的。但作为国家制度安排，却是具体的、实实在在的。一个执政党要把自己关于民主的理解从诉求变为制度，往往要经过曲折的探索过程。"① 社会主义民主的发展过程有成就也有教训，实事求是总结中国民主发展的历史经验，是制度稳定的需要，也是引导青年参与意识发展的需要。

中国的民主发展曾经经历过严重的挫折。李捷总结了中国共产党 80 年

---

① 李捷：《旗帜、民主、民生：十七大报告三大亮点》，《中国党政干部论坛》2007 年第 11 期。

历史上五次大的挫折：第一次是 1927 年大革命的失败，第二次是 1934 年第五次反"围剿"的失败，第三次是"大跃进"的教训，第四次是"文化大革命"十年内乱，第五次是 1989 年春夏之交的政治风波。① 尤其是"文革"和 1989 年政治风波的挫折，都与中国的民主建设有密切的关系。"文化大革命"使我们认识到坚持民主与法制建设的极端重要性，1989 年政治风波使我们认识到坚持四项基本原则、进行理想信念教育的重要性。邓小平指出："中国的政治体制改革，要讲社会主义的民主，也要讲社会主义的法制。在强调发展民主的同时，要强调教育我们的人民特别是青年要有理想，守纪律。"② 邓小平强调："要特别教育我们的下一代下两代，一定要树立共产主义的远大理想。一定不能让我们的青少年作资本主义腐朽思想的俘虏，那绝对不行。"③

该如何看待这些失误和挫折？历史唯物主义的方法是坚持全面分析，既看到成就，也纠正错误；坚持用发展的眼光，看到挫折的积极意义，不是为了批评而批评。

首先，要承认错误和挫折客观存在，中国共产党并没有讳疾忌医或者遮掩粉饰，而是实事求是承认错误。尝试一种全新的政治制度，在落后的生产力基础上搞建设，需要在实践中艰辛探索，有些挫折的出现不可避免。毛泽东在 1961 年曾提出："社会主义谁也没有干过，没有先学会社会主义的具体政策而后搞社会主义的。"④ 即便是别国成功或者失败的经验，我们在学习和运用的过程中也还需要消化吸收。正如毛泽东指出的："苏联的经验是苏联的经验，他们碰了钉子是他们碰了钉子，我们自己还要碰。好比人害病一样，有些病他害过就有了免疫力，我还没有害过就没有免疫力。"⑤ 新型的民主，从制度建构到程序设计，再到民主权利保障和民主意识教育引导，有许多新的东西需要不断学习和探索，挫折失误难以避免。邓小平坦言："十年来我们的最大失误是在教育方面，对青年的政治思想教育抓得不够，教育发展不够。"⑥

① 李捷：《怎样正确看待中国共产党历史上的错误和挫折》，《高校理论战线》2001 年第 7 期。
② 《邓小平文选》第三卷，人民出版社，1993，第 245 页。
③ 《邓小平文选》第三卷，人民出版社，1993，第 111 页。
④ 《毛泽东文集》第八卷，人民出版社，1999，第 276 页。
⑤ 《毛泽东文集》第八卷，人民出版社，1999，第 276 页。
⑥ 《邓小平文选》第三卷，人民出版社，1993，第 287 页。

其次，要看到党及时纠正错误、总结经验，在挫折的基础上不断前进的事实。毛泽东曾指出："我们的态度是：坚持真理，随时修正错误。"[1] 共产党既不文过饰非，也不把错误都归咎于前任领导人，而是实事求是承认错误，勇于承担责任。"文化大革命"这样全局性的错误是中国民主建设的巨大挫折，邓小平提出："讲错误，不应该只讲毛泽东同志，中央许多负责同志都有错误。'大跃进'，毛泽东同志头脑发热，我们不发热？刘少奇同志、周恩来同志和我都没有反对，陈云同志没有说话。在这些问题上要公正，不要造成一种印象，别的人都正确，只有一个人犯错误。这不符合事实。中央犯错误，不是一个人负责，是集体负责。"[2] 中国共产党不仅承认错误，更重要的是从错误中吸取经验教训，形成正确的理论，指导未来的实践。针对"文化大革命"对民主法制的巨大破坏，党提出民主制度化、法律化的系列措施，通过完善的制度来严格规范党员干部的行为，加强对干部的民主监督，有效回应人民对利益的需求，解决复杂的利益冲突。针对西方民主化浪潮咄咄逼人的气势和东欧剧变的社会主义低潮，党一方面稳住阵脚，坚持发展和完善社会主义民主，通过加强党的执政能力建设应对全球化、网络化的挑战；另一方面加强对青年的教育引导，增强青年对社会主义核心价值体系的认同，有效应对西化、分化思潮的侵蚀。毛泽东指出："如列宁所说，不犯错误的人从来没有。郑重的党在于重视错误，找出错误的原因，分析所以犯错误的客观原因，公开改正。"[3] 从新中国的民主发展历程看，中国共产党在总结经验教训的基础上不断完善民主制度、规范民主程序、推进民主决策、加强民主监督，使中国的民主制度良性运转。在这个意义上，中国共产党是勇于纠正错误的成熟的政党。

实事求是总结中国民主发展的历史经验，是正确历史观的体现，而"一定的历史观是对现实制度特别是政治制度和社会制度的认同感或否定感的集中体现"[4]。对挫折和失误的研究和总结有立场、观点、动机的问题，正确评价中国民主建设的历史经验和现实成就有助于增强青年对社会主义民主的认同感和向心力。错误的言论和观点很容易扰乱思想，瓦解人心，使青年做出错误的价值判断和行为选择。毛泽东说："革命的政党、革命

---

① 《毛泽东文集》第八卷，人民出版社，1999，第291页。
② 《邓小平文选》第二卷，人民出版社，1994，第296页。
③ 《毛泽东文集》第三卷，人民出版社，1999，第197页。
④ 李捷：《我们需要什么样的历史观》，《高校理论战线》2008年第10期。

的人民，总是要经过正反两个方面的经验和教训，才能变得成熟起来"，青年也不例外。

三　警惕以民主为名颠覆制度的各种威胁

在复杂的国际环境中，民主不仅表现为价值观的冲突，而且是意识形态、国家利益角逐的重要战场。加藤节认为："关于民主的争论已从政治问题转向生产、分配、财产所有和阶级这些社会问题上。从此，形式上的、法律上的平等和政治民主与经济上的生产和分配制度之间的关系已成为学术争论和意识形态的政治斗争的主要话题。"① 以民主为名颠覆制度的威胁可以表现为意识形态渗透和舆论压力，也可以表现为制裁、打压中国的现实行动，还可以表现为里应外合式的各种"颜色革命"。青年往往是意识形态渗透的重点对象，各种颠覆社会主义制度的企图总是试图从青年这里打开突破口，把青年培养成为反对社会主义制度的"急先锋"。面对这些威胁，执政党立稳脚跟、居安思危是不二法门。

（一）不诱于誉，不恐于诽

各种"唱衰"中国的言论值得青年警觉。在意识形态的偏见下，两种看似矛盾但实质相同的思潮——"中国威胁论"和"中国崩溃论"在西方世界流行开来。"中国威胁论"意在"捧杀"中国，使中国人对自己的成就沾沾自喜，同时也给中国寻找和制造敌人；"中国崩溃论"意在"棒杀"中国，危言耸听地提出中国没有西方式民主政体必然走向失败，中国的经济崩溃、国家分裂已为时不远。一誉一诽，异曲同工。

"中国威胁论"肇始于20世纪90年代初，1995年中国在台湾海峡进行军事演习时达到高潮。1990年日本的村井友秀在日本《诸君》月刊上发表《论中国这个潜在的威胁》，认为中国人口、资源、军事力量等构成对日本的潜在威胁。② 此后越来越多的人加入这一"合唱"，威胁的对象从一国扩展到多国甚至国际秩序。如美国人芒罗在《正在觉醒的龙：亚洲真正的危险来自中国》一文中极力夸大中国正在威胁美国的基本经济和战略利益。美国的《经济学家》杂志发表多篇论文，提出一个巨大的国家总是倾向于向周边释放力量，"提醒"中国的周边国家注意"中国威胁"。"中国威胁

---

① 〔日〕加藤节：《政治与人》，唐士其译，北京大学出版社，2003，第44页。
② 陈琪：《评"中国威胁论"》，清华大学硕士学位论文，2000。

论"的理论来源主要有两个：一个是"民主和平论"①，另一个是"权力转移论"②。"民主和平论"认为自由民主国家之间绝不会发生战争，民主政治是避免冲突和战争的法宝。其主要依据有三个：一是因为选民不希望战争，民意会影响国家决策；二是定期更换领导人使得政治领袖之间的敌意不会成为战争的原因；三是民主国家能遵守国际上解决冲突的基本准则，以妥协和非暴力的方式解决冲突。"权力转移论"认为在无政府的国际社会中，追求以权力为本的国家利益是国家的基本目标。当一个国家经济强大之后就会有强烈的影响他国的欲望，经济强大—政治崛起—军事扩张是大国发展的必然逻辑。现有的国际体系以西方世界的优势地位为标志，建立在相似的意识形态之上，这一体系的稳定是国际和平的保障。而中国的崛起是在意识形态上根本"异质"的力量，它将对现存的国际体系提出严峻的挑战，从而改变西方国家的战略优势，造成世界的动荡。"权力转移论"连所谓的"价值中立"的幌子都不要了，赤裸裸地为西方国家的国际霸权辩护。这种既没有历史依据也难以自圆其说的理论成为打压中国的政治武器，形成迫使中国改变民主发展道路的巨大政治压力。

"中国崩溃论"是比较含混的说服，既包括一部分从善意的角度出发，提出中国发展中的危机和问题的理论，也包括从敌视中国的立场出发，认为中国必然崩溃的论调。虽然形形色色"中国崩溃"的时间表在现实面前不攻自破，不得不一再延后，但始终阴魂不散。20世纪90年代，苏联解体、东欧剧变，许多人就预言中国也难以幸免。1998年亚洲金融危机，西方又抛出"中国经济即将崩溃"的论调。这些论调无一例外极力夸大中国经济、政治、社会存在的问题，断言中国的政治经济制度正在崩溃，中国社会必将四分五裂。这种危言耸听的论调迎合了许多对中国存有敌意的人的意愿，他们以各种方式加入"唱衰"中国的行列。2001年美国华裔律师章家敦推出《中国即将崩溃》（The Coming Collapse Of China）一书，大力宣扬"中国崩溃论"。该书中文版在台湾出版时，李登辉和陈水扁对之真是相见恨晚，李登辉又是给封面题词，又是大力推荐此书。陈水扁接见章家敦称，在大陆要

---

① 关于"民主和平论"的理论来源和本质，许多学者做过探讨，如潘忠岐《"中国威胁"：现实抑或神话？——从"民主和平论"的缺失谈起》，《理论学习月刊》1997年第3期；周言《威胁世界和平的"民主和平论"》，《光明日报》2001年3月2日，第B4版。

② 关于"权力转移论"更详尽的论述，请参见李小华《"权利转移"与国家体系的稳定——兼析"中国威胁论"》，《世界经济与政治》1999年第5期。

通过民主程序选出自己的领导人，要等到中国崩溃才有可能。2002 年乔·斯塔德韦尔出版《中国梦：寻找地球上最后一个没有开发的大市场》一书，断言中国经济是建立在沙滩上的大厦，注定要崩溃。美国管理学家彼得·杜拉克在《下一个社会》中预言，十年内，中国将分裂。[①] "中国崩溃论"的出台有着强烈的意识形态偏见，以刻意挑选的负面资料哗众取宠，既没有学术价值，也没有现实支撑，终将贻笑大方。在现实面前，"中国崩溃论"难以自圆其说，因而一部分人转而研究中国为什么没有"崩溃"，他们的解释仍然无法摆脱意识形态的偏见，如一些别有用心的人认为中国之所以没有崩溃是因为中国"形左实右"，全面私有化走向资本主义的结果，是抛弃"僵化"意识形态，全面融入世界民主化浪潮的结果。

这两种思潮的兴起，一方面是因为中国经济实力迅猛发展对西方的优势地位构成挑战，使一些企图维护自己霸权地位的国家很不舒服；另一方面是因为中国作为仅存的社会主义国家，是与西方政治制度、价值观对立的意识形态的象征，中国的发展戳破了"历史终结论"的谬论，标志着共产主义的生命力，这是西方真正恐惧的根源。中国经济发展、社会稳定成就的取得是走社会主义道路的成功，这一现象被《外交》主编扎卡利亚称为"非自由民主的崛起"，并视之为对西方"自由民主"定义的挑战。[②]西方打压中国，或者别有用心地"赞美"中国的目的很明确，就是希望中国接受西方的价值观，改弦易辙。在日益开放的中国，诸多的社会思潮对青年有很强烈的影响，"不诱于誉，不恐于诽"才能增强青年对制度的认同，对民主的信心。

（二）警惕"颜色革命"的苗头

21 世纪初，一些国家发生了以政权更迭为目的的"颜色革命"，如 2003 年格鲁吉亚发生了"玫瑰革命"，2004 年乌克兰发生了"橙色革命"，2005 年吉尔吉斯斯坦发生了"郁金香革命"。其他一些国家也出现类似的症状，如塔吉克斯坦在议会选举中出现骚乱，白俄罗斯的反对派发动"雪花革命"，乌兹别克斯坦发生"棉花革命"骚乱事件，在俄罗斯、哈萨克斯坦、阿塞拜疆、古巴、越南等国都发生了与"颜色革命"相类

---

① 关于"中国崩溃论"的内容，不少学者有过比较详尽的论述，具体内容请参见钱镇《谁在高唱"中国崩溃论"？——对几种常见的西方唱衰中国论调的辨析》，《国际展望》2003 年第 11 期；彭庆红《"中国崩溃论"的实质及其影响》，《高校理论战线》2002 年第 12 期。

② Fareed Zakaria, "The Rise of Illiberal Democracy", *Foreign Affairs*, 1997, Vol. (11 – 12)：22 – 43.

似的迹象。肇始于 2011 年的"阿拉伯之春"被一些学者称为中东版"颜色革命"①。各种形式的"颜色革命"并未实现预期的社会民主和经济繁荣，相反使很多国家陷入政局动荡，甚至割据与战乱。"颜色革命"的目的是所谓的"民主化"运动，"颜色革命"的形式多是游行、示威、抗议、骚乱等街头政治，"颜色革命"的先锋是激进的青年组织，"颜色革命"的原因是一些国家国内矛盾积累激化和西方国家民主化扩张战略相互结合的结果。居安思危，面对西方民主化浪潮的巨大压力，中国需要借鉴其他国家政权易手、政局动荡的惨痛教训，警惕"颜色革命"爆发的各种苗头。

首先，要警惕国内矛盾的积累和激化。一些发生"颜色革命"的国家并不是严格意义上以改变政治制度、经济制度为目的的革命，而是由国内社会矛盾积累引发的政治危机，通常以反腐败、反独裁为口号，以更换政权代理人为目的，是政治危机催生的政局动荡。改革开放以来，中国快速发展，但是社会矛盾也在不断积累。地区经济发展不平衡，一部分党员干部贪污腐败、贫富分化加剧等都有可能成为"颜色革命"的催化剂。近年来，民众对政府的不满情绪上升，群体性事件呈上升趋势，民族分裂势力不断挑起事端，这足以引起我们的警惕。

其次，要警惕国外势力的渗透。"颜色革命"是西方长期推行和平演变和遏制战略的延续与发展，大国之间的博弈、西方意识形态渗透是"颜色革命"发生的重要外因。国外势力的渗透有三种主要途径：一是制造有利于反动派的政治舆论；二是提供实际的资金支持；三是培训骨干力量。如美国国家民主研究所、美国民主基金会、索罗斯基金会等出钱出力资助他国反动派，支持非政府组织的各种活动，对许多国家进行"民主渗透"。2003 年 4 月，美国在格鲁吉亚大使馆公开设立了"促进格鲁吉亚民主办公室"，2006 年美国拨款 2400 万美元，在国务院内设立"重建和稳定办公室"，以公民救援的口号向新生民主国家派遣专家，扶持代理人政权，培训反对派领导人，为这些国家的"颜色革命"提供政治支持和资金援助。② 中国始终是西方民主化的重点"目标国家"，从 1999 年至 2007 年，美国政府专门为"同中国民主相关的项目"分配了 1.33 亿美元左右的官方资金，而国家民

---

① 田文林：《落入寒冬的"阿拉伯之春"》，《人民日报》（海外版）2014 年 12 月 26 日。
② 关于"颜色革命"的研究，中国社会科学院世界社会主义研究中心课题组出版了《居安思危 2——颜色革命警示录》的系列视频，对各国"颜色革命"爆发的经过，国外势力渗透的手段等都有详尽的解析。本节的部分数据和事例出自该系列视频的第 2 集。

主基金会（The National Endowment for Democracy，NED）承接了官方"中国民主资金"的1/3比重。[①] 中国海外的民运组织和重要的头目长期依靠美国的扶持和资助生存。一些国家试图给中国共产党和中国政府贴上"反民主""独裁专制"的标签，他们对中国的价值观渗透、媒体操纵、资助反对势力等行动从未停止过，其企图颠覆政权、推行西方民主的用心昭然若揭。

最后，要加强对青年的教育引导。在"颜色革命"中，青年是活跃的急先锋，他们成为街头政治的骨干力量，起着宣传发动和冲锋陷阵的作用。一些发生"颜色革命"的国家经济衰退、政权无力，严峻的经济压力使国家无法为青年发展提供必要的机会和空间，青年失业率居高不下，收入微薄；官员贪污、腐败等现象导致政治黑暗，青年的政治不满情绪不断发酵；意识形态领域的混乱使国家无法有效引导青年，青年处于放任自流的状态，接受和认同西方的民主价值观，青年对政府从失望走向反抗。与此同时，西方势力乘虚而入，对青年的争夺不遗余力，通过开办讲习班、组建青年团体、培训青年领袖和骨干、资助学生运动等方式培养和训练青年，极力扶持激进的青年组织作为发动"颜色革命"和街头政治的先锋队。如格鲁吉亚的"受够了"，乌克兰的"是时候了""我知道"，吉尔吉斯斯坦的"大学生在行动"，白俄罗斯的"公牛"等青年学生组织，后面都有强大的外部力量作为其后盾。今天中国社会的发展为青年提供了广阔的发展空间，但是失业、经济收入低下、教育不公平等问题也困扰着青年，形形色色的非政府组织对青年的吸引力在不断增长。如何为青年提供顺畅的发展路径，加强对他们的教育引导关系重大。

辩证唯物主义认为内因起决定作用，经济发展、社会稳定的国家，即便西方国家有强烈的"民主"改造欲望，也未必能够得逞。邓小平指出，"如果没有改革开放的成果，'六·四'这个关我们闯不过，闯不过就乱，乱就打内战，'文化大革命'就是内战。为什么'六·四'以后我们的国家能够很稳定？就是因为我们搞了改革开放，促进了经济发展，人民生活得到了改善。"[②] 21世纪初，白俄罗斯成功地抵制了西方"颜色革命"的企图，保持了政权的稳定。这对中国有强烈的借鉴意义。从根本上铲除"颜色革

---

① 李俊日：《美国政府对华民主推进捐助与国家民主基金会的作用》，清华大学硕士学位论文，2009。

② 《邓小平文选》第三卷，人民出版社，1993，第371页。

命"爆发的土壤，需要在化解国内矛盾上下功夫，一要发展经济、改善民生；二要不畏强权、坚持自己的道路；三要发扬民主，协调人民内部矛盾，确保稳定。

制度稳定、旗帜鲜明才能有效整合各种思潮，为青年发展提供必要的环境，青年也才能够抵御各种威胁和诱惑，增强对国家民主发展的信心。稳定的制度是青年参与意识发展与国家民主建设同向互动的必要前提。

第二节　重视不同因素对青年参与意识发展的影响

从历史唯物主义的立场看，意识形态无独立的历史，它的存在和发展始终受物质生活条件的制约。"不是意识决定生活，而是生活决定意识。"① 分析青年参与意识发展的历史经验，首先要寻找其发展的原点，分析其影响因素，在横纵坐标中定位青年参与意识的发展历程。中国青年参与意识发展的坐标系以 1949 年新中国成立为原点，在古今、中外四个维度受不同思想理论的影响而游移，并通过青年自己的民主实践确认和校正参与意识发展，理解、适应和改变中国的政治进程。

一　社会存在变化是根本原因

社会存在属于社会生活的物质方面，是不以人的意识为转移的物质关系，包括社会物质生活的所有过程和条件，其最本质的内容是生产方式，即生产力和生产关系的对立统一。社会存在从根本上决定了青年参与意识发展的可能，意识在任何时候都只能是被意识到了的存在，而人们的存在就是他们的现实生活过程。青年参与意识是对社会存在的反映，物质的社会关系决定青年的思想关系。从更宽广的历史视野看青年参与意识的产生和发展，不同的经济基础上形成截然不同的参与意识。在军阀割据时期，民主被军阀、政客玩弄于股掌之间，"有鉴于此，《新青年》的民主诉求，着重于抨击旧政治、旧文化，呈'解放型'而非'建设型'，也就是势之使然了"②。社会主义公有制的建立开创了人民民主的新路，在新的经济基础上，青年参与意识呈现全新的阶级性、价值取向与政治倾向，对社会制度从"解放型"的

---

① 《马克思恩格斯文集》第一卷，人民出版社，2009，第 525 页。
② 冯天瑜：《〈新青年〉民主诉求之特色》，《北京大学学报》（哲学社会科学版）1999 年第 4 期。

否定变成"建设型"的肯定，青年对民主制度有很强的认同感和参与意识。不断发展的技术条件改变了青年的劳动方式，同时也使青年逐渐从潜在的后备性力量变成强劲的现实性力量，青年以更实际和更理性的态度对待民主。

（一）经济结构变化的影响

社会主义民主的根基在于公有制的经济基础。改革开放后，经济结构、经济成分、经济体制发生了重大的变化，与之相对应，青年参与意识发展也呈现出不同的内容和特色。纵观 60 多年青年参与意识发展的轨迹，经济结构变化是其根本原因。

1. 经济基础变革促使青年参与意识从"解放型"向"建设型"转变

"解放型"立意在破坏一个旧制度，青年是现存制度的反叛型力量；"建设型"立意在建设一个新制度，青年拥护支持现政权，是合作型力量。青年参与意识产生的两个前提：青年意识和阶级意识，都与经济基础变革相关。

青年意识是青年意识到自己作为独立的社会主体并开始承担社会责任。传统社会的等级结构包含以年龄为基础的权力分割，老人和成人掌握控制权，青年仅仅作为从未成年人向成年人的过渡形态存在，是不成熟的群体和社会的后备军而非现实的社会力量。虽然五四运动使社会对青年刮目相看，但是在广阔的农村，青年仍然被束缚于旧的经济体制，依附于家族、听命于家长，青年的角色主要是服从。青年没有独立的青年意识，他们无法掌控自己的命运，没有政治权利，经济不独立甚至没有婚姻自由。青年的这种角色定位与传统的小农经济和宗法社会的组织结构相对应。新中国公有制经济基础的建立扫除了束缚青年发展的各种障碍，传统的经济结构、政治结构、社会意识彻底改变，青年从小共同体的束缚中解放出来，成为真正独立的个体，进入更宽广的社会生活领域。在高度集中的计划经济体制下，青年作为最符合国家社会需要的力量受到赞美和信任，青年也开始以独立、自主的姿态展现这一群体的力量。正是社会经济结构的变化使青年开始拥有了青年意识。

马克思主义的指导催生了青年的阶级意识。在新旧社会的革命性变革中，青年不仅作为一个特定的年龄群体存在，更重要的是作为阶级的一员拥有相似的经济利益和社会地位，要为实现共同利益而奋斗。安东尼·奥罗姆认为阶级意识由两部分构成：一个群体中的成员共同意识到他们与另一个群体处于敌对状态；他们都有通过联合行动而反对另一个群体成员的共同愿望。① 历史上，统治阶级的阶级意识总是试图巩固本阶级的地位，而无产阶级上升为统治阶级之后其阶级意识是消灭阶级，正是这种阶级意识激励青年投身革命和建设。消灭阶级的前提是实行公有制的经济制度，巩固人民民主专政的政治制度，保护和发展生产力，提高人民的生活水平。新中国成立初期，中国社会经济结构的革命性变革使消灭阶级成为可能，人与人在国家、社会、经济领域内真实平等的权利建构方式超越了传统的"王朝更替""治乱循环"，在这个意义上，青年的阶级意识使他们拥护和热爱新中国，认同和拥护人民民主专政的政治制度，并在权力的保障和推动下行使自己的民主权利。

在青年意识和阶级意识的基础上，马克思主义民主观指导下的青年参与意识开始产生和发展。在实行高度集中计划经济的时代，中国的经济结构是简单的全民所有制和集体所有制，生产的主体是人民大众，生产的目的是提高人民的生活水平，生产的社会条件和组织过程之间、生产者和管理者之间不存在尖锐的对抗性的矛盾。与之相对应，政治权力的建构集中而单一，官员与人民处于平等的地位，对权力的制约主要来自整党整风、道德规范和人民监督。执政党通过内部严明的纪律和正确的政治方向保障人民的利益。青年认同和拥护这一制度，青年民主权利行使的主要指向是帮助执政党纯洁肌体、监督权力运作。正是建立在公有制基础之上的民主制度得到青年的真正认同，青年开始广泛参与社会生活，实现民主权利。在这个意义上，社会经济基础的革命性变革是青年参与意识产生的基础。

2. 改革开放后经济结构和经济体制变化影响青年参与意识发展

改革开放后，多种经济成分，尤其是非公有制成分快速发展，打破过去集中统一的公有制经济结构。多种所有制经济共同发展给中国社会带来了巨大的活力，也在思想领域形成了矛盾和混乱，对青年参与意识发展产生很大的影响。这种影响主要体现在青年参与意识发展的方向、青年参与意识发展的动力、青年参与意识发展的重点等方面。

经济成分多样化形成了利益多元化，社会开始了阶层分化和贫富分化。工人阶级作为统治阶级其经济地位和社会地位急剧下降，雇佣工人是否还是

---

① 〔美〕安东尼·奥罗姆：《政治社会学导论》，张华青等译，上海世纪出版集团、上海人民出版社，2006，第23页。

国家的主人？非公有制的快速发展是否意味着人民民主专政的物质基础已经动摇？不同阶层、群体之间的利益冲突是否会形成利益集团？中国的民主政治是否要走西方利益集团相互斗争、妥协的道路？这些疑问和困惑一度困扰着青年，影响青年对中国民主发展道路的选择。青年一度把纯而又纯的公有制视为社会主义的象征，经济结构的变化和一部分群体社会地位急剧变动对青年的思想造成强烈的震撼，"辛辛苦苦几十年，一夜回到解放前"的调侃表达出一种深沉的忧患。青年在长期公有制环境下形成的关于社会主义民主制度的总体想象开始崩塌，青年参与意识发展的方向出现混乱，资产阶级自由化思潮滋生蔓延。一些青年认为中国要走三权分立、多党制的民主道路，其突出的表现就是20世纪80年代连绵不断的学潮和社会主义信仰危机。今天，伴随着中国特色社会主义道路的成功，明目张胆主张私有化的人少了，但是对中国民主发展前景存在疑惑的青年仍不在少数，"普世价值"等思想在青年中仍然有较大的影响力。

经济结构调整使青年参与意识发展的重点从权力转向权利。在计划经济时代，权力高度集中统一，国家掌握和分配发展资源，青年发展必须依赖国家的保障。在这一时期，青年参与意识发展的重心是权力的建构和运转，是对掌握权力的党员干部的监督和制约。改革开放后，多种所有制成分并存使青年的发展摆脱了对国家的单一依赖，但是现实的利益冲突也更为复杂和频繁。贪腐现象的多发使青年对完善民主制度有着强烈的愿望，青年尤其希望通过制度化的方式加强对党员干部的民主监督。青年对利益的要求更强烈，对保障权利手段的认识更清晰。现实的利益冲突要求国家提供更为公平的处理机制，这一时期青年参与意识发展的重点是健全民主机制，针对具体问题主张权利，国家层面的权力建构不再是重点。然而，权利与权力是一体双面的关系，当青年的权利保障受阻时，他们终将把矛头指向权力的组成和运行。多种经济结构培育了更加分化的社会结构，这使未来的利益冲突有了物质基础和支撑群体。因此，青年参与意识发展的重心转向不是固定不变的，当青年关注的重心再次从权利转向权力时，它将对中国的民主发展构成更加严峻的挑战。

（二）科技进步的促进作用

科技进步促进了经济快速发展，增强了青年对社会主义制度的向心力。新中国成立之初，农村使用手工工具的个体劳动大量存在，工业基础非常薄弱。1954年，毛泽东感慨地说："现在我们能造什么？能造桌子椅子，能造茶碗茶壶，能种粮食，还能磨成面粉，还能造纸，但是，一辆汽车、一架飞机、一辆坦克、一辆拖拉机都不能造。"① 在很长的时间内，现代化是执政党孜孜以求的目标，民主的一个重要功能是为现代化建设凝聚力量。科技进步在中国经济发展中有着举足轻重的地位，邓小平把科技称为"第一生产力"。在许多国家经济下滑并充满不确定性的时代，中国经济保持了多年的高速和稳定发展，并有无穷的想象空间。2008 年，中国成为世界第三大经济体，中国的经济力量正在逐渐转变为政治和文化的影响力。外界对中国的评价和中国青年对自己所处时代的认知发生了戏剧性的转变，中国不再是简单的追赶者，而是未来全球可能的领导者。曾被认为带有乌托邦性质的"超英赶美"即将和正在变成现实。未来竞争的核心主体是国家，欣欣向荣的经济发展强化了青年对国家发展的认同感，其中包括中国的民主政治。在逐步宽松的社会环境中，青年体会到更多的自由和权利。青年不再亦步亦趋希望中国走议会选举、多党制的道路，而是重新发现和完善中国民主制度的特色和优越性。

科技进步提高了青年的社会地位。科技在促进国家经济发展的同时，也深刻地改变了人们的劳动方式。从手工劳动到机器大工业生产，再到信息时代的知识生产，科技发展使人与生产资料的结合方式发生了巨大的变化。与之对应，不同群体在劳动中的角色和在经济发展中的地位也发生了变化。在以手工工具为主的个体劳动中，个人对家庭的依附关系很明显，老人或成人占主导地位。在机器大工业的劳动过程中，掌握技术和积累经验的成人占据主要位置。青年在这两种劳动方式中都不占优势，充其量是作为社会发展的后备力量受到关注和爱护。今天，以信息技术为代表的劳动方式建立在知识生产的基础之上，掌握知识的青年群体逐渐占据经济发展的主导地位，成为社会发展的现实性力量。青年经济地位提高使他们的需求、他们的思想意识、他们的言论更容易引起社会的关注，而青年的自主意识、平等意识、权利意识也不断增强，这有利于青年成为民主发展的生力军。

科技进步也加速了青年之间的分化。在网络社会，地域、行业、身份、社会地位、教育背景等传统工业社会重要的划分标志在慢慢消融，但技术带来的鸿沟在扩大，青年群体内部出现分化。当一部分有着优裕物质

---

① 《毛泽东文集》第六卷，人民出版社，1999，第 329 页。

生活，掌握高新技术的青年精英在为权利呐喊的时候，另一部分没有技能、没有工作、不会使用现代化技术手段的青年正为生存而焦虑，很难设想他们关于民主的需求和民主的认同会高度一致。中国青少年研究中心课题组关于中国西部青年发展的报告显示，不同青年群体在政治态度上有明显分化，性别、城乡、文化程度和收入对政治态度的影响非常显著。同时，城乡青年网民、不同文化程度的青年网民、人均收入不同的青年网民，在网络态度、上网目的、浏览内容、网络信息处理能力等方面也存在差异。在是否使用过电脑的问题上，城乡青年之间的绝对差距为 31.8 个百分点，相对比为 2.44。西部居民城乡之间的绝对差距为 22.7 个百分点，相对比为 3.08。①正是这些差异构成了数字鸿沟，青年之间的分化为中国未来民主发展的分歧留下隐患。

科技进步为青年的民主表达提供了新的技术手段、新的实现形式，同时也容易误导我们对青年群体的总体判断。在传统的科层制结构体系中，青年在国家权力建构中处于边缘地位。信息技术催生了网络社会，在网络社会中"世界是平的"，网络以快捷的速度连接国家、企业、个人，使青年可能成为自主创造和传播的主体，消解了其中的等级、身份、贫富差异；在网络社会中"世界是新的"，新的劳动方式、新的技术手段、新的社会群体构成网络社会新的主力。网络成为青年表达民主诉求、争取民主权利的重要阵地，各种形式的信息公开和舆论聚焦为青年的民主参与提供了新的平台。网络对青年参与意识发展的作用有很强的两面性：一方面，它使青年借助新的技术手段以更积极的态度参与国家民主建设；另一方面，网络也成为多种声音、多种信息的来源，真假难辨。网络世界关于社会黑暗面的情绪，在揭露和批判的过程中不断酝酿发酵。网络传媒关于典型的、异常的、新奇的事件的报道占据了大幅版面，不同立场、不同取向的观点都在网络上争夺青年。一部分活跃网民对议题的设置和参与带有明显的偏向性，很容易使大多数青年以为世界如此黑暗，使教育者认为青年都如此偏激。网络正在展现其"无中生有"的威力，唤醒青年的参与欲望，塑造一代青年的整体形象，激愤的青年与煽风点火的网络结合很容易成为冲击制度的强大力量。

① 中国青少年研究中心课题组：《中国西部青年发展报告》，载《"十一五"与青少年发展研究报告——第二届中国青少年发展论坛暨中国青少年研究会优秀论文集》，2006。

二　各种思想影响是重要原因

特定时期的历史事件和思想资源深刻影响青年参与意识发展。新中国成立后，尤其是改革开放后 30 多年来，前现代、现代和后现代浓缩并存于当下，使青年的思想承受着难以想象的冲击和震荡。除了马克思主义理论之外，青年在开放的环境下必须面对不同思想理论的碰撞和融合，各种思潮的不断涌现使青年对民主的认识有了更多元的参照系，但也产生了矛盾和混乱，迫使青年主动或被动地接受新事物，调整和适应新环境。

（一）传统观念的影响

中国的封建制度延续了几千年，有成熟的制度框架和与之相适应的文化意识。近代中国在帝国主义的侵略下沦为半殖民地半封建社会，中国的资本主义是不典型、不发达、不独立的资本主义形态。民主作为一种"舶来品"在中国的根基很浅，余英时认为："从价值系统看，中国没有民主仍然是和内在超越的文化形态有关。"① 传统政治文化渗入社会生活的各个领域，对青年参与意识发展有根深蒂固的影响。

中国传统观念强调"民本"思想而非民主思想，政治权力受命于天，而非来自于民。在"君—民"对立统一的国家体系内，"君"处于主人、统治者的地位，"民"是其所有物和附属物，处于权力体系的底层，是纯粹的受治者。"民"虽然存在阶层分化和不同的利益追求，但不是政治发展的主动性力量。"民"的主要任务是在圣王的教化下，遵守圣王制定的合乎伦理的规则，依附和服从于专制的皇权框架。"民"并没有参与政治、监督政治的必然权利，"民"对君的反抗无法从根本上撼动专制统治"受命于天"的合法性基础。在民本思想体系中，"民"是政治的价值前提和终极追求，天命转移源于"民"，天命显现依靠"民"，政治统治面对"民"。君主利民而后教民，教民而后得民，利民、教民、得民而后王天下。但是这种重视"民"的出发点在于"王天下"，君主从畏"民"、惧"民"，家天下兴亡的角度考虑"君之舟"如何能免于"覆于水"的问题，把民本思想作为巩固王权的利器。在强调皇权至上、宗法秩序的社会中，专制的权力观形成人们对权力既向往又敬畏、对权威既蔑视又顺从的心态。社会主义制度的建立彻底根除传统权力观存在的政治、经济、社会基础，但在思想领域内清除其影

---

① 余英时：《儒家伦理与商人精神》，广西师范大学出版社，2004，第 27 页。

响无法一蹴而就。

传统权力观与现代民主社会格格不入，但是作为一种深层的历史和文化积淀却在潜移默化影响青年，形成青年对权力既向往又畏惧、依附意识强烈而自主意识薄弱的心理。根据陕西六所高校的调查，大学生群体中依然有50.7%的男生和47.2%的女生"希望将来走上社会后手中拥有一定的权力"，他们掌权的首要动机是"体现与证明自己的价值、能力与成功"①。虽然青年对官僚主义、特权思想、贪污腐败等不正之风深恶痛绝，但是面临具体的利益冲突时，他们首先想的是仍然是"找关系""走后门"，在必要的时候他们也会借助歪门邪道来获得权力，实现自己的目的。在问及"你们的学生干部选举中是否有请客、许诺好处、拉帮结派等不正当的拉票行为"时，调查地陕西68.1%的本科学生和79.6%的专科学生选择"有一些"和"很普遍"。②许多"职场哲学""办公室哲学"教导的是阿谀奉承、曲学阿世，在青年中有很大的市场。这种知与行的矛盾反映了青年对权力认识的混乱与矛盾。

传统权力观的影响还表现为政治效能感低下和政治冷漠。青年对自己的行为能够影响政治决策并实现自己的政治目标信心不足，因而也不愿意投入社会成本参与政治活动，表现出民主发展"等""靠""要"的依赖心理。一部分青年依赖政府照顾自己的利益，而不是积极主动争取。1995年，余振和郭正林的调查显示，大陆大学生首选的四项民主变量指标，都与政府机构的实际运作和办事作风有密切的关系。大学生倾向于把"民主政府"等同于"好政府"，忽视政府产生和政府决策的民主程序。③ 这种阻碍参与意识发展的传统观念在不发达农村地区青年身上表现得更为明显。曹卫秋等对欠发达地区青年农民素质的调查结果显示："部分村民甚至对关系到自己切身利益的大事关心不够，如有32%的被调查者表示不愿参加村委会选举。究其原因，有87.15%的人认为当地村民选举是在'搞形式主义'，46.19%的人认为'选举的宣传组织工作不力'，甚至有71.4%的人认为'村委会选举与己无关，不如回家多干点活'"④。一些青年在个体与权力的关系体系中

① 李颖：《传统、现代、后现代：当代大学生政治意识的三重视野》，《青年研究》2009年第1期。
② 李颖：《传统、现代、后现代：当代大学生政治意识的三重视野》，《青年研究》2009年第1期。
③ 余振、郭正林：《当代中国青年的民主意识——对海峡两岸四地大学生的民主意识比较》，《青年研究》1997年第6期。
④ 曹卫秋等：《欠发达地区青年农民素质的调查》，《青年研究》2000年第2期。

还未能表现出明显的自主意识，而是习惯于对权力系统的依赖，期待政府"为民做主"。

在传统的观念中，义务而非权利成为首要的概念。余英时认为："中国人的权利意识一向被压缩在义务观念之下。"传统的政治结构与人伦秩序合二为一，义务的底线就是生存的底线。在没有民主渠道可以伸张权利的时代，以暴易暴、官逼民反具有现实的合理性，并被赋予体现"天命"移易的价值终极性。现代社会，虽然青年的权利意识不断萌芽成长，但是他们争取权利的方式依然带有"以暴制暴"的痕迹，经常在沉默与爆发的两个极端转换。当青年的权益受损时，他们会选择"忍气吞声"，当忍无可忍时他们的行为也会变得极端和暴力，典型的个案如上海的杨佳袭警案。在一些群体性事件中，破坏财产、暴力伤害等行为时有发生，一些青年以非制度化的方式表达和维护自己的权利，这种现象在农村更加普遍。青年利益表达方式的不正当性，不仅影响社会稳定和经济发展，也无助于问题解决。不当的方式本身吸引了人们关注的视线，而需要表达的利益目标却被掩盖和消解了，使青年利益表达的有效性大打折扣。在民主社会中，青年学会在制度的框架内借助合理的方式解决利益冲突是参与意识发展的体现。

（二） 西方思潮的影响

民主是西方的"舶来品"，西方思想家关于权力和权利的论述与中国传统思想旨趣各异。在近代，发达资本主义国家的崛起使西方的许多思想理论如潮水般涌向世界。冷战之后，西方炮制出"自由民主"和"专制集权"的意识形态对垒，虚构出西方自由民主优越性的强势话语，并以此影响和支配许多国家的民主进程。中国改革开放后，在赶超的忧患意识下，西方的许多思想被青年视为圭臬，并被试图用以解释和改造中国。全球化时代，盲目迷信西方的青年少了，但是西方思潮关于权力和权利的观念仍然对青年参与意识发展有很强烈的影响。

西方的思想家表现出一种对权力的普遍不信任感，既要防范掌握权力的人为所欲为，又要防范一部分人倚仗人多势众推行"暴民统治"，因此要用一种精巧的政治体制来实现权力之间的制约与平衡。西方代议制民主的典型特征是分权制衡，通过分权对权力加以外部制约，而这种外部制约必须由宪法预先加以规定。人民通过自由选举的代表掌握和行使立法和行政权，同时建立监督体系来监督和防范掌握权力的人，以和平的方式更换统治者。这种制度被冠以"宪政民主""选举民主""自由民主"的美名，并被作为民主的样板和标准向各国推销。

对权利，西方的许多思想家丝毫不吝啬赞美之词，权利被视为"天赋的"、每个人自然平等拥有的，是神圣不可侵犯的，为权利而斗争是合情合法的。如德国法学家耶林提出："世界上一切法权是经由斗争而获得的，每一项权利，都是准备自己去主张它为前提。正义一手提着天平，以此去衡量法权，一手握着干戈，用以去维护法权。没有天平的干戈，是法权的赤裸裸的暴力，没有干戈的天平，是法权的软弱无能。"[①] 耶林还用形象的比喻形容历经艰苦斗争得来的权利的意义："不费吹灰之力获得的法，犹如仙鹤送来的孩子，仙鹤送来的孩子，可能又被狐狸或秃鹫叼走。但狐狸从生育孩子的母亲那里叼不走孩子，同样很少从民众那里夺去他们在艰难困苦浴血奋斗中获得的法和制度。"[②]

建立在这种权力和权利观上的资本主义民主制度被认为在价值上具有终极性，在制度上具有普适性。西方许多学者把这种民主作为世界民主政治发展的样板，如亨廷顿提出："民主政治的核心程序是被统治的人民通过竞争性的选举来挑选领袖。"[③] 亨廷顿回顾三波声势较大的民主化浪潮在世界范围内扩张的历史，尤其是20世纪70年代以来的第三波民主化浪潮，在15年内促使30个威权国家建立民主政权，更重要的是吞没了共产主义世界。苏联解体和东欧剧变证明了以竞争性选择为特征的西方民主制度的成功与生命力，亨廷顿由此断言自由民主是衡量政府政治合法性的唯一标准。无独有偶，福山在其《历史的终结及最后的人》一书中提出，西方的自由主义将成为人类意识形态进步的终点，西方的民主政体将作为政府的最终形式得到普遍推广，成为人类统治的最后形态。[④]

许多有真知灼见的学者一针见血地指出资本主义社会权利平等的虚伪性，不仅马克思、恩格斯、列宁激烈批评西方民主的虚伪性，有良知的学者也承认在西方资本主义国家，人生而平等的原则在现实中大打折扣。公

---

① 〔德〕鲁道夫·冯·耶林:《为权利而斗争》，郑永流译，法律出版社，2007，第2页。
② 〔德〕鲁道夫·冯·耶林:《为权利而斗争》，郑永流译，法律出版社，2007，第8页。
③ 〔美〕塞缪尔·亨廷顿:《文明的冲突与世界秩序的重建》，周琪译，新华出版社，1998，第4页。
④ 〔美〕弗兰西斯·福山:《历史的终结及最后的人》，黄胜强等译，中国社会科学出版社，2003。

民权利的实现是人民长期抗争的结果，不是统治阶级基于平等理念的恩赐。如美国学者查尔斯·蒂利指出："无论过去还是现在，除了极少的革命时刻，没有哪个欧洲国家的政权，不是由少数富有而人脉广泛的人——我指的是男人——在其中发挥超乎寻常的影响。"① 戴伊认为美国式民主不过是精英的统治，民主"与其说是反映人民的要求不如说是反映精英的志趣和价值观"②。王绍光把美国式民主称为"选主"，金钱对选举过程的侵蚀使选举成为政党分赃、政客操纵选民、政党更换政治代理人的游戏。奥巴马在其《希望的勇气》一书中承认："竞选，需要电视媒体和广告，这就需要钱，去弄钱的过程就是一个产生腐败影响的过程，拿了钱，就要照顾提供金钱者的利益。"③

这些深刻的理论和现实批判也未能抵挡西方民主咄咄逼人的攻势。在发达资本主义国家经济、政治、军事实力占据上风的今天，许多人随声附和，把西方式民主制度作为放之四海而皆准的"普世价值"。判断民主有无、好坏的标准是西方的"自由民主"，所谓的"与国际接轨"成为推动民主发展的时髦话语。这些思潮对思想尚未成熟的青年具有强烈的吸引力，中国改革开放以后，青年一度把对西方民主的崇拜推向极致，并导致学潮冲击社会主义制度。关于西方思潮对青年参与意识影响的内容，在第三章有过详细的论述，这里不再赘述。

（三）混合思想的影响

之所以把一些理论称为混合思想，是因为它们虽然来源于西方，但是通过与中国的问题相结合，形成了既带有外来经验痕迹又不完全等同的新理论。混合思想既包括海外学人对中国问题研究形成的理论，也包括中国本土学者借鉴西方理论框架分析中国问题的成果等。这些理论基于中国的现实问题，采用多元的理论指导、分析框架和模型来解释中国已经发生的和正在发生的政治活动，形成了新的思想资源。混合思想的形成拓宽了我们认识中国的宽度和深度，但也应当承认，它们对中国民主的分析使青年参与意识发展出现了一些混乱和矛盾。

---

① 〔美〕查尔斯·蒂利：《欧洲的抗争与民主（1650~2000）》，陈周旺等译，上海人民出版社，2008，第1页。
② 〔美〕托马斯·戴伊、哈蒙·齐格勒：《民主的嘲讽》，孙占平等译，世界知识出版社，1991，第5页。
③ 转引自张维为《大胆走民主创新之路》，《红旗文稿（文摘）》2009年第13期。

　　典型的混合思想运用西方多元社会的理论，从"国家"与"社会"二元对立、相互支持的角度来论证中国民主发展的必要性。20 世纪 90 年代初，国家与社会的分析框架开始兴起，一些学者采用这种框架分析中国"国家"与"社会"之间的权利分化和平衡关系。国家与社会的二元视角首先需要清晰界定二者的权力范围，越界被视为侵犯并由此引发国家与社会的冲突。张静认为："这种表达需要假定双方具有各自自主的正当性权利，从而建立起一种相互对应的关系结构，它们的分立、互动、谈判或冲突，意味着权利的界定、变化或交换；更深层的，意味着规范秩序的社会法则的变化。"① 在这一理性框架下，"公民社会"理论和"法团主义"理论从不同角度分析国家与社会的关系。"公民社会"理论寻求限制国家权力扩张的力量来源，强调国家与社会之间的对立与冲突；"法团主义"探讨国家与社会的权利交换，强调二者的联系与合作。学者们的研究存在一些分歧，比较集中的共识是以公民社会作为中国民主发展的社会基础和动力来源。这种分析思路基于中国之外的社会经验，"当它运用于中国分析的时候，一方面带来了以往观察中所忽略的面向，另一方面由于把不同社会的问题意识及知识运用到对中国秩序的分析上，它的优势和局限因此而同在"②。一些学者认为中国如果没有利益和群体的分化，不形成多元的竞争性政治格局就没有民主。中国要发展民主就必须使"国家"去政治化、去意识形态化，保持中立性和超脱性，中国当前的当务之急是"重建社会"。在这种思路的影响下，民主成为沟通国家与社会，并进行权利分化和交换的渠道。学者们关注的焦点是独立的"公民社会"组织的壮大，并获得自主性，成为能够抵抗国家"权利侵害"的力量来源。

　　这一理论分析框架在中国学界的影响力在不断扩大，无论是否赞同这种观点都不得不了解它。"北京大学和中国人民大学在研究生当中试开了有关的专题课程，其中的若干书目引起了学生的兴趣，某些观念也已经明显影响到学位论文的写作取向，甚至在中国社会科学院和国家教委支持的研究课题里，'国家与社会'也被列入政治学和社会学类别中。"③ 这种理论通过高校的平台，正在影响越来越多的青年大学生，青年不仅接受这种理论，而且积

---

①　张静主编《国家与社会》，浙江人民出版社，1998，第 2 页。

②　张静主编《国家与社会》，浙江人民出版社，1998，第 2 页。

③　张静主编《国家与社会》，浙江人民出版社，1998，第 1 页。

极实践这种理论。在公民社会组织的成员中，35 岁以下的青年占 50% 以上，成为其中坚和主体力量。① 这些理论对马克思主义关于民主发展、国家和社会的理论论述是一个严峻的挑战。

也有学者不赞同国家—社会二元分化理论，也不认为中国民主发展是与国际接轨的结果。如崔之元认为："制度创新，是中国改革开放成功经验的灵魂，而经济民主则是制度创新的源泉和目的。"② 崔之元还提出中国的民主发展不一定要采用多党制，通过候选人坚持不同议题开展竞争性选举也可以实现民主。西方国家政党之间的界限日益模糊，选民传统的"政党取向"（Party - Orientated）逐渐为"议题取向"（Issue - Orientated）所取代，中国可以借鉴这种思路。③ 胡鞍钢和王绍光提出国家能力建设是民主发展的基础。王绍光提出公共财政制度的重要性不亚于选举制度，改造公共财政比"政治民主"更容易操作。"从收入和支出两方面改造公共财政是遏制腐败，加大政府透明性，调节收入分配，缓解社会矛盾，增强国家能力的制度条件。不改造公共财政，无论是基层民主，还是更大范围的民主，都难以发挥实效。改造公共财政的过程实际上也是政治改革的过程。"④ 潘维提出对民主的祛魅，以宪政和法治来实现社会的良性运作。⑤ 这些思想的提出都有很深的学术渊源，倡导者也多数是学术大家，有很强的舆论和学术影响力，他们的理论丰富了对中国民主发展的不同层次、不同视野的认识，但是也对马克思主义民主观形成一定的冲击。

三 青年民主实践是直接原因

社会主义制度的建立奠定了青年参与意识发展的基础，决定其发展方向。在多种思想的影响下，青年参与意识发展出现一定程度的游移。民主实践是青年校正民主理念、调整民主预期的杠杆，离开青年的民主实践分析其参与意识很容易以偏概全，尤其是对"反右""文革"等敏感时期的分析，

---

① 中国青少年研究中心课题组：《"十五"期间中国青年发展状况与"十一五"期间中国青年发展趋势研究报告》，2007 年 1 月 13 日，中青网，http：//vweb. youth. cn/cms/2006/syx/jygd/xsbg/200701/t20070113_510663. htm。

② 崔之元：《统独问题不是两岸最高价值》，《中国时报》2010 年 1 月 4 日。

③ 崔之元教授的类似观点在清华大学研究生课程"比较公共政策"等课堂上有提及。

④ 王绍光：《美国"进步时代"的启示》，《读书》2001 年第 8 期。

⑤ 潘维：《法治与"民主迷信"——一个法治主义者眼中的中国现代化和世界秩序》，香港社会科学出版社有限公司，2003。

更容易以个人好恶或者政治偏见一言以蔽之。

一些学者批评高度集中的计划经济体制压制了民主，如 Yijang Ding 认为："单位制的垂直管理把社会嵌入国家系统中，使国家能够全面控制社会，个人和群体的政治参与被严格限制，这种经济结构和社会结构相应地产生了否定个体性和创造性的集体文化，这是中国缺乏民主的一个根源。"[1]这种观点只看到了表面，事实上青年在小单位的民主实践恰恰是这一时期民主发展的重点，青年也正是通过单位内的民主实践真正接触和感受民主。即便是存在偏差的"大民主"实践也要辩证看待。郑永年总结了一部分学者对"大民主"的看法："新左派认为，毛泽东式'大民主'的主要目的不是政治斗争，而是形成以大众参与为基础的真正民主。毛泽东时代的大众民主是对西方现代性危机的反思，并旨在提供一种替代西方民主的方案。毛泽东希望为人民创造机会，使之成为中国政治和经济发展的一部分。但由于各种原因，毛泽东式大众民主在'文化大革命'期间被'歪曲'了。"[2] 不同时期，民主发展有不同的局限性，但是无论在什么环境下，青年关于真正的平等自由、权利保障的追求不应当被忽视。

（一）青年通过民主实践更新民主理念

新中国成立之初，政府作为新思想和新行为坚定的倡导者和支持者，创造各种机会引导青年参与国家管理。青年作为新制度可靠的新生力量积极参与民主实践，青年的民主参与不仅体现在全国层次的代议形式，而且体现在日常生活的各个层面、各个领域。在除旧布新的政权建设过程中，如民主建政、土改、"镇反"、抗美援朝、"三反"、"五反"、普选和宪法草案讨论、召开人民代表大会等重大的政治活动中，青年始终是积极的参与者。在制度的保障下，青年从各种束缚中解脱出来，获得了前所未有的自由、民主和解放。青年争取和维护自己的权益，如学徒工反抗封建压迫，积极争取自身权益的行动；青年男女争取婚姻自由的斗争；青年对教育、劳动等权利的争取等。青年在共青团、工厂、农业合作社、学校等各种组织中学习和实践民主，反对官僚主义、化解人民内部矛盾。青年正是在国家权力建构和争取自身权益的民主实践中，真切体会到当家做主的主人翁的自豪感。邓小平指

[1] Yijang Ding, *Chinese Democracy after Tiananmen*, Vancouver, B. C., CAN: UBC Press, 2002, p. 10.

[2] 郑永年：《全球化与中国国家转型》，郁建兴、何子英译，浙江人民出版社，2009，第184页。

出："实际的政治斗争，是党员和群众的最好锻炼。……而在我们各种工作中，哪一件事里面都有民主问题。我党要善于在一切工作中，一切运动中，大大发扬大众的民主主义作风，与一切不民主的现象作斗争。"①

民主实践使青年的民主理念发生了革命性的变革。新中国的民主建设是在马克思主义指导下实践人民主权原则，新的民主制度符合人民的根本利益，实现了"被剥削者的政权代替剥削者的政权"的革命性变革。民主的作用不再是治乱循环过程中争取群体利益的对抗性工具，而是在人民根本利益一致的情况下，凝聚人心、化解矛盾，调动人民积极性的重要手段。邓小平提出："调动积极性是最大的民主"，这是对民主在中国政治实践中的地位和作用的准确概括。

（二）青年通过民主实践促进民主发展

民主发展不仅需要一定的经济、社会、文化条件，而且需要主体具备一定的民主素质，尊重民主程序，具备实践民主的能力。民主制度起点高和现实基础差的矛盾制约着中国的民主进程。青年是中国民主建设的生力军，他们在实践中不断提高自己的民主素质。新中国成立之初，"河北省宝坻县一个参加过六次县人民代表会议的农民代表说：第一次是'糊里糊涂'，第二次是'去听会'，第三次是'学说话，说好话'，第四次是'怨恨自己不识字，说话不清楚'，第五次'敢大胆发言了'，第六次'知道准备提案，并提出批评，参加讨论'"②。在计划经济时代，各种任务自上而下层层下达，福利基本由国家负责，与自身利益相关的领域非常有限，民主是调动积极性的手段而不是争取自身利益的客观方式。青年通过民主争取利益的余地很小，青年民主实践的作用主要集中在清除各种阻碍社会发展的不利因素，为经济建设创造人人心情舒畅的环境。青年的民主实践主要是提合理化建议，监督单位按照计划或者超计划完成工作量。改革开放后，由于法治的发展，青年维护权益的渠道不断拓宽，针对具体问题的维权行动得到执政党和政府的支持。这一时期青年的民主实践以利益为基本取向，强调行动的合法和有序，在体制框架内进行利益协调，体现了对理性和秩序的尊重。信息技术的发展使中国快步进入网络社会，网络使青年成为民主新途径的尝试者和

---

① 《邓小平文选》第一卷，人民出版社，1994，第20～21页。

② 佚名：《加强政权工作是国家建设工作的中心——祝华北第一次县长会议开幕》，《人民日报》1951年9月20日，第1版。

创造者，青年通过网络参政、议政，表达自己的群体利益，关注社会的整体发展。青年与主流合拍的民主实践是完善民主制度、推进权利保障的重要动力。

青年的民主实践也曾有过曲折的探索和偏离的震荡。在"左"倾错误盛行的年代，青年用"四大"的形式表达自己对国家民主建设的热忱，但是"四大"没有给中国带来民主，反而使社会陷入无政府状态；在赶超的忧患意识下，青年试图借助西方式的自由民主来实现中国的发展。实践是检验真理的标准，青年民主实践的反例从另一个角度校正了青年参与意识发展的方向，中国的民主发展只能走自己的路，通过谨慎而稳妥的制度创新和点滴的进步累积，实现人民民主的渐进式发展。1989 年之后，稳定成为社会的共识，一代青年在中国快速的经济发展中成为中坚力量。青年支持民主法律化、程序化建设的努力，积极参与基层民主建设，对国家保持高度的向心力。从 1991 年开始，教育部对高校学生思想政治状况的滚动调查持续了 23 年，调查结果显示，高校学生思想主流继续保持积极、健康、向上的良好态势。对比过去 5 年的调查数据，我们可以发现明显的变化。其中，高校学生的理想信念更加坚定，对坚持中国共产党的领导、坚持中国特色社会主义道路的认同度始终保持在较高的水平，整体上有逐年提高的趋势。2009 年的调查数据显示，认同中国特色社会主义道路的高校学生比例为 73.5%，比 5 年前增加了 8.5 个百分点。[1] 2012 年十八大报告将"民主"作为社会主义核心价值观的重要内容，进一步提出加强和完善社会主义民主建设。2014 年的滚动数据调查显示，高校学生高度认同"中国共产党是中国特色社会主义事业的领导核心"和"必须坚持走中国特色社会主义道路"。91.2% 的高校学生表示"实现中华民族伟大复兴，就是中华民族近代以来最伟大的梦想"。92.1% 的高校学生认为"大学生应成为社会主义核心价值观的积极践行者"[2]。习近平总书记提出实现中华民族伟大复兴的"中国梦"，青年对中国特色社会主义道路、理论、制度的认同和自信，他们对于中西方民主比较

---

[1]　教育部：《2009 年高校学生思想政治状况滚动调查表明大学生主流思想出现转折性变化》，2009 年 7 月 6 日，中华人民共和国教育部网站，http：//www. moe. edu. cn/edoas/website18/level3. jsp？ tablename = 2038&infoid = 1246864265526635。

[2]　教育部：《2014 年高校学生思想政治状况滚动调查表明大学生思想主流积极健康向上》，2014 年 5 月 26 日，中华人民共和国教育部网站，http：//www. moe. edu. cn/publicfiles/business/htmlfiles/moe/s5987/201405/169412. html。

的正确判断，他们对于建设生态中国的积极参与，对"中国梦"的传播具有很强的示范和引领作用。

不同时期，青年的民主实践对青年参与意识发展起了很好的校正作用。青年摆脱了对西方民主的迷信和崇拜，对中国特色社会主义制度的认同度不断提升。青年参与意识的形成和发展是青年自己不断投身于民主实践中获得的。

（三）青年通过民主实践调整民主预期

对于中国这样缺乏民主传统的国家，青年对民主的期待很容易在两个极端之间摇摆，要么贬斥民主、政治冷漠；要么崇拜民主、政治狂热。在中国民主道路的探索中，青年曾希望中国实行类似于"巴黎公社"式的民主制度，通过"大民主"的方式人人起来监督政府，通过大规模的群众运动的方式解决中国社会存在的官僚主义等问题。然而，"大民主"并没有推进中国的民主进程，相反形成对制度内民主的极大压抑和破坏，理论的批判演变成为人身攻击、残酷斗争的现实。这种类似乌托邦式的民主理想超越中国的现实发展阶段，实际上走到了民主的反面。

改革开放后，青年经历了变革初期巨大的不适应，矫枉过正的"修复"变成对西方民主的盲目崇拜。在西方思潮的影响下，一部分青年把中国民主发展的希望寄托在西方自由民主身上，寄希望于三权分立、多党制等制度性建构解决中国社会存在的腐败、特权现象，以应对中华民族面临的生存危机。在民族虚无主义和对民主高期望值的夹击下，青年的民主实践溢出制度的框架，构成对制度的严重冲击。学潮造成的社会动荡使青年反省自己的轻率和冲动。该如何评价中国的民主制度？海外学人闻迪的说法代表了一部分青年的看法，"如果把有无一个剥削阶级的存在，有没有极少数人利用其财富所赋予的特权进而控制政治权力等等也考虑进来，那么，我们完全有权说：社会主义民主在中国已经有了一定的发展"①。该如何推进中国的民主发展？直到1989年政治风波结束后，青年争取民主的形式才真正告别了群众运动和街头政治，青年开始以非暴力、和平的方式争取民主权利和推动社会进步。

民主的发展不会一蹴而就，激进的"左"和右的民主设想只会给中国带来灾难。20世纪90年代之后，青年的民主实践更为理性和稳健，青年看

---

① 闻迪：《社会主义能够救中国》，《人民日报》1990年1月16日，第3版。

到社会存在的问题，但是不再以激烈的街头政治的方式寻求解决之道，而是以具体问题为指向，在制度框架内协调利益冲突。青年不再奢求民主能治"百病"，而是希望执政党加强执政能力建设，政府依法行政，在稳定的社会秩序和渐进的改革中实现权力的理想建构和个人权利保障。

第三节　强化问题意识是加强青年参与意识引导的必要条件

一些青年认为民主是一个标准化的图景，其设计的样板是西方自由式民主，他们总是问中国离这个图景还有多远，既不考虑中国民主走过的道路，更不考虑其最终走向；有些青年认为民主与集中是对立的，强调集中就是没有民主；有些青年仍然希冀"清官""能人"为民做主，存在依附和依赖心理；有些青年对社会主义民主的信心不足，总是处于矛盾和动摇中；有些青年陷入某种思维的怪圈，开口"普世价值"，闭口"人类文明主流"，对现有的权力建构和权利保障简单排斥甚至激烈反对。有的青年认同社会主义民主，但是对执政党能够有效反腐信心不足。针对青年参与意识存在的诸多模糊、混乱甚至矛盾的领域，我们必须有强烈的问题意识，不断反思并针对环境和问题做出调整，有针对性地加强对青年的教育和引导。

一　青年参与意识发展存在的问题

青年参与意识发展存在的问题一部分来自制度不完善、体制不健全，部分官员麻木不仁、以权谋私，一些企业残酷压榨、野蛮管理工人，使得社会对青年利益保障不力。如富士康等工厂对青年工人的压迫[①]，广州本田汽车公司工人罢工[②]等。由于现实利益受损而又投诉无门，一些青年在忍无可忍的情况下采取激烈的手段表达自己的利益诉求，捍卫自己的权利，形成近年来此起彼伏的群体事件。这一类问题来源于长期的矛盾积累，需要通过复杂的系统工程才能解决，如完善制度、健全法制、依法办事、严格监督等，对

---

① 台资企业富士康公司采取封闭式管理，工人工资待遇低、劳动强度大、工作时间长，工厂管理粗暴，工人被迫超时加班。在富士康公司的超大园区有近42万青年工人，曾发生了多起员工自杀事件，自杀者的年龄集中在19～28岁。

② 2010年5月17日，广东佛山南海本田汽车零部件公司工人因为不满薪资待遇而罢工，工人提出处理打人事件、增加工资、成立代表工人权益的工会等三项要求。

这一问题的详尽论述超出本书的范围，限于篇幅，无法展开论述，留待未来深入研究。青年参与意识发展存在的问题另一部分来自青年的认识偏差，主要表现在以下三个方面，这些问题是本书论述的重点。

（一）认同弱化和利益曲解

认同和利益是青年参与意识发展的两个主要动力。认同是对现有制度的认可和赞同，表现为对政治体系的归属感和忠诚感。以认同作为民主发展的动力表现为依靠理想、情感、长远目标形成凝聚力。认同并不单纯表现为人的情感，事实上，认同的更深层次的来源是对根本利益和长远利益的期待和赞同。在很长的一段时间内，青年对社会主义民主发展的信心来源于对未来无阶级社会的超越性理想的追求，对"自己的政府"的认同感，对社会主义政治制度的归属感和自豪感。改革开放后，这种认同感在"西方民主优越论"的冲击下有弱化的趋势，表现在青年对民主的认识忽视制度特征，把民主理解为选举或者其他更换领导人的方式，而民主更深层的意义——国家政权建构被有意无意忽略甚至隐藏了，不同制度的民主之争变成哪种技术更好更合理的争议。在这种思想的影响下，民主与社会主义被人为割裂了，赞同民主不意味着认同社会主义道路，也不意味着认同人民民主的理念。民主从关系社会制度的高度沦落为简单的选举技术和程序，那样民主无所谓"东""西"之分，成为一种"好东西"。

市场经济条件下人的趋利性对青年参与意识发展有很明显的影响。民主理想在逐渐褪色，现实利益成为青年民主发展最重要的推动力，权力建构和权利行使都主要围绕利益进行。青年赞成或否定民主制度和民主机制，判断的标准不再是抽象的理想，而是现实的国家利益、群体利益和个人利益。利益动力使青年参与意识发展中的激情、冲动逐渐为理性的宽容和利益的权衡所取代，但是利益如果失去理想的规制也很容易使青年参与意识发展最终失去方向，变成功利性的"有奶便是娘"。青年对利益的曲解表现为以个人利益、眼前利益为标准衡量民主，符合我的利益就是民主，否则就是专制；眼下对我有利的我就积极争取，不惜忽视甚至损害集体利益、他人利益；为获得和捍卫自己的利益而不择手段，在民主的名义下，对抗性的抵制、冲突被赋予了合理性。

对利益的曲解使青年参与意识发展进入一个新的误区，即青年对民主的关注局限于个人利益、眼前利益的范围，民主成为一种简单的利益算计工具。青年对宏大的权力建构、历史使命不感兴趣，表现出"躲避崇高"式的政治冷漠，对权力产生了很强烈的不信任感。一些学者的调查结果显示了这种趋向，农村青年在被问及"村干部能否代表村民的利益和愿望"时，回答"完全能够"的为0，回答"经常能够"的为26.9%，回答"很少能够"和"不能够"的高达73.12%。在被问及"对最近一次选举结果是否满意"时，只有20%的被访者表示满意，24.73%的被访者表示不满意，还有54.8%的被访者表示无所谓。有近80%的农村青年对选举结果持消极的态度。① 一些民谣揭示了这种利益曲解的极端表现，如："不批不斗不怕你，有吃有穿不求你，有了问题就找你，解决不好就骂你"。"端起饭碗吃肉，放下筷子骂娘"。这种利益的曲解是危险的，可能导致犬儒主义和机会主义的倾向。正如阿尔蒙德提出的："对政治系统的忠诚，如果基于对该系统效用的纯粹实用考虑，正如利普塞特曾认为的那样，这种忠诚的基础是相当不稳定的，因为这种忠诚过于紧密地依赖于系统的功绩。"②

（二）民主不足与行为失范

青年参与意识发展中民主不足是对民主的价值、民主的效能认识不足，表现为依附心理、权威崇拜、"清官"情结、政治无力感和政治冷漠感等。在60多年来青年参与意识的发展过程中，民主不足的现象始终存在。如对领袖的个人崇拜，对制度框架内解决冲突的不信任，在涉及自身切身利益的领域不能以合理的方式表达自己的需求和争取自己的利益等。许多青年在网络上、私底下发表议论和宣泄不满，但是"坐而论道"的多，"起而行之"的少。在需要通过努力才能获得权利的时候，或者权利受到侵害的时候，很多青年会选择"忍耐""算了""无所谓"等。在基层选举过程中，许多青年并没有认真对待和行使自己的权利，有的青年因为蝇头小利而出让自己的选票。村务和财务公开制度是农村青年监督的重要措施，但是这一制度的执行状况不尽如人意，关注村务公开栏的比例只有39.1%。③ 许多国外学者高度评价中国农村的民主选举，他们只看到选举的热闹场面和高投票率的表象，但是对选举背后的政治心理和态度因素缺乏了解。究其原因，许多青年并没有真正意识到自己权利的神圣性和实效性，他们虽然认识到村干部应该"由村民选举产生"，掌握村里重大事务最终决定权的是村民大会，但是他们并不认为自己的选举和参与能够产生效果。在许多农村青年心中，"能人""清官"

---

① 高旺：《农村青年在村级治理中的政治意识分析》，《青年研究》2004年第11期。

② 〔美〕加布里埃尔·A. 阿尔蒙德、西德尼·维巴：《公民文化》，徐湘林等译，华夏出版社，1989，第535页。

③ 高旺：《农村青年在村级治理中的政治意识分析》，《青年研究》2004年第11期。

式的"为民做主"，比"当家做主"的权利行使更实在、更有效。

与民主不足相比，行为失范是另一个极端。一些青年在民主的名义下的行为越出法律和规范的框架，表现为对集中、纪律的排斥，成为冲击制度和体制的对抗性力量，是极端民主化的一种表现。毛泽东曾批评过极端民主化的思想，认为极端民主化表现在对决议案的执行过程中表示勉强的态度，忽视集中，这种极端民主化会损伤破坏党的组织，削弱党的战斗力。极端民主化的根源在于自由散漫性，"这种自由散漫性带到党内，就成了政治上的和组织上的极端民主化的思想"①。极端民主化的行为失范在不同时期有不同的表现。"文革"时期的"大民主"以及改革初期的学潮等都是典型的行为失范，冠之以民主的名义，其实是扼杀和否定民主的力量。市场经济体制下，多元的利益冲突和"无利益冲突矛盾"等新情况的出现，使行为失范表现得更为多样。如一些青年通过网络散布、传播攻击社会制度的言论，把社会具体问题归结为"制度"的罪恶，把社会发展过程中累积的矛盾归咎于缺乏民主。这种有明显偏向的言论和网络扩散行为是网络时代青年行为失范的新情况。现实生活中许多群体性事件越来越极端、暴力、血腥，在法不责众的心理下，一些青年借助不合理的手段争取自己的权益。这种暴力和无序的趋势对社会稳定和民主发展都是极大的威胁。一些人制造、参与群体性事件的借口就是社会主义没有民主，"官逼民反"式的暴力行为具有价值的合理性，这种思想非常危险，任何一种社会制度都不能容忍对制度的挑战和颠覆。青年要看到制度发展具有一定的惰性和滞后性，许多新问题的出现无法圆满解决这是客观的事实，但更要看到在制度框架内解决冲突是社会文明和进步的标志，更为宽容地尊重秩序和权威才能有助于民主的发展。

（三）信心缺失和认识偏差

青年本身是一个复合型的群体，包括不同地区、不同职业、不同教育背景、不同觉悟的众多个体，青年群体由于思想意识和现实利益的不同出现分化的趋势，因而青年参与意识也呈现出较大的差异性。清晰地认识人民民主、坚定地拥护共产党并具有共产主义理想的青年不多，同样，顽固地坚持西方式民主理念的青年更是少数。而大部分青年属于中间状态，他们认同社会主义民主，但是对民主建设中存在的问题不满，对社会主义民主发展完善信心不足。这是一个庞大的"沉默的多数"群体，其参与意识最大的特征

----

① 《毛泽东选集》第一卷，人民出版社，1991，第89页。

是存在困惑和矛盾，容易动摇。在一份调查中，对"指导思想多元化符合时代发展潮流"，71%的大学生持同意态度；"社会主义初级阶段实际上是在补资本主义的课"和"社会主义与资本主义慢慢走向趋同"的观点也分别有49.1%和47.9%的被调查者选择"同意"。① 这种模糊认识和信心缺失在特殊的环境下会激化为信仰危机，如在中国民主发展面临严重挫折时，这种信心缺失容易演变成怀疑、否定的情绪。"文革"之后青年对人民民主的认同出现了严重的危机，突出表现为青年的"看透"情绪和政治冷漠。这种信心缺失也无法应对意识形态领域的尖锐争夺，在"普世价值""自由民主""文明主流"等话语潜移默化的影响下，青年判断民主优劣的价值标准、设想民主发展的未来前景很容易发生偏离。

对民主认识偏激的青年是少数，但是他们激烈的言辞和行动对其他青年和社会成员的影响不容小觑。青年对民主的认识偏差一方面表现为对社会主义民主理念的排斥，完全用西方自由民主的标准衡量中国。这种思潮在20世纪80年代甚嚣尘上，邓小平一针见血地指出其本质是"资产阶级自由化，""中国在粉碎'四人帮'以后出现一种思潮，叫资产阶级自由化，崇拜西方资本主义国家的'民主'、'自由'，否定社会主义"。② 这种思潮遭到激烈的批评后有不断退潮的迹象，但是并不会完全消失，在新时期还将改头换面出现，与主流意识形态争夺青年。青年对民主的认识偏差另一方面表现为对民主过高的期待，当他们期待的民主理想未能实现时，他们对民主的整体看法也随之发生改变。一部分青年把中国面临的所有问题归咎于民主发展的问题，希望中国民主建设高速、高效，在民主的比较上不顾国情，缺乏历史的视野，简单地横向比较。一些青年激烈批评中国民主制度、民主程序、民主机制不完善，批评中国民主建设进展缓慢。

纵观青年参与意识发展中存在的问题，普遍集中在制度选择和民主发展等关键问题上，而这些问题也正是青年思想上的热点、难点问题。诸多问题的存在不仅影响青年对人民民主的认同，而且许多错误的思想很容易从高层知识分子传播到青年大学生，再到普通群众。青年是民主思想的关键性载体，在这些思想的产生、传播过程中起着重要的中介作用。一旦青年的热情被激

---

① 于涵、张瑜、李泽芳：《大学生中国特色社会主义理想信念状况调查分析》，《思想政治教育研究》2009年第10期。

② 《邓小平文选》第三卷，人民出版社，1993，第123页。

起，他们就会率先把理论应用于实践，把某种思想变成批判社会现实的武器，加速错误思想的传播和实践过程。因此，加强对青年的教育引导刻不容缓。

二　对青年参与意识发展的教育引导

青年正确的参与意识不会自发产生，也不会一蹴而就，要看到对青年参与意识教育引导的艰巨性和长期性。执政党要居安思危，增强忧患意识，既充分信任青年，又要以鲜明的旗帜和持久的耐心教育和引导青年。针对青年参与意识存在的问题，在教育引导过程中首先要分清民主的制度特征，分析青年容易混淆的几对关系，引导青年正确比较不同民主制度的历史、现状和前途。

（一）坚持民主的制度特征

民主不是简单的选举程序或者技巧，而是关系到社会制度和根本道路的问题，不同民主观念斗争的要害就是在走什么道路的问题上争取更多的从众和接班人。在民主的制度特征上动摇和混乱将使民主发展失去方向，在青年教育问题上摇摆不定和软弱涣散会失去青年的信任。各种否定民主制度特征或者企图改弦易辙的言论都具有鲜明的价值倾向性，代表一部分人的思想倾向，拥有一定的理论性和影响力，对社会发展的进程起或干扰或阻碍的作用。在这种思想主导权的激烈争夺中，放弃坚持民主的制度特征只能意味着在思想阵地上步步退让和社会分化的加剧。青年对人民民主的认同弱化和信心缺失反映了在民主制度问题上争夺激烈，因而在青年的教育上要旗帜鲜明、态度坚决。对青年参与意识的教育引导首先要讲清楚民主的制度特征，反对各种形式的西方民主"优越论"或者"调和论""趋同论"。

是否坚持人民民主专政的国家制度关系到政权的存亡和国家的兴衰，邓小平1987年在会见日本自民党干事长竹下登时谈到学生闹事，邓小平指出要向闹事的学生讲清楚危害："要把是非讲清楚。要把利害讲清楚。是非是涉及我国根本利益的是非，利害是关系到我国社会主义发展能不能达到本世纪目标和下个世纪目标的重大利害。这才是对青年的爱护，对青年的真诚引导。"[①] 青年期是政治态度形成的关键时期，社会因素对他们的影响很大，他们的民主理念、政治态度、价值倾向对社会主义制度的兴衰、党的执政地位巩固具有重要意义。新时期坚持民主的制度特征就是要划清社会主义民主

---

① 《邓小平文选》第三卷，人民出版社，1993，第199页。

和资产阶级民主的界限，增强青年的政治敏锐性和政治鉴别力。十七届四中全会通过的《中共中央关于加强党建若干重大问题的决定》指出："自觉划清马克思主义同反马克思主义的界限，社会主义公有制为主体、多种所有制经济共同发展的基本经济制度同私有化和单一公有制的界限，中国特色社会主义民主同西方资本主义民主的界限，社会主义思想文化同封建主义、资本主义腐朽思想文化的界限，坚决抵制各种错误思想影响，始终保持立场坚定、头脑清醒。"对青年进行参与意识的教育引导不能仅靠理论宣传，而要通过实际的行动致力于对青年的引领和提升，不仅能向青年解释人民民主"是"的事实，还要解析"应该是"的价值问题。尤其是要让青年明辨一些与现实相关的重大理论问题，教育者要向青年灌输正确的民主价值观，影响他们的政治态度，引导他们适应社会。

对于那些坚持西方民主价值的人，要改变他们的观念很难，因而要与他们坚决斗争，反对工作中软弱涣散的不良倾向，尤其是要防止他们把这种思想向不同阶层的青年扩散。要争取青年中"沉默的多数"接受和认同人民民主的理念，在制度的框架内争取民主权利，促进中国的民主发展。青年参与意识教育的根本目的是要增强青年对社会主义道路、人民民主的信心和信念。1990 年 2 月 20 日，邓小平在会见霍英东时提出："我们要对子孙后代讲历史。人人都要有个信念，没有信念团结不起来，不会往前奔，只会怨这怨那，起码是颓废，这是不行的。我说过，我们最大的失误是教育，是思想政治教育。不抓这条，中国就团结不起来。"[①] 江泽民在建党 80 周年的讲话中强调，要"坚定对马克思主义的信仰、坚定对社会主义的信念、增强对改革开放和现代化建设的信心、增强对党和政府的信任，增强自立意识、竞争意识、效率意识、民主法制意识和开拓创新精神"[②]。从历史和现实的经验看，这种信任和认同不仅不会自发产生，而且在与其他思想共存的过程中还不可避免会受到侵蚀甚至篡改。我们说服教育青年信任社会主义民主，关键在于党坚定地推行民主的意志和行动，靠社会主义民主赋予人民更真实的权利并保障人民的根本利益，靠国家经济发展、民主发展赢得青年的信任，同时也要靠教育者清晰的思想认识和春风化雨般的努力。

（二）分析民主的几对关系

一些青年对国家的专政职能不理解。邓小平指出："我们过去对民主宣

---

① 冷溶、汪作玲主编《邓小平年谱（1975～1997）》，中央文献出版社，2004，第 1309 页。
② 《江泽民文选》第三卷，人民出版社，2006，第 277 页。

传得不够，实行得不够，制度上有许多不完善，因此，继续努力发扬民主，是我们全党今后一个长时期的坚定不移的目标。但是我们在宣传民主的时候，一定要把社会主义民主同资产阶级民主、个人主义民主严格地区别开来，一定要把对人民的民主和对敌人的专政结合起来，把民主和集中、民主和法制、民主和纪律、民主和党的领导结合起来。"① 对青年参与意识的教育引导要有针对性，要向青年讲清楚与民主有关的几对关系，主要是民主与专政、民主与集中的关系。

民主与专政的关系是人民民主的核心范畴，对人民民主和对敌人专政是一体两面的关系。邓小平明确提出："对人民实行民主，对敌人实行专政，这就是人民民主专政。运用人民民主专政的力量，巩固人民的政权，是正义的事情，没有什么输理的地方。"② 任何一个制度的存在既要得到多数人的拥护，也要防止少数人颠覆政权的企图。在世界共产主义运动处于低潮，资本主义意识形态占有明显优势并对社会主义制度抱有根深蒂固偏见的现实国际环境中，要防止和平演变，保证中国不变色，必须坚持国家专政的职能。煽动颠覆国家政权的行为在各国法律中都是禁止的，即便是在宣扬自由民主的美国，坚持国家的专政职能也从不含糊。美国社会的言论自由以不违反法律、不恶意诽谤政府或者企图颠覆政府为底线，如美国1940年制定的《史密斯法案》第2条规定："意图颠覆、破坏联邦政府，提倡、鼓吹、教唆或印刷、发行、编辑、出版、公布、出售、公开展示颠覆、破坏联邦政府的必要性、适宜性的书写品或印刷品"，都是被禁止的。③ 各种滥用言论、集会、结社等权利危害国家安全的行为将受到严厉的惩处，如《美国法典》第18篇第2385条明文规定，任何蓄意"鼓吹、煽动、劝说或讲授"推翻或摧毁美国政府的行为，包括为此而"印刷、出版、发表、传递、出售、分发或公开展出任何书写或印刷品"，均要处20年徒刑或2万美元罚款或两者并罚。④ 2010年1月，美国国会以395票赞成、3票反对的结果通过一项决议，要求对"煽动仇视美国"的中东地区卫

---

① 《邓小平文选》第二卷，人民出版社，1994，第176页。

② 《邓小平文选》第三卷，人民出版社，1993，第379页。

③ 佚名：《环球视野》，2010年1月2日，环球视野，http：//www. globalview. cn/ReadNews. asp? NewsID = 20032。

④ 佚名：《环球视野》，2010年1月2日，环球视野，http：//www. globalview. cn/ReadNews. asp? NewsID = 20032。

星频道进行制裁。[①] 所谓的自由民主在赤裸裸的国家利益面前黯然失色，美国在评价民主方面是典型的双重标准，反对美国的就是恐怖、独裁，反对别国的就是民主斗士。中国对最广大人民实行民主就要保证制度的稳定性，坚持和捍卫人民民主专政的国体。因而坚持民主并不否定专政，而是要以专政的存在为前提。

民主与集中的关系也容易引起异议。"中国的民主是以民主集中制为根本组织原则和活动方式的民主。民主集中制是中国国家政权的根本组织原则和领导原则。实行民主集中制，就是要求充分发扬民主，集体议事，使人民的意愿和要求得到充分表达和反映，在此基础上集中正确意见，集体决策，使人民的意愿和要求得以落实和满足。实行民主集中制，还要求'尊重多数，保护少数'，反对无政府主义的'大民主'，反对把个人意志凌驾于集体之上"[②]。民主解决权力的归属问题，集中解决权力的配置问题，在实际的制度建构和权利保障过程中，既要保证决策时尽可能让每个人自由、充分发表意见，增强积极性和创造性，允许少数人保留不同意见；同时也要求少数服从多数，任何人都要遵守和服从经过民主讨论做出的决议，使集体保持行动的一致，形成凝聚力和战斗力。要使民主的意志变成现实，离不开有效的集中，维护集中也就是保障民主的成果得到尊重和实施。毛泽东认为："只有民主集中制的政府，才能充分地发挥一切革命人民的意志，也才能最有力量地去反对革命的敌人。"[③] 邓小平指出："没有民主，就没有集中；而这个集中，总是要在民主的基础上，才能真正地正确地实现。没有无产阶级的民主和无产阶级的集中，也就没有社会主义，资本主义就要复辟。"[④] 一些青年不理解民主集中制，认为集中是对民主的压制，集中下的民主是假民主或者有缺陷的民主。列宁预见到会出现把民主与集中对立起来的思想，提出："我们主张民主集中制。因此必须弄明白，民主集中制一方面同官僚主义集中制，另一方面同无政府主义有多么大的区别。"[⑤] 那种认为民主与集中存在不可调和的矛盾的说法，必然要得出民主排斥集中的结论，但是排斥

---

① 安国章：《美国国会以 395 票赞成、3 票反对的结果通过一项决议，要求对"煽动仇视美国"的中东地区卫星频道进行制裁》，2010 年 1 月 25 日，人民网，http：//bbs1.people.com.cn/postDetail.do？boardId＝2&treeView＝1&view＝2&id＝97381105。

② 中华人民共和国国务院新闻办公室：《〈中国的民主政治建设〉白皮书》，2005。

③ 《毛泽东选集》第二卷，人民出版社，1991，第 677 页。

④ 《邓小平文选》第一卷，人民出版社，1994，第 304 页。

⑤ 《列宁全集》第三十四卷，人民出版社，1985，第 139 页。

集中的民主只能是无政府主义，否定民主的集中只能是专制独裁。坚持在民主基础上集中，一方面要反对个人的独断专行，另一方面也要反对以我为主，以我的利益、我的自由为唯一标准，反对集中的无政府主义和自由散漫现象。民主集中制的执行过程是自由和纪律的统一。

（三）比较不同的民主实践

近年来，有人提出"民主是个好东西"，这使得整个社会产生很大的困惑：一切号称民主的东西都是好东西吗？恐怕未必。学界有关民主的争论以及在民主问题上的认识混乱一定程度上影响着青年关于民主的看法，尤其是影响青年正确比较和评价中西方民主实践。对青年进行参与意识教育必须正本清源，在比较中鉴别不同性质的民主。

1. 中西方民主实践的历史起点不同

西方民主是一个复杂的概念。从历史角度看，西方民主曾有古典直接民主和近现代代议制民主两种形式。这两种民主形式在本质和实现形式上都有巨大差别。近代西方民主是资产阶级反对封建制度、发展资本主义生产的有力武器，是反封建、反专制的产物。"权利的公平和平等，是18、19世纪的资产者打算在封建制的不公平、不平等和特权的废墟上建立他们的社会大厦的基石。"[①] 西方资产阶级借助民主的旗帜完成了反封建的任务，建立了资产阶级共和国。在中国的情况则大为不同。资产阶级的软弱性导致他们没有能力完成民主革命的任务，最终只能由无产阶级领导完成中国新民主主义革命的任务，并最终建立社会主义民主制度。在中西方民主实践的比较中，不能简单比较当前民主实践的差异，而应当追溯到反封建、反专制的逻辑起点上，才能更清晰地比较不同性质民主的优劣。而在反封建的同一逻辑起点上，中西方民主实践存在鲜明的差别。

英、法、意、德诸国封建社会成熟较迟，又不典型，持续时间也短，落后的封建势力严重阻碍了资本主义的发展，代表新的生产力发展要求的资产阶级通过革命、改良等方式建立自己的统治。最早的资产阶级革命于1640年发生在英国，法国也于1789年爆发革命。资产阶级革命激起封建势力的激烈反抗，革命-复辟的斗争轮番上演，资产阶级民主制度脆弱而动荡。在反对封建专制的斗争中，西方国家处于上升时期的资产阶级势力强大，通过暴力革命甚至国际战争的方式，废除封建贵族的特权，传播资产阶级的民主

---

① 《马克思恩格斯文集》第四卷，人民出版社，2009，第205页。

思想，实现了公民的自由平等，建立了资本主义制度，并经过了长时间的调整巩固，使资本主义的民主制度正常运行。

中国的封建制度延续了几千年，制度成熟，封建思想意识渗入社会的每一个毛孔。在封建主义、帝国主义、官僚资本主义夹缝中成长的中国民族资产阶级软弱无力，根本不可能完成彻底清除封建势力的任务。这一历史条件决定了中国的革命必须分两步走，毛泽东认为："第一步，改变这个殖民地、半殖民地、半封建的社会形态，使之变成一个独立的民主主义的社会。第二步，使革命向前发展，建立一个社会主义的社会。"① 中国人民最终选择了中国共产党，中国共产党动员、联合、唤醒全国人民，完成资产阶级旧民主革命根本不可能完成的建立现代国家、使中华民族摆脱帝国主义压迫的伟大历史使命，推翻了三座大山，建立社会主义制度，实行与资产阶级民主截然不同的无产阶级民主。

由此可见，中西方民主制度建立的政治、经济、社会基础存在巨大的差别。西方资产阶级民主制度在取得反封建的胜利之后，又经历了近百年的调整巩固，使其民主制度不断成熟完善。而社会主义民主制度还处于幼年时期，民主制度还不够成熟和完善，趋于动荡和摇摆，需要一段较长的时间调整和巩固。进行民主制度比较不能简单地横向对比，而要有历史的视野。

2. 中西方民主实践的内容、本质不同

不同国家的民主不仅有形式的区别，更重要的是其本质不同。民主作为一种政治制度是阶级的统治，在性质上有资产阶级民主和无产阶级民主的区别。有没有"一般"的民主或者是"普世"的民主？有学者认为民主从产生开始就具备了普世意义，目前全世界2/3的地区都实现了"民主"，说明了民主的普世性。也有的学者把民主作为一种单纯的治理方式，民主既然只是一种治理方式，就无所谓阶级，无所谓"东西"了。对于民主本质的认识，如果不坚持历史唯物主义的观点，很容易陷入误区。马克思认为："占统治地位的将是越来越抽象的思想，即越来越具有普遍性形式的思想。因为每一个企图取代旧统治阶级的新阶级，为了达到自己的目的不得不把自己的利益说成是社会全体成员的共同利益，就是说，这在观念上的表达就是：赋予自己的思想以普遍性的形式，把它们描绘成唯一合乎理性的、有普遍意义

① 《毛泽东选集》第二卷，人民出版社，1991，第666页。

的思想。"① 列宁也提出："这样站在非阶级的或超阶级的、似乎是全民的立场上提问题，就是公然嘲弄社会主义的基本学说——阶级斗争学说，那些投靠资产阶级的社会党人口头上承认这一学说，实际上却把它忘记了。"② 中西方民主实践最重要的差异是民主的内容和民主的本质截然对立，那种将资本主义与民主融为一体的观念对青年有明显的误导作用。试图将民主与社会主义对立起来的"民主的西化"，其核心是对民主的矮化与阉割。张飞岸提出："所谓民主的西化、去社会主义化，指的是在一个普遍信仰民主的时代，资本主义制度的支持者试图通过规范民主的定义，将社会主义国家的人民民主政体和社会主义内含的经济平等的主张置于民主的对立面，从而将民主实践局限于竞争性选举政治的一种努力。"③

民主作为国家形态表明国家的阶级性质，即"谁统治"的问题。西方代议制民主的本质是资产阶级的统治，是维护阶级利益的工具。民主作为政治治理的规程，表明政治权力运转的程序和规范，即"怎么统治"的问题。西方代议制民主设立的初衷并不是要实现每个人神圣的自然权利，而是要用一种精巧的政治体制防止占人口多数的穷人的"暴民统治"。在实际的操作过程中也逐渐沦为"金钱政治"和政党分赃的体制，成为政客操纵选民，政党更换政治代理人的游戏。民主作为公民的权利，表明政治参与的广度，在实行竞争性选举的民主制国家，意味着"谁来选"。在标榜自由、平等的西方资本主义国家，公民并不是一开始就真正拥有了"天赋"的权利，其公民权的获得是人民在长期的抗争中资产阶级不得不让步的结果。

关于社会主义民主的本质，在本书第二章第一节有过论述，这里不再赘述。

3. 中西方民主实践的前途、命运不同

历史唯物主义原理揭示了人类社会发展的客观规律，同时也揭示了不同性质的民主其前途、命运不同。20 世纪末期，世界共产主义运动陷入低潮，苏联东欧社会主义国家政权易手，年轻的社会主义制度在民主实践中出现了一些偏差和错误，影响了人们对社会主义民主制度的信心。在纷繁复杂的现

---

① 《马克思恩格斯选集》第一卷，人民出版社，2012，第 180 页。
② 《列宁选集》第三卷，人民出版社，1995，第 692 页。
③ 张飞岸：《论民主的"去社会主义化"》，《政治学研究》2011 年第 5 期。

实面前，该如何正确看待不同性质民主的前途和命运？

西方许多学者把资本主义民主作为世界民主政治发展的样板，这种民主在价值上被认为具有终极性，在制度上被认为具有普适性。西方的"自由民主"真的会成为人类历史的终结吗？判断一种民主制度的兴衰、走向，不能以一时的力量强弱对比作为依据，需要有历史的视野和批判的视角。马克思主义认为生产力的发展决定着生产关系的变化，经济基础决定上层建筑。民主是由经济基础决定的上层建筑，服务于一定的阶级统治，将随着阶级的消亡而消亡，民主的本质不在于是否采取选举的实现形式，而在于它维护的阶级利益。民主不是从来就有，也不会亘古长存，更不可能成为衡量现代社会政治合法性的唯一标准。建立在私有制基础上的、保障富人权利的资本主义民主制度怎么可能成为历史的终结？

无产阶级民主代表无产阶级利益，并致力于消灭阶级和压迫，这一民主类型是人类向更美好社会过渡的形式，是具有顽强生命力的新生事物。新中国成立以来，中国在民主政治建设上有过曲折的探索，但是60多年来伟大的成就说明中国创建的民主政治发展道路，是符合中国的实际和发展需要的。

比较中西方的民主实践需要有历史和国情的视角，才不至于一叶障目。青年不仅要比较不同民主实践的历史起点，还需要比较不同民主的实质和发展前途。只有这样青年才能正确认识中西方民主的本质，以足够的自信和理性选择和实践中国特色的民主。

第四节　增强自觉自律是青年参与意识发展的关键

青年参与意识发展归根结底是青年自己选择的结果，复杂的外因最终要通过内因起作用。因而，对于国家的民主建设，青年的期待、青年的选择、青年的行动意义重大。如果青年丧失价值判断能力，变得冷漠和懒惰，以为抄袭一个现成的答案就能省去探索的艰辛和失败的风险，无法回应时代课题的挑战，失去担当的勇气和能力，一个民族的复兴只能是画饼。从总体上看，中国青年有超越个人私利、心忧天下的理想和抱负。虽然他们不成熟，容易受影响，容易动摇，容易产生混乱，也有过偏激的行动，但他们是政权建设可靠的力量，是国家民主发展的希望。

青年参与意识发展自觉自律的过程也是青年政治成熟的过程，韦伯曾全面论述政治成熟的内涵，张旭东加以归纳为："韦伯所说的政治成熟意思有三层：第一层是领导阶级要把民族的整体利益和长远利益置于一己私利之上，或者干脆就把本阶层的利益等同于全民族的长远利益，有意识地把这个阶层改造为代表全民族的工具。第二层意思就是要有全民族的政治教育，以保证国民在追求个人幸福和自由的同时，都知道民族国家是自己生活的最终保证，从而积极投入国家的政治生活。第三层就是我们前面多次谈到的价值认同和文化主体性的问题，讲的是一个国家，特别是它的精英阶层，必须有意愿和能力，在最高价值的层面上为自己文明的存在辩护，说明它的正当性，保持和增强它的理想色彩，在种种并存的、相互竞争的价值世界中，阐明自己的'存在的必然性'，在关键时刻，有勇气肯定自己的价值体系，担当起捍卫自己文明的责任。"① 青年对中国民主发展的自觉意识和理性行动是青年政治成熟的表现。

一 青年对民主发展的自觉意识

青年对民主发展的自觉意识是对于民主发展总结过去、把握现在、规划未来的意识。借鉴费孝通关于文化自觉的论述②，本书认为这种意识是生活在一定社会制度下的青年，对现有的民主制度、民主权利有"自知之明"，明白它的来历、形成过程、所具有的特色和它的发展趋向，具有对国家民主建设的自主能力和政治自信，是对中国民主建设面临环境的自主适应和自主选择。这种自觉意识包含四种含义：①对民主发展的重要性有清醒的认识；②对中国民主发展的趋势有深刻的了解；③在中西民主对比中给中国民主合理的定位；④清醒认识并自觉担当历史赋予的民主建设使命。这种自觉意识落实到实践中，首先，青年要对中国民主有自信，积极参与民主建设；其次，在纵向、横向的比较过程中青年不迷失，在反思不同制度民主异同的基础上，明确二者激烈对抗而又长期共存的关系。这种民主的自信的形成过程是艰巨的，需要几代人的共同努力，而青年无疑是担负这一使命的现实和未

① 张旭东：《全球化时代的文化认同——西方普遍主义话语的历史批判》，北京大学出版社，2005，第244页。

② 费孝通于1997年首次提出"文化自觉"的概念，认为"文化自觉"就是要对本民族文化有"自知之明"，明白它的来历、形成的过程，所具有的特色和它的发展趋向。费孝通就"文化自觉"的问题发表了不少论文，详见《文化自觉的思想来源与现实意义》，《文史哲》2003年第3期；《关于"文化自觉"的一些自白》，《学术研究》2003年第7期；《我为什么主张"文化自觉"》，《冶金政工研究》2003年第12期。

来的力量。

（一）在认同民主理念基础上培养民主自信

一个国家的青年如果没有精神信仰和共同理想，就不可能在未来的国家竞争中生存，更谈不上发展。2013 年习近平给华中农业大学"本禹志愿服务队"回信中提出："历史和现实都告诉我们，青年一代有理想、有担当，国家就有前途，民族就有希望，实现我们的发展目标就有源源不断的强大力量。"[①] 人民民主的理念如果得不到青年的认同和实行，就不可能转化为支持中国经济、文化发展的现实力量，中国的政治建设就不可能取得与经济成就相匹配的国际地位。邓小平提出，为什么我们过去能在非常困难的情况下奋斗出来，战胜千难万险取得革命胜利呢？就是因为我们有理想，有马克思主义信念，有共产主义的信念。青年是否具有对民主建设的坚定信心，并使之凝聚成为全民族的根本意志和力量，是推动中国民主发展的根本。

青年的民主自信来自对中国民主发展的历程、现状、未来的正确认识。青年是新中国坚定的拥护者，指向最广大"工农劳苦大众"的新的民主理念，彻底改变了民主作为少数人保护自己财产和权力的工具内涵。在这一民主理念指导下建构的国家制度凝聚了中国人崇高的社会理想，这种理想不仅仅是一个物质富裕的承诺，而更重要的是实现人的平等、尊严和价值的解放追求。在这一民主理念指导下确认和保障的民主权利广泛而真实，许多被压迫在社会最底层的青年学徒工、青年知识分子、青年农民获得了新生。新社会解除了束缚他们的绳索，他们不再依附于家庭、家族，受制于基本生产、生活资料的缺乏，拥有了独立、自由和自主的权利。新中国成立初期的青年是自信的，他们的自信来源于对人民民主理念的认同，来源于对社会主义美好未来的坚定信心。

经历了"文革"的挫折，青年的思想发生了复杂的变化，他们对民主的理解、对社会主义道路的信心产生了动摇。由于多种因素的影响，尤其是西方民主优越论的影响，青年对社会主义民主产生了疏离和对抗，以非理性的方式冲击现有制度，但是青年很快调整过来。经历了苏联民主化改革失败的教训，以及金融危机和第三波民主化浪潮的失败，青年对社会主义民主的信心不断上升。60 多年来中国经济发展、民主进步的成就不断增强青年的

---

① 习近平：《青年一代有担当　国家就有前途》，新华网，2013 年 12 月 5 日，http：//news. xinhuanet. com/politics/2013 - 12/05/c_118437252. htm。

民族自豪感和民族自信心。青年是改革开放最大的受益者，他们成长在中国经济快速发展、政治不断进步的环境下，他们的受教育程度快速提高，成为知识经济时代最重要的生力军。今天的青年在国家的经济社会发展中扮演越来越重要的角色，青年不再是传统意义上的边缘群体，而是社会发展的财富和重要人才储备。2001年9月，在联合国第五十六届会议上，青年就业网高级别小组的建议中提出青年是建设当今更加美好世界的财富，"他们是有史以来受教育程度最高和最训练有素的一代年轻人，是经济和社会发展的重大潜在力量。"① 在全球化时代，青年作为受教育程度高，具有国际视野的新一代，其知识优势、创新优势明显。据国家统计局数据，2011年我国普通本专科招生数达到681.5万，在校生人数达到2308.5万；研究生招生数达到56万，在校生人数达到164.58万。② "从1978年底到2012年底，中国各类出国留学人员总数达264.47万人。改革开放以来，留学回国人员总数达109.13万人，共有72.38%的留学人员学成后选择回国发展。"③ 高等教育普及和出国留学人数增加，使青年群体成为受过良好教育并具有开阔国际视野的新一代，他们掌握新知识和新技术，有着不受约束的创新精神，追求成功的强烈愿望。青年在掌握和熟练运用先进的信息通信技术方面有天然的优势。新时期中国民主建设法律化、制度化建设获得了青年的认同，科学技术的发展也为民主发展提供了更好的条件，尤其是网络、电子政务、信息公开的推行，保障了公民民主权利的实现，使电子投票、大众参与政治成为可能。虽然中国民主发展的现状还不尽如人意，但是有了巨大的进步，呈现出勃勃的生机。

青年的民主信心还来自对中国民主发展未来的美好期待。十七大报告提出民主发展的四个方面：民主选举、民主决策、民主管理和民主监督，要保障公民的四种权利，即知情权、表达权、参与权和监督权，实现"四个自我"，即自我管理、自我教育、自我约束和自我服务，体现了执政党推进民主发展的信心和政治智慧。十八大报告提出要更加注重健全民主制度、丰富民主形式，如重大行政决策召开听证会，协商民主的形式进一步完善。通过政府信息公开、民主立法等形式，让权力在阳光下运行，推进权力运行公开

---

① 联合国，http://www.un.org/chinese/ga/56/doc/a56_422.pdf。

② 中华人民共和国国家统计局，http://data.stats.gov.cn/workspace/index? m = hgnd。

③ 中国新闻网，http://www.chinanews.com/edu/2013/02-28/4604421.shtml。

化、规范化。2012 年 12 月 4 日，习近平总书记在纪念现行宪法公布施行 30 周年大会上发表重要讲话，指出："维护宪法权威，就是维护党和人民共同意志的权威。"2013 年十二届全国人大代表选举首次实行城乡按相同人口比例选举。十八届三中全会通过了《中共中央关于全面深化改革若干重大问题的决定》，习近平总书记在说明中强调："要构建程序合理、环节完整的协商民主体系，拓宽国家政权机关、政协组织、党派团体、基层组织、社会组织的协商渠道；深入开展立法协商、行政协商、民主协商、参政协商、社会协商。"① 十八大以来党重拳反腐，"苍蝇老虎一起打"，党风廉政建设和反腐败斗争不断深入。十八届四中全会提出全面推进依法治国，权力运行的制约机制和监督体制进一步完善。公平公正的社会秩序建设，民主法律化、规范化、程序化建设为"中国梦"的实现提供坚实的制度保障。中国的民主建设通过革命性的变革和点滴的积累，为中国的经济建设、政治进步、文化发展创造了良好的条件，中国人民团结一心，具有强大的凝聚力。新一代的青年与国家民主建设良性互动，"鸟巢一代"通过抗震救灾和北京奥运会，展现了他们积极上进、有责任有担当、对未来充满信心的精神风貌，他们是值得信赖的。有崇高的民主理想，有执政党推进民主建设的坚定意志，还有具备责任意识愿意为国家民主发展贡献力量的新一代，中国民主发展拥有无限的生机。伴随着中国民主的进一步发展，青年的民主自信还将进一步巩固。

青年的民主自信不是盲目的自夸，也不是盲目的自卑，是青年在清醒认识中国民主发展优势、存在问题的基础上，理解国家民主发展历史、尊重现实、面向未来的积极开放的心态。青年的民主自信还在不断发展过程中，其中也会有许多外来因素的影响和挑战，也会有动摇和困惑，这些都需要一代又一代的青年对国家、民族发展有清晰的认识，坚定社会主义民主发展的信心。

（二）在比较民主制度基础上把握民主趋势

在开放的环境下，青年具有世界眼光和更开阔的胸襟，这对于国家的民主建设是必要的。但是更重要的是，了解他人的经验成就只是民主建设的借鉴，它永远不能代替我们在自己的国家建设民主的自觉意识和切实行动。社会制度的激烈较量，对于青年的思想政治素质是一个巨大的挑战和考验。如果一代青年看不清民主的根本差异，一味奉行别人的真理，遵照别人的规则，中国作为一个独立的政治实体的主体性就永远无法确立起来，一些国家

---

① 《十八大以来民主政治大事记》，《人民日报》2014 年 10 月 29 日，第 18 版。

扬言的"不战而胜"就会成为现实。中国民主的存在和发展，必须决定于中国自己的核心利益、价值和意志，而不是别人的普遍真理，青年需要在认识不同制度民主的基础上把握民主发展的趋势。

首先，青年要从西方民主优势地位下解放出来。建立在三权分立、多党制基础上的西方议会制民主，一度被包装成为人类文明的主流，许多国家的青年对此心生羡慕。东欧剧变、苏联解体是共运史上的悲剧，而今天各种形式的"颜色革命"不断上演说明这种理论余毒未熄。西方民主优越论、"普世价值"等言论俨然成为判断一个国家文明与落后、民主与专制的标准，而涉世未深的青年最容易被这种思想所蛊惑。在国际大环境和国内小气候的影响下，中国青年也一度迷失了方向。20世纪80年代，部分青年在忧患意识的驱动下，全盘否定自己的历史，希望以全面拥抱西方文明的方式使中国走上民主富强的道路。今天，青年在不断的横纵比较过程中认识民主，不再认为民主只有一个标杆，也看清了一些国家利用民主、人权打压中国的用心。国家的民主制度是人民根据国情和利益选择、设计的权力建构模式，民主发展没有固定的模式，更没有放之四海而皆准的标准化民主。中国青年不再盲目崇拜别国的模式，也不再亦步亦趋用别人的标准裁剪、品评本国的民主制度。

青年还要有对民主发展未来的思考。一些学者鼓吹资本主义制度、自由式民主是"历史的终结"，人类未来的发展只可能是在这一制度框架内补缺补漏。事实上，西方标榜的自由、民主、平等口号下掩盖着性别歧视、种族歧视、贫富悬殊等尖锐的社会矛盾，自由媒体和垄断财团"真挚的友谊"，各种选举过程中金钱和政客狼狈为奸。如果保护少数人利益的民主制度成为历史的终结，那人类将永远无法摆脱被奴役、被剥削的命运。民主作为一种国家制度，与阶级社会相联系，不是从来就有的，也不会万古长存，更不会停留在"少数人所得而私"的社会制度。民主作为一种权利远未穷尽也不完善，更没有惠及世界上最大多数人群。民主发展应当是让越来越多的人，尤其是底层的大众，获得生存和发展的话语权，在利益分配的时候更为公平和公正。民主发展的最终目标是消灭剥削和压迫，实现人的自由解放，这一目标的实现需要艰辛的努力，但是它反映了人类历史发展的规律。

中国青年要从西方民主优势地位下解放出来，并能对民主发展趋势有准确的把握，这一过程不会一蹴而就。还有许多似是而非的理论在不断宣扬西方的民主价值，有些青年接受了这种价值观，自认为掌握了真理，并积极推销其思想观念。纠正这一偏向，需要持之以恒的教育，也需要青年在比较鉴别过程中校正自己的理想，不断自我教育。

（三）青年清醒认识并自觉担当民主建设使命

每一代青年成长的环境不同，面临的历史责任也不同。近代中国处于亡国灭种的边缘，青年首要的历史责任是救亡图存，实现民族独立和国家统一。无论是呼吁君主立宪的士大夫，还是以暴力革命反对封建统治的底层群众，他们都在探索中国民主发展的道路。费正清等认为："当以'民主'这一术语论述中国的史实时也必须作出类似的调整。如果我们把我们西方民主的含义界定为人民参与政治过程或赋予政府行为以合法性，那么，我们就会发现在旧中国文人阶层和人民大众的作用之间的区别。当绅士们获准向当权者请愿时，他们正参与了政治；当普通民众通过暴力起义破坏了一个政权的天命并接受了新的后继者时，普遍认为人民已赋予了它以合法性。民主在旧中国的不同含义取决于统治阶级文人和大多数农民所处的地位的不同。"① 五四运动青年喊出了"科学"和"民主"的口号，使中国的民主革命进入一个新的历史阶段，青年成为反帝、反封建的先锋和桥梁。一部分最有觉悟的青年选择了马克思主义，找到了认识中国、改造中国的强大的思想武器。这一选择是基于中国面临的历史任务的正确选择，毛泽东指出："我们说马克思主义是对的，决不是因为马克思这个人是什么'先哲'，而是因为他的理论，在我们的实践中，在我们的斗争中，证明了是对的。"② 青年选择了中国共产党、选择了马克思主义使中国的革命事业蓬勃发展，无数的青年为了新中国的诞生献出了年轻的生命。近代中国青年清醒地意识到中国民主建设的艰巨使命，他们义无反顾担当了历史的重任，他们的历史功绩值得永远铭记。

新中国成立后，建设一个富强、民主的国家成为青年的历史使命。人民民主的制度建构和关系青年自身利益的权利保障，使青年意识到社会主义民主是真实的民主，是有生命力的民主。在民主建政、普选、宪法草案讨论等重大的政治活动中，青年热情参与，为社会主义制度的建立和巩固全力以赴，成为新社会最可信赖的生力军。改革开放后，与毛泽东时代充满革命气质的青年不同，这一代人成长的环境和面临的任务都发生了巨大的变化。青年具有开阔的眼界，但缺乏韧性和耐性，几代人面临民族危机时深重的危机

---

① 〔美〕费正清、罗德里克·麦克法夸尔编《剑桥中华人民共和国史（1949～1965）》，王建朗译，上海人民出版社，1990，第18页。
② 中共中央宣传部理论局：《六个"为什么"——对几个重大问题的回答》，学习出版社，2009，第7页。

感正在淡忘，取而代之的是对物质丰裕的满足和乐观，利益协调取代理想激励成为青年民主参与的主要推动力。青年之间也出现了明显的分化，马赫列尔引用 P. H. 松巴特·德劳弗描述资本主义国家青年的特征时说："青年们怀着各种矛盾的希望，有些青年想参加建设性的革命行动。另一些青年试图逃避，反对一切强制和规范，或者更激烈一点，试图同社会彻底决裂，这些思想有时通过吸毒或者自杀的手段表现出来。还有一部分青年陷入富裕社会中的舒适生活的陷阱，在口头上批判这种制度的同时，驯服地去适应它。"①当前中国青年的特征与当时资本主义社会青年的特征有许多的相似之处，青年要应对多元民主观念的挑战和全球化、网络社会等现实的挑战，同时还要抵制物欲的诱惑，以积极的态度迎接挑战。

当代的青年意识到自己肩负的历史使命，爱国主义的激励使他们关注国家和民族的前途命运，他们把爱国主义与推进社会主义民主建设相结合。1990 年 5 月 3 日，江泽民在首都青年纪念五四运动报告会上的讲话中指出，"在当代中国，爱国主义和人民民主即社会主义民主本质上也是统一的。……维护和发展社会主义民主，是爱国主义的重要体现。"②习近平提出青年的价值选择决定了未来整个社会的价值取向。当前，国与国之间激烈的竞争主要是实力的竞争，这一实力既包括经济、军事的硬实力，也包括意识形态、文化等软实力。青年对国家政治制度、意识形态的认同是国家软实力的重要组成部分。历史赋予这一代青年更重要的使命，他们要使这个国家逐渐走出历史的阴影，成长为一个更强大和成熟的领导者。党对青年寄予厚望，"青年是社会中最富有活力的部分，是我们事业的希望。二十一世纪是你们的世纪。中国社会主义现代化建设的重任，历史地落在你们的肩上。老一代牺牲奋斗取得的成果，需要你们去巩固和发展。老一代坚持革命斗争方向的英勇精神，需要你们去继承和发扬。社会主义祖国的美好未来，需要你们去创造。"③习近平寄语青年："中国梦是我们的，更是你们青年一代的。中华民族伟大复兴终将在广大青年的接力奋斗中变为现实。"④今天，青年不仅是未来的力量，而且在信息时代日益成为现实的力量，青年的觉悟将

---

① 〔罗〕F. 马赫列尔：《青年问题和青年学》，陆象淦译，社会科学文献出版社，1986，第 42～43 页。

② 《江泽民文选》第一卷，人民出版社，2006，第 122 页。

③ 《江泽民文选》第一卷，人民出版社，2006，第 132～133 页。

④ 习近平：《在同各界优秀青年代表座谈时的讲话》，《人民日报》2013 年 5 月 5 日，第 2 版。

成为国家民主建设的基础。当持续的经济发展提供了强大的物质力量的时候，青年需要寻找和确定新的目标，那就是中国的政治发展更为稳定和成熟，青年对中国民主制度的认同和民主建设的参与将为中国开创出更美好的前景。

二　青年推动民主建设的理性行动

青年在中国民主建设中扮演什么角色，需要青年的自我塑造。青年不应当被认为是"麻烦的制造者"，虽然青年有过过激的行动，但是青年也是中国民主建设不可或缺的生力军。经历挫折后，青年逐渐认识到民主建设要理性多于激情，要使争取民主的行动目的合理化和效应最大化，符合国家发展的需要，符合自身利益。青年的根本利益在于自身的发展，只有国家稳定发展，青年也才能发展。青年在现实世界的自我克制和网络世界的自我约束是青年理性的一种表现。

（一）现实世界的自我克制

青年参与民主实践是青年认同民主理念，通过反映情况、提出意见、主张权利等进行利益表达，并通过一定的方式实现利益的过程。民主的实现形式在不同的背景下有不同的选择，在政治黑暗，没有合法、合理的渠道下，罢工、罢课、游行、示威等激烈的行动是合乎理性的选择。在政治清明、民主发展还不是很完善的情况下，一些无政府主义的苗头会不时闪现。从总体上看，在既定的社会制度内进行民主实践，必要的妥协和克制是必不可少的。民主的过程意味着协商、讨价还价，而不是志在必得、绝不退让，因而当利益暂时不能满足时，选择什么途径来表达意愿和争取权利反映了一代人的素质和社会的整体氛围。世界四大广告公司之一的奥美国际广告公司的调查结果显示：亚洲青年是具有独立参与精神的一代。这一代人被称为"激励的一代"，他们的生活是人人表现和社会规范之间独特的平衡过程，他们遵从社会规则，同时又想有一定程度上的精神独立或自我价值的体现，他们渴望一种有节制的自由感，同时继承自己特有的亚洲文化传统如尊敬长者，依赖权威。"亚洲新一代的年轻人是明天的领导，是性格特殊的一代。他们比他们的父辈更具有独立精神，但比一般人想象的要保守得多"[1]。青年有强烈的参与意识，"无论在什么地方，青年要求尽

---

① 郗杰英主编《新状态：当代城市青年报告》，中国青年出版社，1999，第19页。

可能充分地参与社会政治生活的愿望，特别是真正参与决策的愿望，都占据着主导地位"①。

青年的参与行动表现得更为理性和务实。青年对民主制度的建构有更深刻的理解，国家层面的权力运转有自己的逻辑，牵一发而动全身，青年对民主制度的完善多了一份耐心和信心；在权利保障方面，青年对权利的理解更为宽泛，对诸如投票选举、政党活动等传统的政治参与热情不高，但是他们对针对某些具体社会问题而进行的权利保障活动热情高涨。青年的民主参与主要在制度的框架内，通过法律、社会舆论等方式推进国家的民主发展。民主从文本到实践不是一个自发的过程，还需要青年的理性行动作为推动力，一系列制度的完善、权利的确认和落实，既靠执政党的理念和自觉，也靠青年积极的行动。青年的理性行动使制度与个体的互动更为良性，推动民主理念、民主形式转变成为被认可、有实际约束力和得到实现的民主规范。青年意识到自己理性参与所发挥的政治效能，也进一步增强在制度范围内解决冲突的信心。从总体上看，青年的行动少了理想的冲动，多了理性的务实。

青年对中国民主建设从自觉走向规范，从激情走向理性是青年本身政治成熟的表现。由于中国民主本身处于不断发展的过程中，制度和法律本身都不完善，中国社会发展进入矛盾多发期，利益冲突、民族冲突、群体冲突加剧，传统因素和外来因素的影响使中国的民主建设面临许多的不确定性因素，因而在民主实践中也存在许多的不规范的行为。从许多国家"颜色革命"的教训看，在外部势力的煽动下，在国内矛盾激化的时候，青年的激情可能成为冲击社会制度的强大力量。国内许多恶性群体性事件出现，也表明青年的不成熟性很容易被利用。一些青年卷入与己无关的利益冲突，冲击政府机关、打砸抢烧，在法不责众心理下发泄自己的私愤。一些青年因为好奇心驱使也盲目从众，不断把个别的问题上升为群体性的事件，使社会的稳定面临很大的隐患。

无论出于什么目的的民主参与，其前提是对制度和法律的尊重。青年易冲动的特点使得青年容易成为社会不安定的催化剂。以街头政治的方式推动民主建设，只能是欲速而不达，成为被人利用的马前卒，一些国家的"颜

---

① 〔罗〕F. 马赫列尔：《青年问题和青年学》，陆象淦译，社会科学文献出版社，1986，第43～44页。

色革命"证明了这个道理。社会要加强对青年的教育引导，青年自身也要明辨是非、自我克制。

（二）网络世界的自我约束

网络世界是一个既虚拟又真实的世界。网络的虚拟性使青年可以更自由地表达，网络的真实性使这些意见形成强大的舆论压力，并最终反馈到现实世界，影响实际的政治运作，网络世界是现实世界的一个缩影或扭曲反映。网络对青年参与意识发展有巨大的促进作用，但同时网络也存在许多负面影响，青年在网络上的民主参与需要自我约束。

首先，青年要抵制网络言论对根本政治制度的威胁。网络世界中对民主影响深远的形式包括：网络舆论、政治博客、政治性论坛、网络签名、网络跟帖等。一些青年在网络上寻求解决自己切身利益的诉求，或者关注与公共利益相关的话题，或者表达自己的政治信念和政治态度。网络造就了一个与以往社会关系不相干的新的人与人交往方式，以及扁平化、全球化的社会结构，创造了全新的公共空间。个人可以更自由地提出自己的政治见解，对政治新闻和政治事件发表评论，提出疑问或表达不同的观点。一些议题或者因为涉及面广，或者因为代表性强，或者因为性质恶劣，或者因为新奇怪异，都会成为备受网民关注的热点，尤其是一些敏感的政治问题。网络言论对政治制度的威胁来自两个方面：一方面来自网络议题形成过程中的不合理分布，容易形成青年以偏概全的思维模式；另一方面来自意识形态领域斗争在网络世界的延伸，西方民主价值观的渗透和借民主对中国的打压。

网络议题的表达和聚合是偶然的、即时的、无序的甚至是不负责任的。网络议题从性质上可以分为批判性议题和建设性议题，前者关心不该做什么，或者做错了什么，后者关心怎么做。网络议题从牵涉的范围上看，分为涉及整体利益的议题和涉及个人利益的议题。由于掌握网络资源的信息和资料不同，不同的人群和意见并没有得到均衡的表达。在网络上，批判性的、关系局部利益的议题容易引起关注，如强制拆迁、官员腐败、个人不当言行等。网络聚焦的单一性，很容易引导青年形成以偏概全的思维模式，忽视民主本身的复杂性和实践性特点，使青年对政治产生简单化、理想化，甚至激进化的倾向，表现为对政府、执政党不信任，对权威的蔑视和嘲弄，对公信力的质疑等。如杭州"胡斌案"的"替身说"，使政府和司法机关的公正性受到强烈的质疑和批评。网络的高频词语"打酱油"和"躲猫猫"等，表达青年对政府公信力的质疑和嘲讽，也表达了青年无奈但又抵制的消极情绪。网络世界里，批判和怀疑成为一种近乎神经质的反应，网民批评一切，怀疑一切，一些情绪化的和道德宣言式的批判形成对权力建构强大的威胁，成为新时期青年"四信"危机的一个新表现。网络的主体是青年，他们的意见并不一定代表社会主流的意见，但是他们在网络上传递的信息和情绪很容易误导社会的舆论导向，形成一些错误的思想和观点。刘洋认为："网络民主在今天中国的蓬勃发展也要避免对直接民主的过分热情和对'多数'本身的虚幻理解。"[1]

网络是现实世界意识形态领域斗争的新战场，网络可能成为西方式民主观念渗透和攻击的主要阵地。一方面，一些西方国家支持反华势力在世界各地设立各类网站，利用互联网推行西方民主价值观，批评中国的意识形态，诋毁中国形象，误导中国网民；另一方面，互联网成为一种实用的制裁工具。如美国在对待所谓的"无赖"国家时，除了动刀动枪和经济制裁，就是进行"信息制裁"。2009年5月，微软公司按照美国政府的授意，切断了古巴、伊朗、叙利亚、苏丹和朝鲜五国的MSN即时通信服务端口。而在伊朗大选前后，美国为了支持选举失利的改革派，利用推特（Twitter）帮助反对派制造舆论声势。[2] 在对待中国的问题上，互联网成为遏制中国的新手段。2010年年初，谷歌威胁退出中国，西方世界一边倒支持谷歌，指责中国的网络世界不民主。美国国务卿希拉里就网络自由发表讲话，指责中国对网络信息进行限制。中国网民在网络上跟帖支持谷歌和反对谷歌的声音势均力敌，支持谷歌的网民也异口同声指责中国政府无言论自由、网络管制不民主等。考虑到网民多数是青年，他们有着对自由、对开放、对新奇事物的强烈追求，在所谓"网络不自由、不民主"的言论影响下，青年对制度的信心和认同不断受到侵蚀。网络世界是真实世界的延续，网络甚至一定程度上影响和支配现实政治，网络的自由民主需要遵守现实的法律约束，青年在接受或传播某些言论需要有很强的政治鉴别力和政治敏锐性。

其次，要防止网络世界里的权利滥用。网络世界具有虚拟性和去中心

---

[1]　刘洋：《网络民主在转型期中国的困境与出路》，《天府新论》2009年第2期。

[2]　张敬伟：《美国互联网外交是虚伪的实用主义》，2010年1月22日，人民网，http：// opinion. people. com. cn/GB/70240/10827796. html。

化的特征，虚拟性使青年隐藏真实的身份，弱化由社会身份形成的自我约束和社会监督，其言论更为自由、大胆和直接，甚至不负责任；网络世界去中心化是对现实世界权威、等级、教育水平的消解，在话语权相对平等的状态下，信息呈现非中心的传播结构。在虚拟的网络世界里，充斥着地域攻击、粗俗谩骂和情绪化的攻击言论，也有更严重的如诬陷、造谣、诽谤和混淆视听等权利滥用现象。这种权利的滥用可能源于个人目的，也可能来自金钱或权力的操控。一些网民出于政治目的造谣，通过耸人听闻的新闻和真假难辨的信息打击和抹黑政治对手，许多网民在不明就里的情况下扮演助纣为虐的角色。一些网民利用网络制造谣言，进行情绪化谩骂、讥讽和人身攻击，诋毁他人名誉或侵犯他人隐私，如 2009 年网络上著名的"艾滋女"事件。①

　　一些网民在经济利益的驱使下，成为攻击他人的工具。2009 年 12 月 19 日，央视《经济半小时》栏目揭秘了"网络打手"现象，那些临时在网上征集来的发帖的人被称为"水军"，"水军"发帖一条可挣五角钱，因此又被称为"五毛党"。"水军"的构成鱼龙混杂，包括学生、兼职员工或者社会闲杂人员等。"水军"的任务是接受一些网络口碑营销公司的雇用，在网络上为客户发帖回帖造势，达到炒作新闻或者打击竞争对手等目的。一位网络营销总监表示："我们可以在一夜之间铺满最少 1500 个论坛，在六大门户和三大社区，我们可以做出一种非常多非常集中的话题局面。"② 在"水军"的操纵下，亿万网民不知不觉中被引导为贡献点击率的工具，平等、自由的网络世界成为谣言、谎言充斥的场所。这种现象愈演愈烈，一些青年在利益的驱使下，成为网络虚假民意创造的来源。网络权利的滥用形成虚假、肤浅的民意，遮蔽了我们对更深层次问题的关注。

　　网络扩大参与主体的范围、拓宽参与途径、提高参与效能，使现实世界中因为各种因素受限的自由、平等、民主更进一步。但是网络世界内虚假的信息和各种不负责任的谣言，以及出于各种目的的金钱和权力操纵，也可能使青年的政治判断和评价失真，导致"泡沫"民主，甚至

---

① 2009 年 10 月，河北女性闫德利被前男友杨某冒名发表博客文章，自称身染艾滋病，曾与 279 名男性发生过性关系，并公布他们的手机号码。未经核实的"艾滋女"事件被各种媒体争相转载报道，对闫德利的身心造成严重伤害。

② 《央视：网络黑社会操控舆论　五万元左右法院判决》，2009 年 12 月 20 日，中国记协网，http://news.xinhuanet.com/zgjx/2009 - 12/20/content_12673706.htm。

是"网络暴力"。网络作用的双面性，使技术领域的"电子民主"对现实的国家制度、个人权利保障都构成强烈的影响。这既要求政府加强网络监管，也要求青年加强自我约束，不信谣、不传谣，坚持自己的判断，遵守网络公德。

第五节　支持维权行动是培育青年参与意识的重要途径

1990 年以来，青年参与意识发展的典型特征是理性，表现为青年在制度框架内维权成为一种比较普遍的趋势。与此同时，由于制度不健全、政府维权职能弱化、现实利益分歧等诸多原因，青年的维权行动不完全表现为理性的行动，在现实中许多行动是非理性的甚至不合法的。该如何看待和引导青年的维权行动？认识和维护自己的权利是青年参与意识发展的题中之义，青年参与意识发展除了要塑造青年对权力建构的认同，另一重要的内容是使青年有维护权利的自觉意识和理性行动。青年维护自己权益的正当行动应当得到社会的认可和支持，这种支持有利于社会主义民主进步的积累，从更长远来看，对于青年参与意识的培育有着举足轻重的作用。

一　青年维权行动的必要性

（一）青年权益受损现象的普遍性，使得青年维权成为迫切的现实问题

青年维权行动存在的前提是其基本权利受侵害的事实，一些青年的人身权、受教育权、劳动权等权利被影响、被限制甚至被剥夺。青年权益受损现象按照侵害主体不同可划分为四类：一类是国家公权力侵害，其中既包括不当的法律条例对青年权益的侵害，如已废止的《城市流浪乞讨人员收容遣送办法》曾造成的"孙志刚案"的惨剧；也包括行政权使用不当造成的侵害，如恶意拆迁中的自伤、自焚事件等；还包括司法权力滥用对青年权利的侵害，如近年来广受指责的看守所不正常死亡事件"躲猫猫"① 等。第二类是职能部门不作为或乱作为对青年权利形成的侵害，如青年农民工张海超以

---

① 2009 年 1 月 29 日，年仅 24 岁的李荞明因涉嫌盗伐林木罪被刑事拘留，羁押在云南省晋宁县看守所。11 天后李荞明重伤入院，13 日警方称其在玩"躲猫猫"游戏时撞墙死亡。警方的这一解释遭到网民的强烈质疑，事后的调查结果显示李荞明系遭同监室在押人员殴打、拳击头部后撞击墙面，导致受伤、死亡。在"躲猫猫"事件中暴露出的执法机关监管不到位、管理混乱、推诿卸责等问题具有普遍性。

"开胸验肺"① 的方式维护自己的权益等。第三类是企业法人蓄意侵害，如耸人听闻的"黑砖窑事件"以极其残忍的手段强迫智障工人从事高强度的劳动，而更普遍的现象是如富士康等企业长期要求员工超负荷劳动、超时加班剥夺工人权益。第四类是个人主体对青年权益的侵害，如包工头恶意欠薪等。此外还有许多没有明确主体的普遍歧视，如青年在就业过程中面临的户籍歧视、性别歧视、经验歧视等。

当前青年尤其是底层青年权益受损的现象日益普遍。底层青年是不拥有自身发展所需要的经济资源、政治资源、文化资源的群体，这是一个混杂的群体，包括青年农民工、青年农民、城市贫困青年等。底层青年由于缺乏必要的资源而生存艰难，他们长期遭受的不公正待遇凸显社会矛盾的尖锐性。在劳动力市场长期供大于求的现实生活中，产业升级和新兴产业的出现对劳动者文化素质和劳动技能的要求越来越高，金融危机造成大量技术含量低的加工企业倒闭，使底层青年群体的就业空间不断压缩。他们不得不忍受有毒有害的工作环境、缺乏必要的劳动保护甚至拖欠工资等现象。对他们而言，延长劳动时间、粗暴管理更是家常便饭。中国人力资源开发网的一项调查显示："80%的被调查企业存在多数员工或部分员工经常加班的现象……在庞大的加班人群中，单位强迫加班的占24.23%，另有30.13%的加班是单位明确规定的……10.77%的企业有加班补偿规定但从来没有执行，33.46%的企业根本没有加班补偿的规定，更不要说支付加班报酬了。"②

就业竞争激烈加上社会缺乏有效的权利保障机制，许多青年被迫或"自愿"从事环境恶劣的工作，缺乏必要的劳动保护，超强度超时间的劳动，工资被拖欠，无法获得应有的社会保险和福利待遇，职业病患病概率高且得不到必要的补偿。一些企业管理方式粗暴，凌辱、殴打、虐待等严重现象时有发生，许多青年因为怕下岗无奈接受无薪加班和低薪高强度的劳动，不同的青年群体由于缺乏真正代表自己利益的组织，其权利在不同层面受到侵害。中国长期依靠廉价劳动力发展经济的模式积累了许多的劳资纠纷和潜

---

① 青年农民工张海超从2004年8月到2007年10月，在以生产耐火砖为主的郑州振东耐磨材料有限公司打工，工厂生产条件恶劣，车间里有大量粉尘。2007年8月张海超感到身体不适，怀疑在工厂得了尘肺病，他先后在北京和郑州多家医院就诊，被诊断为尘肺（尘肺为职业病），但在郑州市职业病防治所却被诊断为肺结核而无法获得必要的赔偿。在多方求助无门后，2009年6月22日，张海超到郑大一附院做了开胸手术，证明自己确实患上了尘肺，而不是肺结核。张海超"开胸验肺"的惨痛经历揭示职业病患者艰难维权的冰山一角。

② 秦佩华：《给超时无薪加班亮红灯》，《人民日报》2007年9月18日，第9版。

藏的利益冲突，底层青年在劳动就业、教育等方面存在许多的问题，利益受损现象非常普遍。如果社会中相当多的青年群体处于缺乏必要的生存资源、没有话语权、遭受残酷盘剥的境地，社会主义制度的优越性何从谈起？他们又如何会对现有的社会制度产生认同感？维护青年的权益，不仅是针对特定群体的救济性措施，更应当被看作社会主义制度自我完善的必然要求。

（二）政府及传统组织机构的维权功能弱化，使青年个体主动维权成为必要

维权行动的主体主要有三个：政府、组织（其中既包括带有行政色彩的组织机构如工会、共青团、妇联等，也包括 NGO 组织）、个体。三种维权主体发挥作用的方式、影响力等存在很大的差别。

政府理所应当成为维护青年权益最主要的力量，尤其地方政府应当成为维护青年权益最重要的执行者。但是事实上地方政府作为相对利益主体，在以经济增长为主要目标的行政环境下，其维权功能呈现弱化趋势。发展经济、维持稳定是地方政府的两大任务，为了吸引投资地方政府必须优化投资环境，一些地方政府担心过于强调维护劳工利益会影响投资者的信心，损害投资环境，对许多侵权事件睁一只眼闭一只眼，在劳资纠纷时倾向于维护资方利益。一些地方政府以当地无大型维权行动作为"优化投资环境"的一个重要指标，对以维权为目的的群体性事件持打压态度，更不可能积极主动维权。一些政府职能部门在劳动者合同签订、社会保险缴纳、劳动安全监察等方面的监管和维权力度不够，个别部门不作为或偏袒资方利益，如上文提及的"剖胸验肺案"凸显一些职能机构严重失职。加上部门利益作祟、贪污腐败、权钱交易、官商勾结等现象屡见不鲜，政府在维权行动中的作用大大弱化，有人尖锐批评政府"为穷人说话，为富人办事"，意在指责政府言行不一，背离为人民服务的宗旨。

带有明显行政色彩的组织如工会、共青团、妇联等担负维权的重要职责，是青年维权行动的重要组织资源，但是现实中这些组织的维权力度不容乐观。现有工会组织具有明显的依附性，其人员构成和利益来源都受制于政府和资方，无法有效代表劳工利益。改革开放后，共青团、妇联等组织积极转变角色，以维权作为重要的职责。但随着社会经济结构变化、人员流动性增强，出现一些游离于传统组织范围之外的经济组织或社会组织，使得共青团、妇联等组织的维权行动覆盖面和影响力弱化，如一些外资企业或三资企业，集聚了大量的青年工人，他们在利益受损时无法求助于传统的组织资源。

NGO（Non‐government Organization）组织是青年维权的新生力军。一些 NGO 组织的宗旨和主要任务就是维护特定群体的权益，其组织或大或小，能力或强或弱，是当前"草根"维权的生力军。但是目前 NGO 组织面临的普遍问题是资金来源和管理问题，由于缺乏必要的运转资金，许多草根 NGO 组织基本上都依赖于境外机构的资助，生存能力脆弱而且有很强的依附性。由于接受境外资助，一些 NGO 组织成为政府严厉控制的对象。许多 NGO 组织的管理带有鲜明的领导者个人印记，"其兴也勃，其亡也速"，能够持续发展壮大的 NGO 组织少之又少。"不论是以组织形式存在的 NGO 工作人员，还是个体单独行动的'维权斗士'，都普遍比较年轻，充满着斗志、激情、理想，甚至冲动"①。NGO 组织对于"草根"维权有重要的意义，但是面临政府严厉控制、资金缺乏和管理不善等问题，维权关注的点单一，影响力不大，其生存空间受到限制。

青年权益受损的客观事实凸显维权行动的必要性，如果权利在一个具体的关系中长期和普遍地得不到保障，侵权行为得不到纠正，那么法律规范就失去其权威性而处于瘫痪的状态。在青年权利意识高涨，而现有组织资源无法提供有效帮助的背景下，维权的"供"与"求"关系严重失衡，青年主动"为权利而斗争"成为一种必然的选择。变革的时机已经来临，正视青年的维权需求，为青年提供有效的支持应当成为一种社会共识。

二　青年维权行动的进展

当前，维权行动的常态化反映青年对权益保障状况的不满，许多青年以实际行动推动制度完善，促进政府职能部门及专业维权机构加强对青年权益的保障。

（一）青年权益保护日益受到重视，维权行动初见成效

由于各种原因造成的青年权益侵害问题引起社会的广泛关注，保护青年权益就是保护一个社会制度的未来。通过法律、法规、政策等体现国家意志的形式规定权利、保障权利，是对青年维权行动最重要的支持。如《中华人民共和国未成年人保护法》《中华人民共和国预防未成年人犯罪法》等法

---

① 吕佳龄：《"偶然"还是"必然"——从青年劳工维权者的从业路径看草根维权力量的兴起》，《青年研究》2009 年第 3 期。

律直接针对青少年的权益保障。另外一些法律虽不是直接针对青年，但是对青年权益保障有特别重要的意义，如 2008 年 1 月 1 日起正式实施的新《劳动合同法》，更合理和具体规定签订劳动合同、试用期报酬、辞退员工的经济补偿等内容，这些内容是青年劳动权益最容易被侵害的方面。同时生效的《就业促进法》进一步明确政府在促进青年就业中的重要职责，以法律的形式禁止各种形式的就业歧视，特别是规定国家采取措施建立健全劳动预备制度对青年而言意义深远。《就业促进法》规定，县级以上地方人民政府要对未能继续升学的初高中毕业生实行一定期限的职业培训和职业教育，有就业要求的青年在取得相应的职业资格或掌握一定的职业技能后，再通过劳动力市场实现就业。两部法律对保障劳动者权益、增强新生劳动力的职业技能，尤其是对青年弱势群体进行就业援助有详细而明确的规定。与此同时，针对当前青年就业形势严峻的现状，政府实施积极的就业政策改善青年就业的整体环境，针对不同的青年群体实施相应政策，如"大学生志愿服务西部计划"给予志愿到西部服务的大学生在升学、考公务员等方面给予优待；实施"高职（大专）毕业生职业资格培训工程"，对应届高职（大专）毕业生进行职业技能培训；对于受教育程度比较低的青年群体，政府补贴他们进行技能培训。国家通过法律、政策等措施使青年利益保障需求上升为强制性、可主张的权利，使青年的维权行动有法可依，这是对青年维权行动最重要的认可。

一些组织机构也加强对青年维权行动的支持和帮助。从 20 世纪 80 年代开始，直接面对青年的共青团组织就意识到青年维权工作的迫切性和重要性。1988 年召开的团十二大明确提出"代表和维护青年利益"是共青团三项社会职能之一，团中央提出要解决、表达、维护好青年利益，并设立维护青少年权益部（简称权益部）。1997 年 11 月北京市成立首家"外来青年维权服务中心"。1998 年共青团中央联合 14 个部委发起"青少年维权岗"创建活动。1999 年团中央建立了"中国青少年权益保护基金"，更加主动参与青少年的维权行动。2006 年团中央设立 12355 青少年服务台和维权热线，覆盖全国、省、市三个层次，为青少年提供法律、心理、自我救护等咨询和帮助。同年，为贯彻《国务院关于解决农民工问题的若干意见》，共青团中央和中华全国律师协会联合下发《关于进一步加强进城务工青年维权工作的通知》，要求各省、自治区、直辖市至少建立一家"进城务工青年维权服务站"，以专职律师和志愿服务人员相结合的形式提供维权服务，主要解决进城务工青年的工资拖欠、社会保障及职业安全等问题。2008 年团中央提出实施"青少年维权工程"方案，加大对青年维权工作的指导和支持。

青年权益保护正日益受到重视，多渠道、多层次的维权体系在不断完善过程中，越来越多的组织加入保障青年权益的行列。如中华全国律师协会成立"未成年人保护专业委员会"（简称"律协未保委"），建立"中国青少年维权中心"，各地也成立了律协未保委分委会。妇联、工会等组织也加大了青年维权工作的支持力度。青年权益保护的进展体现在：一是法律法规体系日益完备；二是组织体系、工作体系日益成熟；三是青年维权行动的领域、覆盖面、涉及内容不断扩展；四是青年权益保障的手段不断丰富。

（二）青年通过维权行动普及权利意识，提高维权能力

权利从抽象的文本转换为具体的实践是一个艰难的过程，甚至要经历艰巨的斗争才能为人们所普遍认识和切实维护。青年维权行动是对权利侵害的纠偏补正，通过越来越多个案的积累，更多的青年对自己的权利有清晰的认识，掌握必要的维权手段，提高维权能力。

青年维权行动是普及权利意识的过程。哪些是自身应该享有的权利？权利的主要内容包括什么？怎样判断自己的权利是否被侵害？在权利被侵害时如何获得有效的救助？这些问题对非法律专业人士而言具有极大的挑战性。维权行动的前提是青年对自己的权利边界、侵权纠正等相关知识有一定的认识。维权过程中青年对权利的认识逐渐从直观、朴素、感性的层面上升到理性、全面、深刻的层面。石秀印认为青年在维权行动中学习：①从法律角度界定权利；②从政策角度界定权利，包括根据社会制度和公民的政治地位界定权利；③从人的价值角度界定权利；④从所有和劳动角度界定权利。[①]许多青年走上维权道路的经历可能是非常偶然的，他们或者由于个体利益曾受到伤害，或者因为关注底层人民的疾苦，或者因为自己或身边的人受到不公正待遇而愤然走上维权的道路。吕佳龄的访谈显示劳工维权的普遍模式表现为："遭遇工伤—接受某 NGO 或维权组织援助—走上维权道路"[②]。许多底层青年并不是一开始就具有维权的知识、经验，他们最初批驳资方类似"工厂是我的，嫌工资少就别在这里干"等貌似有理的说辞是基于道德义

---

①　石秀印：《市场经济条件下青年学生的权利意识与权利被侵害意识》，《青年研究》1995 年第 6 期。

②　吕佳龄：《"偶然"还是"必然"——从青年劳工维权者的从业路径看草根维权力量的兴起》，《青年研究》2009 年第 3 期。

愤，而不是上升到权利层面。在许多"偶然的"维权行动中青年逐渐认识到获得最低工资保障是工人的一项基本权利，而不是资方良心发现的恩赐，法律保障工人有获得满足基本生活需要报酬的权利。正是在维权行动中，一些青年基于"自救"目的学习法律与政策，提高自我保护意识和权利意识。他们甚至一边维权一边"恶补"法律知识，咨询法律程序，在获得相关知识后为其他工人维权。维权行动普及基本的法律知识，提供具体的案例信息。青年在维权的实际行动中，以法律和国家政策为重要准绳判断权利和侵权，不断深化对权利边界、侵权纠正、维护权利手段的认识。

青年通过维权行动提高维权能力。社会底层的青年不可能自发获得法律知识和谈判技巧，他们对自身权利的认识存在模糊领域，对于合法维权的途径、必要准备缺乏了解。很多权利被侵害的青年以不讲理的方式寻求合法合理利益的实现，其最初的反抗方式是随机的、无组织的甚至是非法的。如一些青年以自杀、威胁跳楼、暴力攻击欠薪者等极端手段捍卫自己的权利。典型的案例如青年农民工王斌余因为工资被拖欠，数次催讨无果反被侮辱殴打，王斌余怒杀包工头等四人。这一典型案例反映底层青年在维权时的困境：向法院求助，被告知诉讼时间长且成本高，向劳动监察部门反映但收效甚微，最后只能采取暴力反抗的方式解决。王斌余血案的发生从反面提出青年提高维权能力的重要性。在不断的维权行动中，青年的维权方式、维权目标悄然变化。学者总结了中国农民维权的不同方式，如李连江、欧博文提出"依法抗争"，是指农民利用中央政府的政策来对抗基层政府的土政策，主要形式是上访。[1] 于建嵘提出"以法抗争"，是指农民直接以法律为抗争武器，基本目标具有明确的政治性，表现为抗争的内容具有公共性，抗争对象是国家基层政权。[2] 吴毅提出"非政治化""弱组织化"是农民维权的基本特征，乡村社会中既存的"权力－利益的结构之网"使农民利益表达难以健康和体制化成长。[3] 农民维权能力的成长过程有很强的代表性，青年也从开始的鲁莽维权到越来越理性的维权，他们的行动目标更明确、形式更合理合法、具有更强的组织性。在维权行

---

① 李连江、欧博文：《当代中国农民的依法抗争》，载吴国光主编《九七效应》，太平洋世纪研究所，1997。

② 于建嵘：《当前农民维权活动的一个解释框架》，《社会学研究》2004年第2期。

③ 吴毅：《"权力－利益的结构之网"与农民群体性利益的表达困境——对一起石场纠纷案例的分析》，《社会学研究》2007年第5期。

动中，青年学习以法律和中央政策作为衡量地方政府决策和行动合法性的标准，维权的目标不仅仅局限于小群体的利益，而是涉及更普遍的具有公共性的问题，如农民减负、征地拆迁、工人参与管理、基层民主等。其维权方式也越来越摆脱单打独斗式的"一次性"维权，而是更具有专业性、组织性和持续性，使自己的抗争行动依托合法组织，符合法律要求，有节制表达群体利益。

三　青年进一步维权的任务

（一）构建多层次的维权体系，切实维护青年权益

多层次维权体系建构包括法律法规、政策执行、组织体系等。法律是维护青年权益最重要的工具，一方面要完善法律，另一方面要使已有的法律条文落到实处。要加强利益表达机制的制度化建设，加大法律的宣传力度，提高法律运行中的监管效率，有法必依，执法必严，使法律成为保障青年权益最有力的屏障。要保持政令通畅，使地方政府的维权功能运转起来。在当前行政权独大而司法救济不足的现实环境下，政府和相关职能机构还是青年维权的首选，对广州市"80后"务工青年劳动权益意识的一项调查显示，外来务工青年应对侵权时"寻求政府部门、社区组织、司法机关帮助的比例分别为47.4%、17.6%、17.2%"[1]。政府要切实担负维权职责，维护弱势群体的利益，只有劳资关系和谐，长期的经济发展和社会稳定才能实现。要把更多的资源和手段赋予工会组织，使之扩大参政议政、依法维权的作用，成为可信任、有社会影响、有实际效能的组织机构。全国总工会提出工会组织要真正代表工人的实际利益，获得职工的信任，做到"主动维权、依法维权、科学维权"，实现工会在维权方略、维权机制上的大跨越。要扩大共青团、工会、妇联等组织的维权覆盖面和维权主动性，为青年维权提供必要的组织资源。同时要正视草根 NGO 组织在维权方面的努力和成就，引导 NGO 组织健康发展，吸纳其成为青年维权行动积极的建设性力量。要动员越来越多的社会力量支持青年维权的正当行动，整合法律政策、新闻舆论、组织体系等多种资源，共同维护青年的各项权利。

---

① 共青团广州市委：《广州市"80后"外来务工青年劳动权益意识和维权现状研究报告》，载《和谐社会建设与青少年发展研究报告——第三届中国青少年发展论坛暨中国青少年研究会优秀论文集》，2007。

（二）通过对维权中暴露问题的反思，推进社会主义民主的发展进程

在青年的维权行动中，我们可以看到"两个积累"的明显趋势，一是维权重大成就的积累；二是维权深刻问题的积累。"两个积累"酝酿着社会主义民主发展的新契机，通过对维权中暴露问题的深刻反思，我们能够推动青年参与意识发展。

青年的维权行动暴露出许多深刻问题，如维权过程中政府缺位造成的权力下移和信任度降低，典型的案例如广州本田罢工领导小组对工会组织的批评。青年既有维权方式也存在诸多问题，如基于社会关系网络，借助面子、人情、关系等方式维权的不可持续性，通过堵路讨薪、集体械斗、威胁自杀跳楼等模式维权对社会公共秩序的危害，一些伤及无辜的"泄愤式"维权其社会危害更大。这些实践中的问题不可能都消弭于萌芽状态，问题有出现、发展、解决的过程。这些问题的积累一方面说明社会主义民主在制度完善和运行机制方面还有所欠缺，需要积极应对。同时，这些问题积累使培育青年权利意识、维护青年权益成为迫切需要重视和解决的问题，为中国民主实现跨越式发展提供契机。

社会要正确对待青年的民主诉求，保护青年的民主参与热情，保障青年的权利。要使维权主体切实负责，政府、工会、共青团等要在青年维权行动中扮演更重要的支持角色；要采取合理的维权的方式，使利益表达、利益保障合理、合法；要扩大维权领域，实现三大转变，即从弱势个体的保护和救济转向更普遍层面的青年参政、就业、教育等，尤其是涉及公共利益的环境保护等领域；从就事论事的个体维权上升到法律、政策等长效机制建设，在更根本的层面维护青年权利；从维权行动依靠个人或组织的爱心奉献转为制度维权、组织维权、依法维权，实现维权动机的转变。

青年维权行动是青年参与意识发展的具体体现，青年在现实的利益冲突和维权行动中认识权利、保障权利，对维权行动的支持有利于培育青年的权利意识，引导青年在制度框架内表达利益、维护权利，形成以维权促民主的良性循环。

小　结

青年参与意识发展是多种因素共同影响的结果，其中社会存在的变化是其根本原因，各种思想的影响是其重要原因，青年的民主实践是其直接原

因。从 60 多年来青年参与意识发展的历程看，保持制度的稳定性，尤其是坚持中国共产党的领导，客观评价中国民主成就是青年参与意识发展的前提，要警惕各种以民主为名颠覆制度的威胁，既不被"捧杀"，也不被"棒杀"。青年参与意识发展不是自发的过程，需要教育者有问题意识，有针对性的教育引导，同时也要求青年自己自觉自律，担负起历史使命。社会要给予青年维权行动以巨大的支持，在正视问题积累的基础上寻求社会主义民主跨越式发展的契机。

结　语

　　青年处于社会继承和创新的结合点，不同民主制度的较量，青年是关键的枢纽。通过前文对新中国成立以来青年参与意识发展的全面解读，可以发现：青年参与意识发展的主流与社会主义民主建设的进程是契合的，60多年来青年对民主权力、民主权利的认识发生了革命性的变化，青年从革命的先锋转变为建设的生力军。青年认同人民民主，但在发展过程中有过疏离和对抗，在回归理性的同时也存在许多的模糊和不确定因素。政府信赖和引导青年，并从培养接班人的角度对他们进行持续的思想教育，引导青年树立和发展与社会主义民主相适应的参与意识。总体上，青年发展与国家民主建设良性互动，青年是社会主义民主发展重要的建设性力量。

一　基本结论

　　青年的参与意识和民主实践，是新中国成立60多年来人民民主发展的一个个相互连接的关节点。青年参与意识发展研究不是一个用概念解释概念的过程，而是在青年具体的实践中整理归纳、不断厘清的过程。

（一）青年参与意识的核心内容是权力与权利

　　从国家权力建构的角度，民主反映不同阶级在国家中的地位；从权利行使的角度看，民主反映政权如何组织，人民拥有哪些权利，如何行使权利。归根结底，民主建设是解决政权代表谁的利益、如何维护这些利益等问题。在这个意义上，民主作为上层建筑，不可避免受到社会生产力发展和经济基础的制约，并带有鲜明的阶级性。马克思在《哥达纲领批判》中指出："权利决不能超出社会的经济结构以及由经济结构制约的社会的文化发展。"①

---

① 《马克思恩格斯文集》第三卷，人民出版社，2009，第435页。

　　青年参与意识发展是对权力和权利认识的有机统一。在四分五裂、强敌环伺的近代中国，国家无独立主权可言，民众更无自由权利可言，争取建立一个统一、独立、民主的新国家是革命的目标。近代中国深重的民族危机催生了一代青年的参与意识，先贤"怆种族之不保，痛神州之陆沉"的危亡意识激励青年投身革命洪流。新中国的成立翻开了全新的一页，人民民主专政政治制度的建立使青年的民主理念发生了革命性的变革。社会主义民主在人类历史上第一次实现了多数人的民主和对少数人的专政，尤其是保障曾经饱受压迫和奴役的底层人民开始享受到真正的权利和自由。新中国成立以来，一代又一代青年对政权的拥护和参与，表明青年对新中国民主制度建设的认同，青年在制度的保障下享受和行使民主权利，青年与国家互动关系良好。在这一发展进程中，青年对权力和权利的认识在不同时期各有侧重，也出现过偏差和失误。从总体上看，青年参与意识的核心内容紧紧围绕权力和权利进行，在不同阶段具有不同的特色。

（二）青年参与意识的发展动力是认同与利益

　　青年参与意识发展的动力主要来自两个方面：认同和利益。认同是对现有制度的认可和赞同，表现为对政治体系的归属感和忠诚感。认同是理性与情感的统一，是青年在把握根本利益和长远目标的基础上形成的共同理想、政治责任感。认同是青年参与意识发展的核心动力和持续动力，欣欣向荣的经济发展和社会进步不断增强青年的认同感，但这种认同感在"西方民主优越论"的冲击下也有弱化的趋势，需要不断巩固和培育。

　　利益是青年参与意识发展的另一个重要的动力源。新型的民主制度之所以得到青年的拥护，是因为这一制度维护和保障人民的最根本利益。青年从切身利益的角度体认社会主义制度的优越性，成为新制度坚定的拥护者和积极的建设者。改革开放后，市场经济条件下人的趋利性对青年参与意识发展有很明显的影响，青年判断民主制度优劣、权利有无的标准是现实的国家利益、群体利益和个人利益。利益动力使青年参与意识发展中的激情、冲动逐渐为理性的宽容和利益的权衡所取代。但是利益作为青年参与意识发展的动力有一定的局限性，表现为利益的曲解，只以个人利益、眼前利益权衡民主。利益和理想相结合，才能使青年参与意识发展保持正确的方向。

（三）青年参与意识发展的影响因素是实践与理论

　　制约青年参与意识发展的根本因素是社会存在，主要是经济基础和科技进步。社会主义基本制度的建立奠定了青年参与意识发展的方向，经济结构、经济体制的变化深刻影响青年参与意识发展。科技进步尤其是信息技术的广泛运用，对青年参与意识发展是极大的促进，使青年的民主参与机会、参与途径、参与效能都发生了很大的变化。经济基础具有相对的稳定性，在社会存在没有发生根本性变化的前提下，青年参与意识发展的直接影响因素是民主实践和民主理论。

一代又一代青年作为国家可靠的新生力量积极参与民主实践，青年的民主参与不仅体现在全国层次的代议形式，而且体现在日常生活的各个层面、各个领域。青年参与巩固社会主义制度的各大政治活动，如民主建政、土改、"镇反"、抗美援朝、"三反"、"五反"、普选和宪法草案讨论、召开人民代表大会等。青年还积极参与争取公共权益和自身权利的行动，如新中国成立初期学徒工反抗封建压迫，青年男女争取婚姻自由，青年争取受教育、劳动的权利。改革开放后，青年争取公民的平等权、进行公益诉讼捍卫公民权利等。在制度的保障下，青年在法律的框架内积极推进各项权利的落实，青年通过共青团、工厂、农业合作社、学校等各种组织学习和实践民主，反对官僚主义、化解人民内部矛盾。青年通过民主实践更新民主理念、促进民主发展、调整民主预期，正是在国家权力建构和争取自身权益的民主实践中，青年强化当家做主的主人翁意识。

除了马克思主义理论之外，对青年影响较大的思想包括西方民主思想、传统民本观念和混合思想等。中西方民主理论由于立场差异存在鲜明的对立，形成意识形态领域内尖锐的斗争。不同的民主理论都在争夺青年，使青年参与意识发展充满许多不确定因素。改革开放后，在赶超的忧患意识下，西方的民主思想被青年视为圭臬，并被试图用以解释和改造中国，青年对西方民主的盲目崇拜和幼稚模仿一度造成国家的政治动荡。在全球化时代，西方的民主理论借助经济、政治的强势地位，不断渗透和输出到"非民主"国家，此起彼伏的"颜色革命"显示思想阵地的斗争从未停息。传统观念对青年的影响表现为青年的"清官意识"、对权力系统的依赖等现象，形成青年对权力既向往又畏惧、依附意识强烈而自主意识薄弱的心理。混合思想基于中国的现实问题，采用多元的理论指导、分析框架和模型来解释中国已经发生的和正在发生的政治活动，形成了新的思想资源。混合思想一方面拓宽了青年认识中国的宽度和深度，另一方面使青年参与意识发展出现了一些混乱和矛盾。

从60多年来青年参与意识发展的脉络梳理中可以看出，青年的参与意识并非一成不变，不同时期青年参与意识发展受到时代变迁、社会环境变化的深刻影响。青年参与意识发展在一个开放的条件下，与不同文化相互交融、相互冲突中继承和成长。青年参与意识发展是多种因素综合作用的结果，制度稳定是其前提，青年自身的自律自觉是其关键，问题意识是其教育引导的必要条件。费正清认为："中国是不能仅仅用西方术语的转移来理解的，它是一种与众不同的生灵。它的政治必须从它内部的发生和发展去理解"①。理解中国青年参与意识发展需要有历史的眼光和国际的视野，从青年自身独特的经历和实践入手形成客观的认识。

二　几点启示

青年是求新求异的群体，当标新立异的"80后"逐渐淡出青年的行列，"90后""00后"等更新的一代又将展现他们的风貌。我们很难准确预测未来青年的思想变化，我们能够感受到的是一代又一代青年的成长环境更加多元和开放，他们有着更强的主体意识，对公平更多的渴望，对民主更高的期待。每一代青年都面临与国家的互动关系问题，都将成为国家民主建设的生力军。总结过去的目的是开创未来，要将青年参与民主建设的愿望和行动纳入良性循环的轨道，使一代又一代的青年参与意识发展更加理性成熟还需要进一步的努力。

（一）坚持和完善社会主义民主制度，增强青年对民主发展的信心

制度的建构完善与意识的产生发展相互促进。安东尼·奥罗姆认为："只有在信任存在的地方，或者信任能被建立起来的地方，制度和权威才有实施的基础。"② 青年参与意识是对既有民主制度建构的认识和态度，对未来民主发展的期待和行动指南。新一代青年对社会主义民主的认同和信心来自国家旗帜鲜明地坚持民主的制度特征，不断发展和完善民主制度。

民主建设的核心是政权建构，制度建设具有根本性、全局性、稳定性和长期性的特性。坚持和完善社会主义民主制度，最根本的是要把坚持党的领导、人民当家做主和依法治国有机统一起来。执政党要认真总结中国民主坎坷发展的宝贵经验，不能使严肃的反思流于情感的控诉，更不能简单批判或彻底否定，而是要把惨痛的教训变成进一步前进的借鉴，提高民主发展的

① 〔美〕费正清、罗德里克·麦克法夸尔编《剑桥中华人民共和国史（1949~1965）》，王建朗译，上海人民出版社，1990，第15页。
② 〔美〕安东尼·奥罗姆：《政治社会学导论》，张华青等译，上海世纪出版集团、上海人民出版社，2006，第3页。

"免疫力"；执政党要有完善民主制度、扩大民主参与、加强民主监督的坚强"意志力"，拓宽从高层到基层的民主参与渠道，保障人民在重大决策上的民主参与，使民主成为人民生活的常态；执政党要有使民主有效运转起来的"行动力"，不仅完善实体民主，而且完善程序民主，使民主制度化、法律化、精细化，民主程序科学化、透明化，实现从"发扬民主"到"发展民主"的民主建设重心切换。

没有一步到位的民主制度，也没有立等可就的民主权利，"大抵有基方筑室，未闻无址忽成岑"。民主发展不能寄希望于浪漫的革命想象，而是要脚踏实地的进步与累积。中国民主的存在和发展，必须决定于中国自己的核心利益、价值和意志，而不是别人的"普遍真理"。在不断完善的制度基础上，社会主义民主能够不断体现其制度的优越性，未来的青年也就有足够的自信为自己的民主制度辩护，在关键时刻，有勇气肯定自己的价值体系，担当起捍卫自己文明的责任。

（二）以开放的心态面对制度竞争，引导青年正确对待中西方文化交流

改革开放后成长的青年，他们生活在一个开放的环境中，西方文化和生活方式对他们有着广泛而深刻的影响；他们面对一个激烈竞争的社会环境，"趋利"而非"理想"成为他们的主要标签；国家经济发展为他们提供了较高的生活水平，多数独生子女生活富足，先辈在国家危亡之际的挣扎与痛苦对他们而言是完全陌生的体验。与国门初开时一代青年的震撼和忧虑不同，他们更加自信和平和，他们有更高的受教育水平、更高的经济收入和更自由的生活方式。未来青年使用网络的频率和深度都将有大的跃升，网络不可避免在中国的民主发展中扮演越来越重要的角色，网络对民主的促进作用和消解作用都将进一步显现。今天，不可能在纯而又纯的"真空"中培育青年参与意识，必须以开放的心态面对全球化的事实，引导青年正确对待中西方文化交流。

不同政治制度长期共存是客观现实，制度的竞争事实上是争夺接班人的竞争。宽阔的国际舞台既是意识形态的"战场"，也是意识形态的"市场"，有尖锐的冲突，也有自由的选择。邓小平认为："既是斗争的过程，也是说服教育的过程，但最终说服不相信社会主义的人要靠我们的发展。"[1] 面对复杂的国际环境，中国的当务之急是做好自己的事情，发展经济、完善制

---

① 《邓小平文选》第三卷，人民出版社，1993，第204页。

度、改善民生、促进民主……按照既定的步伐前进，中国能够实现全面小康和民族复兴的宏伟目标。在多元的文化交流过程中，要教育青年不仅横向比较还要纵向比较，看到中国民主建设的成就，感念前辈筚路蓝缕的创业艰辛；要教育青年在清醒认识中国民主发展优势、存在问题的基础上，理解国家民主发展历史，尊重现实，形成面向未来的积极开放的心态；要教育青年正确看待西方民主，既不盲目自信，也不盲目自卑。在清醒认识不同制度本质差异的基础上学习借鉴其优势，绝不能按照所谓的"普世价值"标准剪裁历史，臧否领袖人物。

（三）及时化解青年参与意识中的疑难与困惑，提高青年的政治素质

在当前和今后一段时间，如何正确看待中西方民主差异？如何区分传统"民本"思想和民主思想？如何区分无政府主义的"大民主"与真实的民主等问题仍将是青年主要的疑惑。

青年参与意识最大的困惑就是如何区分中西方民主。十七届四中全会提出要划清"四个界限"，其中一个重要内容就是划清"中国特色社会主义民主同西方资本主义民主的界限"。许多附加在西方民主身上的光环很容易迷惑青年，如"民主反腐论""民主崛起论"等不一而足。化解青年的这一思想疑问要抓住民主的本质，中国特色社会主义民主的本质在于其阶级性、实践性和科学性，它与西方资本主义民主的本质区别在于：前者保障无产阶级和人民大众的权利，后者保障资产阶级的权利。只有抓住这一本质要害，青年才不至于纠缠于民主的形式，陷入迷惘和困惑。民主本质不同，中西方民主意识也会呈现差异。正如房宁在《民主政治十论》一书中指出："西方人强调个人权利，是民主意识，中国人强调整体利益和整体意识，也是一种民主意识。"① 青年对中国的民主制度建构和民主意识差异无须妄自菲薄。

青年参与意识发展的另一种困惑就是如何区分封建主义的"为民做主"与民主，如何看待无政府主义的"大民主"与民主的区别。封建"民本思想"与现代民主思想的最大区别在于权力的最终来源、人民的主体性以及政权运作的最终目的不同。无政府主义与民主主义都认同民主是捍卫个人权利的利器，但二者具有本质区别，区别在于是否认同民主维护个人权利是有边界的，它必须以尊重他人的权利为前提。民主既不能狭隘化为单纯的

---

① 房宁：《民主政治十论》，中国社会科学出版社，2007，第 26 页。

"选举形式"，也不能扩大化为"踢开党委闹革命"，它是内容与形式、权利与义务、自由与纪律的统一，任何割裂二者联系的民主最终都将走向民主的反面。

不同时代的青年成长的环境不同，面临的问题不同，他们的疑惑也将不同。加强青年的教育引导需要教育者保持教育的持续性和稳定性，有着"春风化雨"的耐心和细心，及时化解青年的思想困惑。更重要的是，教育者要"授之以渔"，不仅使青年清楚"是"的事实判断，还要理解"为什么是"的价值判断，不断提高青年的政治素质和政治判断能力。

赢得青年就赢得未来，青年参与意识发展的引导过程是一个在实践中不断祛除遮蔽，还原民主本来面目的过程，也是不同意识形态较量的过程。加强青年的教育引导，教育者任重而道远。

附　录

当代青年参与意识调查问卷

您好！

我们正在进行一项关于青年参与意识状况的调查研究。目的是要了解青年对于民主的认识和理解，分析青年对民主的要求和期待，探索青年参与意识发展的趋势与特点。本次调查不记姓名，调查结果仅供研究使用。请您不必有所顾虑，根据自己的实际情况回答，非常感谢您对我们的支持！

"当代青年参与意识调查"课题组

A1　您的性别是？

　　1. 男　　　　　2. 女

A2　您目前的职业状况是？

　　1. 在校学生　　2. 已就业　　　3. 待业

A3　您目前的学历水平是？

　　1. 高中（或相当于高中）　　　2. 专科　　　3. 本科

　　4. 研究生　　5. 其他

A4　您的政治面貌是？

　　1. 普通群众　　2. 共青团员　　3. 中共党员　　4. 民主党派

A5　您过去主要生活在？

　　1. 城市　　　　2. 农村

A6　您个人的年收入是？（若在校学生可不选）

1. 年收入 30 万元以上　　　　2. 年收入 10 万～30 万元

3. 年收入 5 万～10 万元　　　　4. 年收入 3 万～5 万元

5. 年收入 1 万～3 万元

A7　您的家庭对民主话题的关注度是？

1. 长辈们都会很关心，也爱讨论

2. 一般，主要是浏览新闻

3. 不怎么关心

4. 基本不在意，从来没有谈论过时政

A8　您所在的学校里对参与意识的培养程度是？

1. 大力宣传，经常有专门举办讲座或活动

2. 有专门的政策或文件，就会进行组织宣传

3. 一般，主要是通过课堂教学

4. 没有关注

B1　您对于"民主"的理解是？（可多选）

1. 政治概念，现代社会常常提倡的一种理念

2. 多数人决定事情

3. 大家都有表达意见的权利

4. 人民参与政治、经济、文化活动，当家做主

5. 不知如何表达，学术高深的一个词

6. 充满虚伪、欺骗和谎言

7. 其他，如_____

B2　你行使过自己的民主权利吗？

1. 有　　　　　　2. 没有

B3　您有行使民主权利的意愿吗？

1. 有　　　　　　2. 没有

B4　您对"公权力"的理解是？（可多选）

1. 只有字面上的大致理解，公共权力

2. 我们大众要有权利发声，做出自己的选择

3. 国家、政府、统治阶级的权力

4. 全社会、集体共有的权力

5. 其他，如_____

B5　您对自身权利与义务的了解程度是？

　　1. 非常了解　　2. 基本了解　　3. 不太了解　　4. 不了解

B6　您的日常话题中，会涉及与"民主"相关的吗？

　　1. 经常涉及　　2. 一般　　　　3. 很少涉及　　4. 极少涉及

B7　您对民主话题感兴趣吗？

　　1. 非常感兴趣　　2. 比较感兴趣　　3. 不太感兴趣

　　4. 一点都不感兴趣

B8　您参与过什么类型的民主活动？（多选）

　　1. 校园的班委、班干、主席团选举

　　2. 人大代表的选举

　　3. 参加听证会

　　4. 对话校长、市长、人大代表、政协委员等

　　5. 写建议书、反馈信

　　6. 网络评议政策

　　7. 其他，如＿＿＿＿＿＿＿＿＿＿＿＿＿＿

B9　您的民主活动参与类型属于哪一种？

　　1. 自觉主动参与　　　　　　2. 在组织下，积极参与

　　3. 在组织下，被动参与　　　4. 在强制下，不情愿参与

　　5. 没有参与

B10　您愿意主动参与什么类型的民主政治活动？

　　1. 网络上的活动

　　2. 当场直接反映意见的活动

　　3. 以书面或其他形式间接表达的活动

　　4. 都不乐意参加

B11　您一般通过什么样的渠道接触"民主"？（多选）

　　1. 家庭教育观念影响　　　　2. 学校课程、讲座等

　　3. 报纸书刊的专题文章　　　4. 电视节目

　　5. 社会实践经验　　　　　　6. 网络信息接触

　　7. 其他，如＿＿＿＿＿＿＿＿＿＿＿＿＿＿

B12　您平常会关注电视、报纸、杂志或网络上相关的民主信息吗？

　　1. 很经常，自己很感兴趣　　2. 一般，需要才顺便看看

　　3. 偶尔关注　　　　　　　　4. 没有，也不关心

B13 您会在网络上关注、参与与民主有关的话题或调查吗？

  1. 很感兴趣的，会主动搜索

  2. 一般，随性参加

  3. 不怎么喜欢，一般只看个标题就不再深入

  4. 完全无感，直接跳过

B14 您会关注网络上什么形式的"民主"主题活动？（多选）

  1. 投票　　　　　　　　　　2. 微博微信式的轻话题讨论

  3. 漫画图解式科普　　　　　4. 系统而长篇大论的文章

  5. 社交网站上的自由谈论　　6. 其他，如＿＿＿＿＿＿＿＿＿＿

B15 您认为对您参与意识影响最大的是？

  1. 学校教育　　2. 家庭教育　　3. 个人兴趣　　4. 舆论宣传

  5. 网络媒体　　6. 其他，如＿＿＿＿＿＿＿＿＿＿＿＿＿

C1 您认为社会主义民主的实质是什么？

  1. 人民当家做主　　　　　　2. 有钱人当家做主

  3. 多数人当家做主　　　　　4. 领导者当家做主

  5. 其他，如＿＿＿＿＿＿＿＿＿＿＿＿＿

C2 关于"人民当家做主"的认识，您比较认同下列哪些观点？（多选）

  1. 由执政党或国家替人民决策，只要得到人民的认可就行

  2. 国家的一切事物均由人民自己直接决策

  3. 更多地让人民参与、协商

  4. 其他，如＿＿＿＿＿＿＿＿＿＿＿＿＿

C3 您觉得西方民主的特质表现是什么？

  1. 发展历史悠久，体制完善

  2. 全民参与，效果直观

  3. 公民有较多参与机会，民主意识发展良好

  4. 社会风气的开放、自由、多元

  5. 并不觉得哪里好

  6. 其他，如＿＿＿＿＿＿＿＿＿＿＿＿＿

C4 您觉得中国民主的特质表现是什么？

  1. 符合国情，符合我们的现实需要　　2. 理论优势，发展道路光明

  3. 真实有效，不做多余形式　　　　　4. 并不觉得哪里好

  5. 其他，如＿＿＿＿＿＿＿＿＿＿＿＿＿

C5　中西方的民主制度对比，您更认同哪一个？

　　1. 西方民主体制完善，制度先进，公民意识高

　　2. 中国，真实可信，理论扎实，发展速度快

　　3. 没什么可比性，各有国情，适合就好

　　4. 其他，如＿＿＿＿＿＿＿＿＿＿＿＿＿＿＿＿

C6　您认为我国的民主现状如何？

　　1. 很完善，可改进的空间很小

　　2. 基本过得去，但仍需进一步完善

　　3. 不太乐观，仍有很长的路要走

　　4. 非常糟糕，必须进行根本改革

C7　您如何评价中国公民的参与意识？

　　1. 从客观情况来看，已经很好了

　　2. 目前和发达国家比较还有差距　3. 普普通通，还是要继续努力

　　4. 发展进步的空间很大　　　　　5. 没有明显的民主意识

C8　您觉得阻碍我国民主发展的主要因素是什么？

　　1. 经济落后　　2. 政治制度不完善　　3. 缺乏民主传统

　　4. 腐败严重　5. 其他，如＿＿＿＿＿＿＿＿＿＿＿＿＿

C9　您是否认同网络是公民参与意识表达的重要平台？

　　1. 非常赞同　　2. 基本赞同　　3. 不太赞同　　4. 不赞同

　　5. 无所谓

C10　您认为民主表达的主要方式是什么？

　　1. 投票　　　2. 征求意见　　3. 网络讨论

　　4. 其他，如＿＿＿＿＿＿＿＿＿＿＿＿＿＿

C11　您觉得未来哪一种方式将成为培养参与意识的主要手段？

　　1. 学校教育

　　2. 网络、社交媒体的渗透式宣传

　　3. 电视、电影等娱乐性较强的方式

　　4. 书籍、报纸等纸媒的系统介绍

　　5. 其他，如＿＿＿＿＿＿＿＿＿＿＿＿＿＿

C12　总体来讲，您对目前我们国家当前的民主状况满意吗？

　　1. 非常满意　2. 比较满意　3. 不太满意　4. 很不满意

　　5. 不知道

C13　请勾选您对下面的说法的看法。

	完全赞同	比较赞同	有异议	完全不认同
民主有利于社会稳定发展				
民主有助于经济发展				
民主能抑制腐败				
中国没有民主				
民主都是虚假的形式				

如果您对青年参与意识培育有什么意见或建议，请写在下方：

参考文献

一 著作部分

《马克思恩格斯文集》（第1~10卷），人民出版社，2009。

《马克思恩格斯选集》（第1~4卷），人民出版社，2012。

《列宁选集》（第1~4卷），人民出版社，1995。

《列宁全集》（第8卷），人民出版社，1986。

《列宁全集》（第11卷），人民出版社，1987。

《列宁全集》（第23卷），人民出版社，1990。

《列宁全集》（第27卷），人民出版社，1990。

《列宁全集》（第31卷），人民出版社，1985。

《列宁全集》（第37卷），人民出版社，1986。

《斯大林全集》（第12卷），人民出版社，1955。

《毛泽东选集》（第1~4卷），人民出版社，1991。

《毛泽东文集》（第1~8卷），人民出版社，1999。

《邓小平文选》（第1~3卷），人民出版社，1993。

《邓小平文集（一九四九——一九七四年）》（上卷、中卷、下卷），人民出版社，2014。

《江泽民文选》（第1~3卷），人民出版社，2006。

〔美〕加布里埃尔·A.阿尔蒙德、西德尼·维巴：《公民文化》，徐湘林等译，华夏出版社，1989。

〔德〕乌尔里希·贝克：《自由与资本主义》，路国林译，浙江人民出版社，2001。

〔美〕彼德·布劳：《社会生活中的交换与权力》，孙非、张黎勤译，华夏出版社，1988。

〔俄〕O.T.博戈莫洛夫：《俄罗斯的过渡年代》，张驰译，辽宁大学出版社，2002。

〔美〕查尔斯·蒂利：《欧洲的抗争与民主（1650～2000）》，陈周旺等译，上海人民出版社，2008。

陈独秀：《陈独秀文章选编》（上），三联书店，1984。

陈映芳：《"青年"与中国的社会变迁》，社会科学文献出版社，2007。

《陈云文集》（第1～3卷），中央文献出版社，2005。

船夫：《十年学潮纪实》，北京出版社，1990。

〔美〕罗伯特·达尔：《论民主》，李柏光、林猛译，商务印书馆，1999。

定宜庄：《中国知青史：初澜（1953～1968年）》，当代中国出版社，2009。

房宁：《民主政治十论》，中国社会科学出版社，2007。

房宁等：《成长的中国——当代中国青年的国家民族意识研究》，人民出版社，2002。

〔美〕费正清、罗德里克·麦克法夸尔编《剑桥中华人民共和国史（1949～1965）》，王建朗译，上海人民出版社，1990。

夏勇主编《走向权利的时代：中国公民权利发展研究》，社会科学文献出版社，2007。

高瑞泉编选《向着新的理想社会——李大钊文选》，上海远东出版社，1995。

〔美〕格林斯坦、波尔斯比编《政治学手册精选》（下卷），竺乾威等译，商务印书馆，1996。

共青团中央、中共中央文献研究室编《毛泽东　邓小平　江泽民论青少年和青少年工作》，中国青年出版社、中央文献出版社，2003。

管仕福：《近代中国人的民主意识与民主建设》，湖南大学出版社，2002。

〔德〕哈贝马斯：《公共领域的结构转型》，曹卫东等译，学林出版社，1999，第65页。

〔美〕塞缪尔·亨廷顿：《第三波——20世纪后期民主化浪潮》，刘军宁译，上海三联书店，1998。

〔美〕塞缪尔·亨廷顿：《文明的冲突与世界秩序的重建》，周琪译，新华出版社，1998。

侯惠勤等：《马克思主义中国化理论创新 30 年》，中国社会科学出版社，2008。

胡绳：《中国共产党的七十年》，中共党史出版社，1991。

黄卫平、汪永成主编《当代中国政治研究报告》（第五辑），社会科学文献出版社，2007。

黄卫平、汪永成主编《当代中国政治研究报告》（第六辑），社会科学文献出版社，2009。

黄仁宇：《大历史不会萎缩》，广西师范大学出版社，2004。

黄仁宇：《中国大历史》，三联书店，1997。

黄志坚：《世纪之交论青年》，中国青年出版社，1997。

黄志坚：《走向新世纪的中国青年》，中国和平出版社，1996。

〔日〕加藤节：《政治与人》，唐士其译，北京大学出版社，2003。

金冲及：《二十世纪中国史纲》（第 1～3 卷），社会科学文献出版社，2009。

〔美〕卡罗尔·佩特曼：《参与和民主理论》，陈尧译，上海世纪出版集团，2006。

〔奥〕汉斯·凯尔森：《法与国家的一般理论》，沈宗灵译，中国大百科全书出版社，1996。

〔美〕卡尔·科恩：《论民主》，聂崇信、朱秀贤译，商务印书馆，1988。

〔法〕让－查尔斯·拉葛雷主编《青年与全球化——现代性及其挑战》，陈玉生、冯跃译，社会科学文献出版社，2007。

冷溶、汪作玲主编《邓小平年谱（1975～1997）》，中央文献出版社，2004。

〔美〕利普塞特：《政治人——政治的社会基础》，刘钢敏、聂蓉译，商务印书馆，1993。

刘德喜等：《全球背景下的中国民主建设》，重庆出版社，2005。

刘明：《街头政治与"颜色革命"》，中国传媒大学出版社，2006。

刘书林、陈立思：《青年思想政治教育学原理》，中国青年出版社，1999。

刘小萌：《中国知青史：大潮（1966～1980 年）》，当代中国出版社，

2008。

柳静编著《西方对外战略策略资料》（第1辑），当代中国出版社，1992。

陆玉林：《当代中国青年文化研究》，人民出版社，2009。

罗岗、倪文尖编选《90年代思想文选》（第2卷），广西人民出版社，2000。

〔罗〕F. 马赫列尔：《青年问题和青年学》，陆象淦译，社会科学文献出版社，1986。

〔美〕安东尼·奥罗姆：《政治社会学导论》，张华青等译，上海世纪出版集团，上海人民出版社，2006。

潘维：《法治与"民主迷信"——一个法治主义者眼中的中国现代化和世界秩序》，香港社会科学出版社有限公司，2003。

〔意〕萨尔沃·马斯泰罗内：《欧洲民主史——从孟德斯鸠到凯尔森》，黄华光译，社会科学文献出版社，2005。

单光鼐、陆建华主编《中国青年发展报告》，辽宁人民出版社，1994。

〔美〕莱斯特·瑟罗：《资本主义的未来》，周晓钟译，中国社会科学出版社，1998。

〔美〕斯诺笔录《毛泽东自传》，汪衡译，国际文化出版公司，2009。

〔美〕劳伦斯·斯滕伯格：《青春期：青少年的心理发展和健康成长》，上海社会科学院出版社，2007。

孙镁耀、刘书林：《选举工作手册》，哈尔滨出版社，1989。

共青团中央青运史研究室、中央档案馆编《中共中央青年运动文件选编》，中国青年出版社，1988。

〔美〕托马斯·戴伊、哈蒙·齐格勒：《民主的嘲讽》，孙占平等译，世界知识出版社，1991。

汪晖：《去政治化的政治：短20世纪的终结与90年代》，三联书店，2008。

吴大英、杨海蛟等：《有中国特色的社会主义民主政治》，社会科学文献出版社，1999。

吴冷西：《十年论战——1956～1966中苏关系回忆录》（上册），中央文献出版社，1999。

郗杰英主编《新状态：当代城市青年报告》，中国青年出版社，1999。

郗杰英主编《当代中国青年权益状况研究报告》，研究出版社，2009。

夏东元编《郑观应集》（上册），上海人民出版社，1982。

燕继荣：《现代政治分析原理》，高等教育出版社，2004。

杨雄：《中国青年发展演变研究》，上海文化出版社，2008。

〔德〕鲁道夫·冯·耶林：《为权利而斗争》，郑永流译，法律出版社，2007。

佚名：《大陆青年的怒吼——原始资料摘编之二》，阿尔泰出版社，1984。

余英时：《儒家伦理与商人精神》，广西师范大学出版社，2004。

张光明：《社会主义由西方到东方的演进》，云南人民出版社，2004。

张灏：《幽暗意识与民主传统》，新星出版社，2006。

张静主编《国家与社会》，浙江人民出版社，1998。

张朋园：《中国民主政治的困境 1909～1949——晚清以来历届议会选举述论》，吉林出版集团有限责任公司，2008。

张旭东：《全球化时代的文化认同——西方普遍主义话语的历史批判》，北京大学出版社，2005。

赵海均：《30 年：1978～2007 年中国大陆改革的个人观察》，世界知识出版社，2008。

赵海月：《中国政治分析：视界与维度》，吉林大学出版社，2008。

郑洸：《中国青年运动六十年（1919～1979）》，中国青年出版社，1990。

郑永年：《全球化与中国国家转型》，郁建兴、何子英译，浙江人民出版社，2009。

中共北京市委宣传部理论处主编《资产阶级自由化言论辑录》，中国青年出版社，1989。

中共中央宣传部理论局主编《六个"为什么"——对几个重大问题的回答》，学习出版社，2009，

二 期刊部分

陈炳辉：《当代中国民主的条件分析》，《马克思主义与现实》2006 年第 5 期。

陈伯礼、徐信贵：《网络表达的民主考量》，《现代法学》2009 年第 4 期。

董宽：《十年回首——中国大学生心态历程》，《大学生》1989 年第 4 期。

冯天瑜：《〈新青年〉民主诉求之特色》，《北京大学学报》（哲学社会

科学版）1999 年第 4 期。

高旺：《农村青年在村级治理中的政治意识分析》，《青年研究》2004 年第 11 期。

郭小安：《超越抑或拯救代议民主：网络民主价值辨析与合理定位》，《公共行政评论》2010 年第 4 期。

侯惠勤：《历史反思中的一大误区——关于"政治屠杀"的神话及"忏悔"透析》，《南京社会科学》2001 年第 4 期。

胡伟：《民主与参与：走出貌合神离的困境？——评卡罗尔·帕特曼的参与民主理论》，《政治学研究》2007 年第 1 期。

黄万盛：《正在逝去的和尚未到来的》，《开放时代》2004 年第 4 期。

姜颖：《关于民主意识》，《黑河学刊》1989 年第 1 期。

李海：《试论民主意识》，《齐齐哈尔社会科学》1985 年第 4 期。

李捷：《怎样正确看待中国共产党历史上的错误和挫折》，《高校理论战线》2001 年第 7 期。

李捷：《旗帜、民主、民生：十七大报告三大亮点》，《中国党政干部论坛》2007 年第 11 期。

李捷：《我们需要什么样的历史观》，《高校理论战线》2008 年第 10 期。

李云赟：《'78 至 '89 大学生民主意识的演变》，《中国青年研究》1990 年第 10 期。

刘书林：《历史地科学地对待社会主义》，《中国青年论坛》1989 年第 8 期。

刘书林：《"五四"传统与青年的选择》，《中国青年研究》1993 年第 3 期。

刘书林：《青年的最大利益是自身发展》，《北京青年政治学院学报》1999 年第 1 期。

刘洋：《网络民主在转型期中国的困境与出路》，《天府新论》2009 年第 2 期。

吕雅范：《新时期我国公民民主意识的误区及其成因分析》，《长白学刊》2000 年第 1 期。

梅建华：《厌学——一股席卷校园的旋风》，《大学生》1989 年第 2 期。

逄先知、李捷：《一篇重要的马克思主义理论著作的诞生——〈关于正确处理人民内部矛盾的问题〉形成过程（上）》，《党的文献》2002 年第 4 期。

人民论坛"千人问卷"调查组：《中国崛起"难度系数"调查》，《人民论坛》2009 年第 7 期。

邵道生：《科学地分析 80 年代的中国青年问题——对《对〈青年问题的制度背景〉一文剖析与批评》的反批评》，《社会学研究》1992 年第 4 期。

苏圣儒：《大学生的民主意识》，《黑龙江社会科学》2005 年第 2 期。

谭建光：《青年问题研究的多重视野——兼与陆建华同志、邵道生同志商榷》，《社会学研究》1993 年第 2 期。

王福春、吴晓健：《关于北京大学大学生民主意识的调查报告》，《政治学研究》1989 年第 2 期。

王家斌：《社会主义市场经济与民主意识》，《社会主义研究》1993 年第 2 期。

王绍光：《美国"进步时代"的启示》，《读书》2001 年第 8 期。

王水兴：《网络参政议政：地方人大扩大公民有序政治参与的新途径》，《人大研究》2009 年第 10 期。

王仲田：《试论中国国情与民主制度建设的基本原则》，《政治学研究》1996 年第 2 期。

卫毅：《张灏：民主要有幽暗意识》，《南方人物周刊》2011 年 4 月 25 日。

闻年喜：《浅谈我国农民的民主意识》，《社会主义研究》1987 年第 3 期。

文哲：《唉，"天之骄子"!》，《大学生》1988 年第 11 期。

吴家庆：《民主意识——中国民主政治发展的助推器》，《湘潭工学院学报》（社会科学版）2000 年第 1 期。

吴小宁：《世纪之交中国社会民主意识发展的条件分析》，《探索》1999 年第 1 期。

吴毅：《"权力 – 利益的结构之网"与农民群体性利益的表达困境——对一起石场纠纷案例的分析》，《社会学研究》2007 年第 5 期。

杨清：《中共执政方式的转变与公民权利的发展》，《政治学研究》2007 年第 1 期。

于涵、张瑜、李泽芳：《大学生中国特色社会主义理想信念状况调查分析》，《思想政治教育研究》2009 年第 10 期。

于建嵘：《当前农民维权活动的一个解释框架》，《社会学研究》2004 年第 2 期。

于新恒、郑沪生：《我国公民民主意识的嬗变及其发展》，《中共中央党校学报》1998 年第 1 期。

余振、郭正林：《当代中国青年的民主意识——对海峡两岸四地大学生的民主意识比较》，《青年研究》1997 年第 6 期。

张飞岸：《论民主的"去社会主义化"》，《政治学研究》2011 年第 5 期。

张军：《论社会主义民主意识》，《广西大学学报》1994 年第 5 期。

张维为：《大胆走民主创新之路》，《红旗文稿（文摘）》2009 年第 13 期。

张旭东：《施米特的挑战——读〈议会民主制的危机〉》，《开放时代》2005 年第 2 期。

赵云泽、韩梦霖：《从技术到政治：中国网络公共空间的特性分析》，《国际新闻界》2013 年第 11 期。

郑曙村：《中国共产党执政合法性的转型及其路径选择》，《文史哲》2005 年第 1 期。

钟明瞩：《中国特色社会主义民主政治的优越性》，《政治学研究》2004 年第 4 期。

钟玉明、郭奔胜：《社会矛盾"新警号"》，《瞭望新闻周刊》2006 年 10 月 16 日。

庄佳骝：《初中学生的民主意识与社会主义民主观教育》，《广州教育》1989 年第 6 期。

三 外文论著

Alvin Y. So, Shiping Hua. 1992. "Democracy as an Antisystemic Movement in Taiwan, Hong Kong, and China: A World Systems Analysis," *Sociological Perspectives* 35 (2).

Andrew Batson, Jason Dean. Shoring Up the Wall: Communists Move to Adapt Their Rule to a Richer China; Ways to Air Complaints Ease Pressure on Rulers; Democracy: Not in Sight. *Wall Street Journal* (Eastern edition), 2007 - 10 - 17.

Andrew J. Nathan, Tianjian Shi. 1993. "Cultural Requisites for Democracy in China: Findings from a Survey Daedalus," *China in Transformation* 122 (2).

Anonymous. 2008. "Initiatives for China: New Forum for Advancing Democracy in China Established," *Asia Business Newsweekly*, 2008 - 03 - 24.

Antoaneta Bezlova. 2005. *Politics - China: Don't Expect Democracy to Take Hold Here, Global Information Network*, New York: 2005 - 11 - 22.

Arthur Kroeber. 2008. "China Needs Proof of Democracy's Advantage,"

Financial Times, 2008 – 08 – 04.

Baogang Guo. 2003. "Political Legitimacy and China's Transition," *Journal of Chinese Political Science* 8 (1 – 2).

Bill Nichols , Barbara Slavin. "Powell: All eyes are on Beijing Says Olympics may Turn China Toward Democracy," *USA TODAY*, McLean, Va.: 2001 – 07 – 17.

Brook Larmer. 2002. "The Kids Are Not All Right; The Gilded Youth of the Coast Have no Memory of Struggle, but also Little Sense of Ethics or Mission. China May end up Paying the Price," *Newsweek*, 2002 – 10 – 28.

Christopher Cooper. 2005. "Bush Chides China on Democracy; In Speech, President Urges Beijing to Provide Freedom, Follow the Model of Taiwan," *Wall Street Journal* (*Eastern edition*), 2005 – 11 – 16.

Christopher Werth. 2008. Robert Kagan: "Why Should Democracy Be Shy?; We Gave to Look at International Relations a Competition, Because Russia and China already See it that Way," *Newsweek* 151 (23).

D. Shlapentokh. 2002. "Post – Mao China: an Alternative to 'The end of History'?," *Communist and Post – Communist Studies* (35).

Daniel. Z. Ding. 2001. "China's Labour – Management System Reforms: Breaking the 'Three Old Irons' (1978 – 1999)," *Asia Pacific Journal of Management* 18 (3).

Edward Friedman. 1999. "Review: Does China Have the Cultural Preconditions for Democracy?," *Philosophy East and West* 49 (3).

Erik Eckholm. 1999. "After 50 Years, China Youth Remain Mao's Pioneers," *New York Times*, 1999 – 09 – 26.

Fareed Zakaria. 1997. "The Rise of Illiberal Democracy," *Foreign Affairs* (11 – 12).

Gang Lin. 2004. "Leadership Transition, Intra – Party Democracy, and Institution Building in China," *Asian Survey* 44 (2).

Gloria Jun Zhang. 2005. "Youth Trends in China," *Young Consumers: Insight and Ideas for Responsible Marketers* 6 (2).

Henry Gantz. 2006. "Nixon Brought Us 'Ping Pong Democracy' ... China Brings Billions for U. S. Cotton," *Ci World Report* 4 (4).

James Tong. 1998. "The 1989 Democracy Movement in China: A Spatial Analysis of City Participation," *Asian Survey* 38 (3) .

Jie Chen, Chunlong Lu. 2006. "Does China's middle class think and act democratically? Attitudinal and Behavioral Orientations Toward Urban Self - Government", *Journal of Chinese Political Science* 11 (2) .

Jim Yardley. 2005. "Report Calls Communist Party Rule Essential to Democracy in China," *New York Times*, New York, N. Y. : 2005 - 10 - 20.

Jo Johnson. 2006. "Kingdom of Discontent: Maoists enter the Mainstream to Threaten Nepal's Monarchy ASIA: Longstanding Demands for Democracy in the Himalayan Nation are Coming to a Head. What Happens Next has Implications far beyond the Kathmandu Valley, with China and India Watching Closely, Writes Jo Johnson," *Financial Times*, London (U. K.): 2006 - 01 - 03.

John James Kennedy. 2002. "The Face of 'Grassroots Democracy' in Rural China: Real versus Cosmetic Elections," *Asian Survey* 42 (3) .

John L. Thornton. 2008. "Long Time Coming: The Prospects for Democracy in China," *Foreign Affairs* 87 (1) .

Jonathan Mirsky. 2004. "Bullish on China A Bold Prediction that China Will Imminently Embrace Democracy Raises many Questions", *Financial Times*, London (U. K.): 2004 - 06 - 19.

Joseph Bosco. 2000. "Alternate Civilities: Democracy and Culture in China and Taiwan," *The Journal of Asian Studies* Ann Arbor 59 (3) .

Joseph Kahn. 2007. "In China, Talk Of Democracy Is Simply That," *New York Times*, New York, N. Y. : 2007 - 04 - 20.

Joseph W. Esherick, Jeffrey N. Wasserstrom. 1990. "Acting Out Democracy: Political Theater in Modern China," *The Journal of Asian Studies* 49 (4) .

Joyce Barnathan, et al. . 1997. "China's Youth; A New Generation Leaves Tradition Behind," *Business Week*, 1997 - 09 - 15.

Kevin J. O'Brien, Lianjiang Li. 2000. "Accommodating 'Democracy' in a One - Party State: Introducing Village Elections in China," *The China Quarterly*, No. 162, Special Issue: Elections and Democracy in Greater China (Jun. , 2000).

Kjeld Erik Brodsgaard. 1981. "The Democracy Movement in China, 1978 -

1979: Opposition Movements, Wall Poster Campaigns, and Underground Journals", *Asian Survey* 21 (7).

Larry Diamond. 1999. *Developing Democracy: Toward Consolidation*, The Johns Hopkins University Press.

Lipset, Seymour Martin. 1989. "Why Youth Revolt", *The New York Times*, 1989 - 05 - 24.

Loren Heinhold. 2001. "Capitalism and democracy: China: On the path to...?," *Harvard Asia Pacific Review*, Cambridge 5 (2).

Maria Hawthorne. 2006. "Ire: Howard says China no closer to democracy but he'll court it", *AAP General News Wire*. Sydney, 2006 - 05 - 22.

Maurice T. Price. 1942. "Can China Establish a Political Democracy?" *The Far Eastern Quarterly* 1 (3).

Michael Collins. 2008. "China's Confucius and Western Democracy", *Contemporary Review* 290 (1689).

Michael Hill. 2007. "China and Democracy: Economic Advances Won't Necessarily Lead to Political Freedom, Says a Johns Hopkins Political Scientist Who's just Published a Study on its Emerging Entrepreneurial Class", *McClatchy - Tribune Business News*, 2007 - 12 - 16.

Michael Mitterauer. 1992. *A History of Youth. Graeme Dunphy* (trans). Oxford U. K.: Blackwell Publishers.

Michel Oksenberg. 1986. "China's Confident Nationalism", *Foreign Affairs* 65 (3).

Miriam Rayman. 2007. "Wiring China's youth", *Brand Strategy* (3).

Ngan - Fun Ngai, et al.. 2001. "China's Youth Policy Formulation and Youth Participation", *Children and Youth Services Review* 23 (8).

Normandy Madden. 2005. "Reaching China's Youth a Balancing Act", *Advertising Age* 76 (23).

Pai - chang Wang. 1992. "Review: The American Democracy: A View from China", *Journal of Public Administration Research and Theory: J - PART.* 2 (3).

Peter Xenos, Midea Kabamalan. 2005. "A Comparative History of Age - Structure and Social Transitions Among Asian Youth", *International Studies in*

Population（1）.

Qiusha Ma. 2002. "Defining Chinese Nongovernmental Organizations", *Voluntas：International Journal of Voluntary and Nonprofit Organizations* 13 （2）.

Rebecca Nedostup. 2003. "Tempered in the Revolutionary Furnace：China's Youth in the Rustication Movement", *History* 32 （1）.

Rich Gilman, et al.. 2008. "Cross – National Adolescent Multidimensional Life Satisfaction Reports：Analyses of Mean Scores and Response Style Differences", *Journal of Youth and Adolescence* 37 （2）.

Richard Mcgregor. 2007. " China opens up to redefine democracy ", *Financial Times*, 2007 – 06 – 13.

Robert Ware. 1992. "What Good Is Democracy？The Alternatives in China and The West," In Anthony J. Parel and Ronald C. keith eds. *Comparative Political Philosophy：Studies Under the upo Tree.*

Ron Hutcheson. 2005. "Bush raps China over Freedom, Vows to Promote Democracy in Asia", *Knight Ridder Tribune Business News*, 2005 – 11 – 16.

Ronald C. Keith. 1980. "Socialist Legality and Proletarian Democracy in the People's Republic of China", *Canadian Journal of Political Science / Revue canadienne de science politique*, 13 （3）：565 – 582.

Sebastian Heilmann. 2008. "Policy Experimentation in China's Economic Rise", *Studies in Comparative International Development*（*SCID*）, 43 （1）.

Seymour Martin Lipset. 1996. "Some Social Requisites of Democracy：Economic Development and Political Legitimacy", *The American Political Science Review* 53 （1）.

Siam – Heng Heng. 2008. "China's Cultural and Intellectual Rejuvenation", *Asia Europe Journal* 6 （3 – 4）：.

Simon Elegant. 2007. "China's 'Democracy'", *Times* 170 （18）.

Stephen de Tarczynki. 2007. "Asia Pacific：'China Unfazed By Democracy Partnership'", *Global Information Network*, 2007 – 09 – 12.

Suisheng Zhao edited. 2002. "China and Democracy：Reconsidering the Prospects for a Democratic China", *China Review*, Hong Kong：Spring 2002.

Susanne Brandtstädter, Gunter Schubert. 2005. "Democratic Thought and Practice in Rural China", *Democratization* 12 （5）.

Tianjian Shi. 2000. "Cultural Values and Democracy in the People's Republic of China", *The China Quarterly*, No. 162, Special Issue: Elections and Democracy in Greater China (Jun., 2000).

Wen Gong, et al., 2004. "Marketing to China's Youth: A Cultural Transformation Perspective", *Business Horizons* 47 (6).

Yang Jian − Li. 2000. "A theory of Five Parties: Adapted from a Speech Made at the Taiwan Election and the Future of Democracy in China Conference in New York, March 25, 2000", *Harvard Asia Pacific Review*, Cambridge: 4 (2).

Yijang Ding. 2002. *Chinese Democracy after Tiananmen*, Vancouver, B. C., CAN: UBC Press.

Ying Ma. 2007. "China's Stubborn Anti − Democracy", *Policy Review*, Washington: Feb/Mar 2007, (141).

Yongnian Zheng. 1994. "Development and Democracy: Are They Compatible in China?" *Political Science Quarterly* 109 (2).

Yunxiang Yan. 1999. "Rural Youth and Youth Culture in North China", *Culture, Medicine and Psychiatry* 23 (1).

后　记

　　本书是在我的博士论文基础上修订完成的，2010 年 5 月论文提交清华大学马克思主义学院答辩通过。原文对网络时代青年参与意识的关注较少，在博士论文答辩会上，清华大学的王雯姝教授建议增加实证调研的环节，尤其要关注网络社会青年参与意识的发展，我听后深以为然，一直想要增加这一章节。自毕业后诸事繁杂，蹉跎数年未有进展。屈指算来，到我今年提交出版社，已有近 5 个年头。2014 年，在完成了其他几项任务后，我开始着手修订博士论文，几经波折，终于成文。

　　在师从清华大学刘书林教授求学的三年中，导师的研究风格、政治态度、学术兴趣对我有很大的影响。在自己的学术探索中，我始终关注青年领域的研究，在博士论文选题时，我毫不犹豫继续选择以青年为主要研究对象，但是关于青年研究的具体问题选择时颇费踌躇。导师给予我博士论文选题的指导是既要有鲜明的政治立场，又要有严谨的学术态度，更要有敏锐的问题意识。在我攻读博士学位期间，《民主是个好东西》一书引发热议，课堂同门论辩或朋友茶余闲谈，对民主一词的看法迥异。没有人否认抽象意义上的民主是好东西，但是如何立足现实评价形态各异的民主制度？在一个信息多元且环境宽松的年代，我们对于民主的认识都存在如此大的差异，如果回溯到新中国成立之初，那时的青年对于民主又有着怎样的憧憬？社会主义中国 60 多年的历程中，不同时代的青年如何看待权力和权利？他们期待什么又如何参与？当问题逐渐聚焦后，博士论文的选题也就慢慢清晰起来。当自己窃喜找到一个研究"富矿"时，却在动笔行文时发觉自己的政治学、历史学、社会学知识存在不同的缺漏，既缺乏理论思辨能力，也缺乏发掘整合史料的能力，只能老老实实做沙里淘金的工作，以《人民日报》《中国青年报》等有关青年民主的报道为基础资料，勾画架构 60 多年来青年参与意识发展的脉络。好在导师未以学生粗笨为意，充分信任又严格要求，才使得论文如期完成。每念及博士毕业不易，就越发体会到导师严谨治学的精神和睿智达观的人生态度对自己一生的教益。

清华求学光阴如隙，众多良师益友使我终身受益。从新斋到善斋，从三教到六教，无论是务正业还是蹭课，导师们的风范都使我如沐春风。感谢清华大学邓卫教授、艾四林教授、赵甲明教授、吴倬教授、曹德本教授、林泰教授、肖贵清教授、王雯姝教授、唐少杰教授、王传利教授的悉心教导；感谢中国人民大学杨瑞森教授、刘建军教授，中国矿业大学陈勇教授，北京科技大学彭庆红教授，他们给予我鼓励和信心，同时也坦诚指出我博士论文的不足，使我切实感受到学无止境。感谢我的同门和好友吴丹博士、张小川博士、类延旭博士、杨增崒博士、张春贵博士、陈守纯博士、张容南博士、武云博士、孔丽云博士、毕晓梅博士等，与他们相伴，我度过了生命中最快乐的求学时光。

我尤为感谢我的父母和家人。母亲不识字，幼年失怙故与学校无缘，但她希望子女要多读书，能读多高就读多高。父母备尝艰辛支撑我大学毕业，在我攻读博士学位期间，父母不辞辛劳为我操持家务，抚育我的女儿。父母深恩，铭感五内！感谢我的公公婆婆林从锥先生和刘久华女士，他们耕读传家，淳朴谦厚，全力支持我的学业。感谢我的先生林典江和女儿林小锐，他们给予我最大的支持。先生倾力支持我，无论是我在北京求学还是后来赴美国俄勒冈州立大学进修，他都毫无怨言。我在读博期间女儿刚上幼儿园，每学期幼女掰指数归期，给予我生命中最深的感动。

本书能出版，感谢福建师范大学马克思主义学院的鼎力支持，感谢我的教研室同人在我外出求学时分担我的课务，感谢我的研究生耿品、张艳婷、邱惠卿、蔡珊珊，以及思想政治教育专业 2013 级本科一班的同学，他们参与了调查问卷的设计，协助问卷发放和数据整理，承担了大部分烦琐但又必不可少的杂务，在此表示最深的感谢！

本书参考借鉴了同行的研究成果，有些在文章中已经加以注明，但难免有疏漏，在此，我一并表示诚挚的谢意！

杨林香

2015 年 3 月 27 日

图书在版编目（CIP）数据

青年参与意识研究：1949~2014/杨林香著.—北京：社会科学文献出版社，2015.7
（马克思主义理论与现实研究文库）
ISBN 978-7-5097-7636-0

Ⅰ.①青…　Ⅱ.①杨…　Ⅲ.①青年-参与管理-意识-研究-中国　Ⅳ.①D432.6

中国版本图书馆 CIP 数据核字（2015）第 130880 号

·马克思主义理论与现实研究文库·
青年参与意识研究（1949~2014）

著　　者／杨林香

出　版　人／谢寿光
项目统筹／王　绯
责任编辑／黄金平

出　　　版／社会科学文献出版社·社会政法分社（010）59367156
　　　　　　地址：北京市北三环中路甲 29 号院华龙大厦　邮编：100029
　　　　　　网址：www.ssap.com.cn
发　　　行／市场营销中心（010）59367081　59367090
　　　　　　读者服务中心（010）59367028
印　　　装／三河市尚艺印装有限公司

规　　　格／开　本：787mm×1092mm　1/16
　　　　　　印　张：17.5　字　数：306 千字
版　　　次／2015 年 7 月第 1 版　2015 年 7 月第 1 次印刷
书　　　号／ISBN 978-7-5097-7636-0
定　　　价／75.00 元